MEMÓRIAS DE UM ADMINISTRATIVISTA

ROMEU FELIPE BACELLAR FILHO

Prefácio
Daniel Wunder Hachem

Apresentação
Emerson Norihiko Fukushima

MEMÓRIAS DE UM ADMINISTRATIVISTA

Belo Horizonte

FÓRUM
DAS LETRAS

2023

© 2023 Editora Fórum Ltda.

É proibida a reprodução total ou parcial desta obra, por qualquer meio eletrônico, inclusive por processos xerográficos, sem autorização expressa do Editor.

FÓRUM
DAS LETRAS

Luís Cláudio Rodrigues Ferreira
Presidente e Editor

Coordenação editorial: Leonardo Eustáquio Siqueira Araújo
Aline Sobreira de Oliveira

Rua Paulo Ribeiro Bastos, 211 – Jardim Atlântico – CEP 31710-430
Belo Horizonte – Minas Gerais – Tel.: (31) 99412.0131
www.editoraforum.com.br – editoraforum@editoraforum.com.br

Técnica. Empenho. Zelo. Esses foram alguns dos cuidados aplicados na edição desta obra. No entanto, podem ocorrer erros de impressão, digitação ou mesmo restar alguma dúvida conceitual. Caso se constate algo assim, solicitamos a gentileza de nos comunicar através do *e-mail* editorial@editoraforum.com.br para que possamos esclarecer, no que couber. A sua contribuição é muito importante para mantermos a excelência editorial. A Editora Fórum agradece a sua contribuição.

Dados Internacionais de Catalogação na Publicação (CIP) de acordo com ISBD

B117m	Bacellar Filho, Romeu Felipe
	Memórias de um administrativista / Romeu Felipe Bacellar Filho. - Belo Horizonte: Fórum das Letras, 2023.
	257p.; 14,5cm x 21,5cm.
	ISBN: 978-65-5518-522-5
	1. Direito. 2. Direito Administrativo. 2. Autobiografia. I. Título.
2023-480	CDD 341.39 CDU 34:336.2

Elaborado por Vagner Rodolfo da Silva - CRB-8/9410

Informação bibliográfica deste livro, conforme a NBR 6023:2018 da Associação Brasileira de Normas Técnicas (ABNT):

BACELLAR FILHO, Romeu Felipe. *Memórias de um administrativista*. Belo Horizonte: Fórum das Letras, 2023. 257 p. ISBN 978-65-5518-522-5.

SUMÁRIO

PREFÁCIO
Daniel Wunder Hachem 9

APRESENTAÇÃO
Emerson Norihiko Fukushima 13

CAPÍTULO 1
INFÂNCIA E JUVENTUDE 15

CAPÍTULO 2
FORMAÇÃO ACADÊMICA 23
2.1   Graduação 23
2.2   Especialização 26
2.3   Doutorado 27

CAPÍTULO 3
PRIMEIRAS EXPERIÊNCIAS PROFISSIONAIS: TRIBUNAL DE JUSTIÇA, ASSEMBLEIA LEGISLATIVA E BANCO DE DESENVOLVIMENTO DO ESTADO DO PARANÁ 35

CAPÍTULO 4
O EXERCÍCIO DA ADVOCACIA E O ESCRITÓRIO BACELLAR & ANDRADE ADVOGADOS ASSOCIADOS 43

CAPÍTULO 5
A CARREIRA DE PROFESSOR UNIVERSITÁRIO 77
5.1   Pontifícia Universidade Católica do Paraná 78
5.2   Faculdade de Direito de Curitiba 84
5.3   Universidade Federal do Paraná 85
5.4   Orientação de pesquisas em graduação e pós-graduação
        (*lato sensu* e *stricto sensu*) 88

5.5 Outras universidades e instituições nacionais e estrangeiras 89
5.5.1 Instituto de Direito Romeu Felipe Bacellar 89
5.5.2 Universidad Nacional del Litoral (Argentina) 90
5.5.3 Universidad Católica de Salta (Argentina) 91
5.5.4 Universidad de Belgrano (Argentina) 91
5.5.5 Universidad Notarial Argentina 91
5.5.6 Universidad Católica del Uruguay 92
5.5.7 Instituto Nacional de Administración Pública (Espanha) 92

CAPÍTULO 6
PRODUÇÃO CIENTÍFICA EM DIREITO ADMINISTRATIVO 93
6.1 Linhas de pesquisa e publicações decorrentes 93
6.1.1 Bases constitucionais do Direito Administrativo 95
6.1.2 Administração Pública entre Direito Público e Direito Privado 114
6.1.3 Perspectivas jurídicas do Mercosul e do Direito Administrativo
Ibero-americano 125
6.2 Atividades de pesquisa realizadas 139
6.2.1 Produção bibliográfica 139
6.2.2 Núcleo de Pesquisa em Direito Público do Mercosul 148

CAPÍTULO 7
ATUAÇÃO EM INSTITUTOS, ASSOCIAÇÕES CIENTÍFICAS E ENTIDADES
DE CLASSE 151
7.1 Instituto de Direito Romeu Felipe Bacellar 151
7.2 Instituto Brasileiro de Direito Administrativo 155
7.3 Instituto Paranaense de Direito Administrativo 156
7.4 Associação de Direito Público do Mercosul 156
7.5 Associação Ibero-Americana de Direito Administrativo 158
7.6 Outras associações e institutos de Direito Administrativo
nacionais e estrangeiros 159
7.7 Conselho Federal da Ordem dos Advogados do Brasil 159

CAPÍTULO 8
INCIDENTES CURIOSOS 161
8.1 Primeiro grande congresso internacional de que participei:
descumprindo a orientação do mestre 161
8.2 Livro de Vittorio Emanuele Orlando – Extravio indesejado 164
8.3 1º Congresso Brasileiro de Direito Administrativo em Curitiba –
Nascimento do IBDA 165

8.4	1º Congresso Internacional de Direito Administrativo em Foz do Iguaçu: do desespero ao sucesso absoluto	167
8.5	Congresso Anual do IBDA, primeiro realizado sob a minha presidência	168
8.6	I Jornada de Direito Público do Mercosul	169
8.7	1º Congresso da Associação de Direito Público do Mercosul e II Jornadas de Direito Administrativo nos Países do Mercosul	170
8.8	Congresso Hispano-Brasileiro de Direito Público: "Quem não publica, não existe" – Uma lição de García de Enterría	170
8.9	Viagens pela Argentina	173
8.9.1	Viagem a El Calafate	173
8.9.2	Viagem a La Rioja	174
8.9.3	Viagem a Neuquén e Villa La Angostura: a perda de um grande amigo	175
8.10	Congresso Goiano de Direito Administrativo: o sumiço de Romeu	176
8.11	Viagem a Cartagena de Las Indias: na praia com o Direito Administrativo	178
8.12	O que é IGG? Um curioso caso de concessão de rodovias	179
8.13	Conferência seguida de consulta pública em Porto Alegre	180
8.14	Explicação de um conceito através de uma parábola: o camundongo e o interesse público	181
8.15	Discurso de homenagem ao professor argentino (desconhecido) falecido	183
8.16	Incidente curioso em debate que gerou a publicação de um artigo	184
8.17	Prestígio não comprovado	186
8.18	Ocorrências em sala de aula	187

CAPÍTULO 9
CONCLUSÕES E ALGUNS NÃO SOLICITADOS ACONSELHAMENTOS 189

ANEXOS

ANEXO I
PRÊMIOS, TÍTULOS E HOMENAGENS 197

ANEXO II
ARTIGOS COMPLETOS PUBLICADOS EM PERIÓDICOS 205

ANEXO III
LIVROS PUBLICADOS E COORDENADOS.. 215

ANEXO IV
CAPÍTULOS DE LIVROS PUBLICADOS... 219

ANEXO V
CONFERÊNCIAS E PALESTRAS MINISTRADAS 229

PREFÁCIO

Não há sentimento mais sublime para um ser humano do que, ao alcançar a idade provecta (atenção: jamais diga "melhor idade" na frente do autor deste livro!), olhar para trás e dizer: fiz o melhor que pude, realizei meus maiores sonhos e cumpri exitosamente a minha missão neste planeta. É disto que se trata este livro: um inventário de aventuras e desventuras de um advogado combativo, um professor extraordinário, um servidor público exemplar, um jurista indignado, um pai, avô e marido dedicado, um amigo para todas as horas... O querido e único Professor Romeu Felipe Bacellar Filho.

E não há nada mais invertido do que um discípulo escrever o prefácio de um livro de seu mestre. A explicação, no entanto, é muito simples: integro uma plêiade de ex-alunos e pupilos do Professor Romeu que,[1] ao longo dos anos, vem insistindo na ideia de que ao lado das suas lições de Direito Administrativo já registradas em sua extensa obra jurídica publicada no Brasil e no exterior, o relato de suas histórias pessoais e profissionais, compartilhadas em aulas e palestras, consiste em um legado fundamental que merece ser eternizado. Como poderíamos, de forma fidedigna, reproduzir aos nossos alunos e estagiários os "causos" do Professor Romeu Bacellar, com os quais tanto aprendemos? Lições de Direito têm grande importância, mas muitas delas mudam com o tempo. Já as lições de vida... Essas ficam para sempre.

Neste livro, o autor consegue reunir as duas coisas. Em grande parte dos capítulos, conta a história de sua trajetória de vida – pessoal, acadêmica e profissional – relatando percalços, desafios, conquistas e aprendizados por ele experimentados ao longo de 75 anos vividos intensamente. Neles, o leitor irá se deparar com experiências emocionantes, divertidas, muitas alegres, mas também algumas tristes, vivenciadas em diversas partes do Brasil e de outros países, como Argentina, Colômbia, Espanha, França, Itália e Uruguai, com sua família, amigos, alunos e

---

[1] Entre eles, o Emerson Fukushima, que escreve a apresentação deste livro e conseguiu ser ainda mais insistente do que eu, convencendo o Professor Romeu a dar início e ir até o fim da redação.

colegas professores e profissionais das diversas carreiras jurídicas. E aqui estão os ensinamentos não revelados nas obras jurídicas, que decorrem da vida cotidiana de um advogado fortemente atuante perante o Poder Judiciário e de um professor profundamente engajado com institutos e associações científicas de Direito Administrativo nacionais e estrangeiros, com a organização de congressos e com a criação de espaços para o crescimento acadêmico de seus alunos.

Mas há também, em outros capítulos, algo raro no mercado de livros jurídicos: uma síntese das principais ideias e contribuições do Professor Romeu Felipe Bacellar Filho para a construção de um Direito Administrativo voltado não para o Estado, mas para o cidadão, erigido sobre as bases dos direitos fundamentais e da dignidade da pessoa humana. Nesses tópicos, o leitor encontrará um material precioso para compreender o pujante legado científico deixado pelo autor ao Direito Administrativo brasileiro e ibero-americano, por meio de um mapa detalhado de suas mais destacadas lições jurídicas e do caminho para encontrar os livros, capítulos de obras coletivas e artigos de revistas onde foram publicadas.

Este livro traduz em memórias o percurso de décadas de dedicação – não à docência, mas sim à "discência", se me permitem o neologismo –, pois a razão de ser das atividades do Professor Romeu sempre esteve nos estudantes. Foram mais de 300 orientações de trabalhos de conclusão de curso de graduação, especialização, mestrado e doutorado e mais de 500 bancas, formando uma legião de juristas, muitos dos quais hoje ocupam posições de destaque no magistério, na magistratura, no Ministério Público, nas procuradorias públicas, na advocacia, nos Poderes Executivo, Legislativo e Judiciário – e que se inspiram diariamente no seu exemplo, no seu pensamento e na sua história, ora imortalizados nesta valiosa autobiografia.

Entre as muitas lições que aprendemos com o Professor Romeu, uma delas é particularmente marcante: a de que ninguém deve se considerar superior aos demais, pois cada ser humano tem o seu valor, razão pela qual – e a frase a seguir é dele – "todos os dias é preciso olhar-se no espelho e reduzir-se à sua real expressão". Ele nos ensina que na vida a competição não é com os outros, mas consigo mesmo, e por isso devemos a cada dia buscar ser alguém melhor, exercitando a autossuperação.

Uma vez perguntei a ele o porquê de sua verdadeira obsessão em estimular a criação de novos juristas no Estado do Paraná. A resposta foi uma anedota. Contou-me que um indivíduo, após ter passado desta para a melhor, foi convidado a escolher entre o céu e o inferno. Por curiosidade, resolveu conhecer como seria o inferno. Deparou-se então com uma série de caldeirões fumegantes e em todos eles havia almas desesperadas que tentavam subir à superfície e eram empurradas de volta com um tridente para o fundo do caldeirão. Um deles, no entanto, não era monitorado por ninguém e se encontrava em plena calmaria. Perguntou então, o indivíduo, se ali não havia alma alguma. *"Sim, há!"* – respondeu-lhe aquele que o acompanhava na visita – *"Mas ali estão os paranaenses... Quando um deles alcança o sucesso de chegar à superfície, há uma centena de outros prontos para puxá-lo para baixo"*. Penso que nesse dia aprendi com ele a principal qualidade de um verdadeiro mestre: emprestar o seu brilho e jamais utilizá-lo para ofuscar.

    Concluo com as palavras que, de alguma forma, mesmo sem conhecê-lo, o poeta português Agostinho da Silva alinhavou pensando no Professor Romeu Bacellar:

> *"O mestre é o homem que não manda; aconselha e canaliza, apazigua e abranda; não é a palavra que incendeia, é a palavra que faz renascer o canto alegre do pastor depois da tempestade; não o interessa vencer, nem ficar em boa posição; tornar alguém melhor: eis todo o seu programa."*

Daniel Wunder Hachem
Professor da Faculdade de Direito da UFPR e da Escola de Direito da PUCPR. Professor Visitante da Escola de Direito da Sorbonne. Ex-aluno, ex-orientando e eterno amigo do Professor Romeu Felipe Bacellar Filho.

APRESENTAÇÃO

Professor Romeu Felipe Bacellar Filho: como apresentar o grande jurista brasileiro, reconhecido e festejado pelos amantes de Direito Administrativo de diversas gerações, sem cair na banalidade dos adjetivos óbvios – que até podem representar suas qualidades extrínsecas, mas não contemplam o seu verdadeiro ser?

Descrever de forma definitiva e em poucas palavras a sua trajetória, seus tantos êxitos no campo pessoal e profissional, no serviço público, na academia e na advocacia é missão impossível. As linhas que seguem, portanto, são muito mais um testemunho pessoal e um gesto de gratidão.

Tive a oportunidade única de conviver com uma das mentes mais brilhantes do Direito brasileiro desde os bancos escolares, em que fui aluno do Professor Romeu, e segui com o privilégio da convivência quando do exercício da nossa profissão de fé, a advocacia, em que segui como seu aprendiz.

Considerando que nem todos tiveram a mesma oportunidade de ter como Mestre o Professor Romeu Felipe Bacellar Filho e de receber seus ensinamentos – técnicos, mas, especialmente, sobre questões humanas, justiça, ética e moral – dentro e fora das salas de aulas, o livro que ora tenho a honra de apresentar vem como necessário.

Seria inadmissível que todo esse conhecimento jurídico e principalmente de vida não fosse transferido para uma futura geração de juristas e que as experiências históricas vividas ficassem apenas na memória de privilegiados que tiveram a oportunidade ímpar de conviver com esse grande jurista.

Essa obra é justamente o retrato do que deve ser lembrado e preservado e, mais do que isso, é um valioso presente para milhares de alunos e amigos, que tiveram transformadas suas vidas em virtude dos ensinamentos do nosso grande Mestre.

Essas são as breves – mas sinceras – palavras que me cabem, mesmo porque o melhor é a surpresa da leitura da presente obra, que certamente conduzirá o leitor por distintos e valorosos caminhos: desde surpreendentes tempos recônditos da infância, tempos bucólicos que não encontramos mais nos locais mencionados, até a fervura da construção da sua bem-sucedida carreira. Assim, muitos entenderão as razões pelas quais o Professor Romeu passou a ser considerado um dos responsáveis pela transformação do Direito Administrativo brasileiro e um de seus maiores pilares.

Sem dúvidas, ao final da leitura desta obra, novas citações poderão ser feitas, com base nos eternos ensinamentos do nosso Professor Romeu Felipe Bacellar Filho.

Emerson Norihiko Fukushima
Advogado e eterno aprendiz.

CAPÍTULO 1

INFÂNCIA E JUVENTUDE

"Cada um de nós é o astro, o herói, o protagonista de nossa própria história".

(Daisaki Ikeda)

Alertado pela citação acima lançada, lembrando que cada homem é o autor de sua própria história, o construtor de sua biografia, passo a narrar, com os comedimentos exigíveis, os episódios mais significativos que ilustraram a minha existência, evitando, para não causar constrangimentos, a citação de alguns nomes.

Oriundo, por parte de minha mãe, da família Macedo Portugal e, do lado paterno, da família Rauen Bacellar, nasci num ambiente que, por um lado exaltava, com toda a razão, a significação e a importância para o Estado do Paraná dos sobrenomes Macedo e Portugal, mas desconhecia a origem e a evolução das famílias Rauen e Bacellar no vizinho Estado de Santa Catarina, sendo certo que meu bisavô, Victorino de Souza Bacellar, foi Prefeito da cidade de Mafra, em 1917.

Não tive a oportunidade de conhecer meus avôs Clotário de Macedo Portugal e Brazílio Bacellar. O primeiro nos deixou quando eu tinha poucos meses de vida e o segundo faleceu quando meu pai era menino. No entanto, tive uma excepcional convivência com minhas avós: Anita de Macedo Portugal e Leonor Rauen Bacellar. Minha avó, Anita, era uma mulher de uma bondade e cultura inigualáveis. Muito embora acometida de surdez desde o nascimento de minha mãe Myriam, era assídua leitora dos clássicos, notadamente em língua francesa, além de tocar piano com perfeição. A avó Leonor, filha de alemães, dedicava-se aos afazeres domésticos, destacando-se como uma excelente cozinheira. Ambas tiveram significativa importância na educação de filhos e netos.

Após morar, por poucos anos, em uma casa de madeira nos fundos de uma residência na Rua Martim Afonso nº 119, nos mudamos para a Alameda Carlos de Carvalho, esquina com a Rua Voluntários da Pátria, onde meu pai, que trabalhava na Cia. Souza Cruz (cigarros), havia alugado um pequeno apartamento no 4º andar (sem elevador) do Ed. Queiroz Cunha. Para que se tenha uma ideia, o conhecido Edifício Asa sequer existia, ou seja, em seu lugar vislumbrava-se um imenso terreno baldio, que emendava com a Praça Osório. Nessa época, eu e Rui, meu irmão mais velho, fomos matriculados no Jardim de Infância Lar Icléia, na Rua Saldanha Marinho, que pertencia à Federação Espírita do Paraná. Meus irmãos Rogério e Rubens eram muito pequenos, e a Escola não os aceitava. Naquela época, minha mãe acumulava as funções de dona de casa, doméstica e babá de seus próprios filhos. Foram bons anos. Além de fazer amizade com as poucas crianças do prédio, na escola conheci meus dois primeiros amigos: o Antonio Loyola Vieira, que se tornou desembargador do Tribunal de Justiça, e o Gilberto Menezes, hoje empresário no ramo de estacionamentos.

Tendo prestado concurso público para o cargo vitalício de Diretor-Secretário do Tribunal de Justiça do Estado, meu pai, que logrou conquistar a primeira colocação, em razão de sua nomeação, passou a ter uma melhor condição financeira, circunstância que propiciou à família adquirir por financiamento uma casa recém-construída na Rua Martim Afonso, nº 1342, onde nasceram meus irmãos Ricardo, Ronaldo e Roberto Portugal Bacellar.

A Rua Martim Afonso, pelos idos de 1957, era o final da linha. Terminava num barranco de médio porte, na esquina com a Rua Ângelo Sampaio. Ambas as ruas, sem qualquer tipo de pavimento, quando chovia, eram intransitáveis. Acima da elevação, atravessada a Rua Jacarezinho (hoje Cândido Hartmann), existiam imensos campos e construções isoladas.

Codornas e passarinhos de todos os matizes povoavam os campos da Galícia, alcunha da região. Áreas abertas onde cresciam pinheiros e cedros propiciavam uma vista monumental. Em nosso bairro abundavam as famílias de origem ucraniana e polonesa, cujas casas ostentavam quintais constituídos de grandes hortas e galinheiros, sendo os produtos vendidos em carroças que circulavam pela cidade. De nossa casa, podíamos vislumbrar o Colégio Marcelino Champagnat, de difícil acesso, que aparecia sobranceiro no alto da colina. Aos domingos, após a celebração da Santa Missa, eram formados vários times de futebol e organizava-se um rápido torneio sob a supervisão e arbitragem de irmãos maristas. Esse encontro possibilitava a mim e aos meus irmãos mais velhos desfrutar da companhia de primos (Mário Brasílio Esmanhotto, craque de futebol, e seu irmão Marlus) que moravam na redondeza e de bons amigos, como os integrantes da família Rasera (Dorival, Durval, Lúcio e Dalton), os vizinhos poloneses Pepe e Colha, além de Ninho e Nenê, que moravam nos fundos de nossa casa. Lembro-me com saudade de nossas aventuras, quase nunca bem-sucedidas, notadamente, aquelas levadas a efeito por ocasião das festas de São João.

Num determinado festejo de São João, fizemos uma fogueira no grande quintal de nossa casa, tomando o cuidado de assentá-la em lugar distante de qualquer possibilidade perigosa. Nosso terreno era cercado de grandes e antigos cedros, um dos quais apresentava uma abertura na base, que subia formando um compartimento oco, de uns três metros de altura. Algum dos partícipes (talvez um de meus irmãos, ninguém assumiu a autoria) teve a brilhante ideia de soltar rojões dentro do espaço vazio, que funcionava como um amplificador gigante. O som era ensurdecedor! A algazarra cessou quando descobrimos – mas já era tarde – que a resina do cedro estava incandescente, e as chamas começaram a se alastrar rapidamente. Não é necessário informar que os nossos companheiros de balbúrdia, após tentativas frustradas de apagar o fogo, saíram em revoada. Restamos, nós, os donos da casa, com a missão impossível e desesperada de resolver o grande problema, antes que nosso pai tivesse conhecimento. Não foi possível. Ao vislumbrar a grande travessura por nós provocada, colocando em risco os outros cedros e também a nossa casa, a única solução foi chamar o Corpo de Bombeiros. Depois de acalmada e resolvida a situação com o auxílio de uma escada Magirus, não é necessário mencionar a reprimenda que sofremos: primeiro, do Bombeiro Comandante da operação, que, em longa carraspana, deixou mais que evidente a nossa irresponsabilidade; segundo, de nossos pais e vizinhos, circunstância que resultou num longo castigo.

Em uma dessas oportunidades que a vizinhança e a paixão pelo futebol proporcionam, conheci o Luiz Viél, cujo apelido era Catilina (Recitava as catilinárias de Cícero de memória), amizade que perdurou no tempo até o dia de seu infausto passamento. Guardo as lembranças de nossa convivência, que, por vezes, era difícil, em face de temperamentos timbrados pela moderada, mas inoportuna, sinceridade. Após exercer cargos públicos de relevância, na condição de Procurador da Justiça, quando da criação do Tribunal de Alçada, Viel foi nomeado para uma das vagas destinadas ao Ministério Público, tendo presidido o órgão antes de ser alçado ao cargo de Desembargador do Tribunal de Justiça do Estado. Recordo com carinho as manifestações que dele recebi, notadamente quando alcancei a cátedra na Faculdade de Direito da UFPR.

Fiz uma parte do curso primário e todo o secundário (hoje, Fundamental) no Colégio Santa Maria. O prédio que abrigava a instituição marista, segundo padronização da Congregação, ocupava toda uma imensa quadra na Rua XV de Novembro. As lembranças dessa época sempre são prazerosas, seja pela excelência das aulas ministradas, sejam pelas bem organizadas programações nas áreas do esporte, das artes e da música.

Já evidenciando uma predileção pela área do Direito, era seduzido pelas aulas de latim (4 anos) e grego (um ano). Conhecer a etimologia das palavras foi fundamental para o exercício da escrita e da oratória, circunstância que sempre ressaltei quando lecionava a disciplina de Linguagem Forense (na PUCPR e na Faculdade de Direito de Curitiba).

Meu pai não teve uma vida fácil. Ainda menino, quando meu avô faleceu, juntamente com seus irmãos, viu-se obrigado a ajudar nas despesas da casa, arranjando trabalhos esporádicos desde os 8 anos de idade.

Muito embora sem a premente necessidade, meu caso guarda alguma semelhança. Comecei minha vida de trabalho como tarefeiro, extranumerário, do Tribunal Regional Eleitoral, aos treze anos. Posteriormente, já com 15 anos, fui trabalhar como *office boy* no escritório do advogado e Professor José Munhoz de Mello, ex-magistrado e causídico de grande prestígio, de quem recebi magníficas lições de vida e honradez. Reconhecido especialista em Direito Constitucional, o Professor Munhoz de Mello, desde aquela época, proclamava que o Direito Administrativo – área em que advogava com frequência – era a disciplina do futuro. Talvez tenha sido esse inesquecível professor quem mais fortemente me induziu ao estudo do Direito Administrativo.

Seu filho, Joaquim Munhoz de Mello, na época, cursava o 2º ano da Faculdade de Direito e auxiliava o pai como estagiário. Passados muito anos, quando de meu ingresso, por concurso, na UFPR, em face de alguns problemas enfrentados com a atribuição das notas e classificação, tive em Joaquim um amigo e intimorato defensor.

É importante deixar assentado que a circunstância de começar a trabalhar cedo em nada prejudicou a minha infância e juventude. Ao contrário, nas horas de folga, domingos e feriados, pude desempenhar atividades de lazer como qualquer outro da minha idade. Aprendi a ter responsabilidade pelos meus atos.

Nossas férias eram desfrutadas na Ilha do Mel, onde, por volta de 1956, meu pai havia adquirido, a título de posse (pagamento de laudêmio), uma casa de madeira muito grande (seis quartos) e muito bem conservada, inclusive com toda a mobília, que havia servido de residência dos oficiais da Fortaleza dos Prazeres (construída entre os anos de 1767 a 1769) durante a Segunda Guerra Mundial. Não havia luz elétrica, água encanada, nem banheiro. A luz era produzida por lampiões, da marca Aladim e Petromax. Nossos vizinhos eram todos conhecidos de meu pai, em Curitiba: Francisco de Azevedo Macedo, Albino Souza, Albino Belz, Anor Pinho, Reinaldo Strobel, Joaquim de Oliveira Sobrinho, João Luiz Bettega, Emílio Galli e Alcídio Bortolin. Vizinhávamos também com Sr. Benedito, excepcional pescador, e o Sr. Domingos e Dona Domitila, agentes do Correio. As compras eram feitas nos Armazéns do Cezário, ao lado do hotel, e do Satuca, mais distante. No Farol das Conchas (seis quilômetros distante), de bicicleta, fazíamos compras no armazém do Diamantino.

As temporadas eram sempre marcadas para os meses de inverno (junho e julho), em consequência da inexistência de mosquitos, eis que era comum nos meses de verão a infecção por febre amarela. Em cada viagem, meu pai providenciava uma grande quantidade de medicamentos, inclusive soro antiofídico pela grande quantidade de cobras venenosas que infestavam as matas nos fundos de nossa casa. Foram diversas as oportunidades que a verdadeira farmácia existente em nossa casa foi de grande serventia para os vizinhos ou para as pessoas que moravam na ilha. Em duas ocasiões envolvendo naufrágios (navio sueco e navio argentino), meu pai, juntamente com outros vizinhos prestaram atendimento aos tripulantes.

Por ocasião da Copa do Mundo de 1958, a primeira conquistada pelo Brasil, estávamos na Ilha do Mel e, com grande dificuldade, pelas ondas captadas por um rádio alimentado por bateria (Telespark), ouvíamos e vibrávamos, cercados da vizinhança, com os jogos e vitórias da seleção brasileira.

Minha mãe, Myriam, na juventude, fez o curso completo de violão. Versátil, tocava músicas clássicas e também populares, de preferência as sertanejas. As noites na Ilha do Mel eram abrilhantadas por cantorias que atravessavam as madrugadas. Era comum meus primos frequentarem a nossa casa. Assim é que Roberto e Raul Portugal, filhos do tio João Cid[1] e tia Dinorah; Clotário, José e James, filhos do Tio James[2] e tia Alice, por vezes passavam as férias conosco. Raul Portugal, meu compadre querido, desviando-se da tendência familiar, formou-se em Medicina, tornando-se um notável obstetra. Por suas mãos vieram ao mundo dois de meus filhos. Os primos Clotário e José, além de dominarem o violão e dotados de bela voz – em inesquecíveis serenatas – cantavam as músicas da época, notadamente, de Carlos Galhardo, Nelson Gonçalves e Altemar Dutra. Nessa ambiência, era impossível deixar de aprender a tocar algum instrumento. Desse modo, aprendi a dedilhar algumas canções e acompanhar músicas que aprecio. Muito mais tarde, meus irmãos Ronaldo e Roberto (bem mais novos) tornaram-se exímios violonistas. Dotados de voz privilegiada, tocam e cantam de Bethoven a Chitãozinho e Xororó. Sempre fui um apaixonado por música sertaneja. Quando ainda jovem, tendo iniciado o namoro com minha esposa Elizabeth, passava alguns dias de férias na praia de Caiobá, onde meu então futuro sogro tinha um pequeno apartamento. Jamais deixava de levar o violão para meu deleite pessoal. As músicas que eu eventualmente cantava, de origem sertaneja, ditas bregas, causavam profunda irritação nos sensíveis ouvidos da aristocracia frequentadora da Divina (apelido dado por um prestigiado colunista social).

Automóveis e, notadamente, carros antigos – uma de minhas paixões – sempre me proporcionaram além dos naturais incômodos, episódios pitorescos. Passei uma parte de minha juventude como espectador silente, resignado em não possuir um automóvel. Meu pai só veio a adquirir um carro para a família no ano de 1963, uma Kombi Volkswagen ano 1958, para acomodar toda a família. Eu, com os parcos recursos que contava, consegui, a duras penas, no ano de 1966, comprar um Ford Anglia (fabricação inglesa) de 1945, na época, o mais acessível aos pouco favorecidos. Mantinha uma amizade sólida e constante com meu primo Celso Portugal e com um vizinho de minha avó, Henrique José Giublin, todos da mesma idade e com aspirações semelhantes. O pai do Celso tinha um DKW 1958 e pai do Henrique, um Chevrolet 1951. Aprontamos muito, e, pela velocidade desenvolvida, algumas vezes, pagamos caro pela ousadia que resultava em algumas colisões e capotamentos. O repouso depois das trapalhadas era a casa de minha

---

[1] Desembargador do Tribunal de Justiça do Estado.
[2] Desembargador do Tribunal de Justiça do Estado.

avó Anita. Minha tia Therezinha, irmã de minha mãe, era nossa santa padroeira. Enérgica, mas dotada de um coração extremamente bondoso, sempre tinha um linimento para nossos traumas. Contávamos, também, com a compreensão de nossa querida prima Maria do Rocio e a agradável companhia dos primos mais novos, Brazílio Neto e José Clotário. O sonho comum era ser piloto de corridas. O único que logrou concretizar o intento foi o Henrique Giublin, que, já em idade madura, participou de algumas provas no Circuito do Autódromo de Pinhais. Do Ford Anglia passei para um Opel 1938, alemão, conversível, com motor de 6 cilindros, propiciador de grandes façanhas, cuja potência era notável, mas a manutenção acima de minhas possibilidades. Tendo trincado o bloco do motor, tive que me desfazer do veículo, vendendo-o para o ferro-velho. Quando reuni condições, tratei de consumar uma velha aspiração: adquiri um Ford Phaeton, modelo 1931, capota de lona, que se encontrava parado há anos em uma garagem e cujo dono já morava no exterior há algum tempo. Enfrentei uma transação difícil, mas consegui lograr êxito na aquisição. O carro, todo original, me permitiu encetar longos percursos, como uma viagem a Brasília, acompanhado dos amigos, pai e filho, Romeu e Cláudio Carneiro, que me rendeu a conquista de uma medalha de ouro oferecida pela Ford do Brasil (meu carro não exigiu nenhum conserto durante todo o trajeto). Lembro-me ainda de que, com o mesmo veículo, integrei a participação histórica, em 29 de novembro de 1985, da inauguração da Ponte Tancredo Neves (quase 500 m) sobre o Rio Paraná, ligando o Brasil à Argentina, a partir de Foz do Iguaçu.

Posteriormente, adquiri um Jaguar, coupê, conversível, modelo 1948, semirréplica fabricado em São Paulo, com a autorização da Fábrica Inglesa.

Na sequência, através de uma importadora de Curitiba, participei de leilão nos Estados Unidos, para a aquisição de um MG (Morgan Garage) 1951, coupê, conversível, em excelente estado de conservação. Finalmente, um querido amigo já falecido – empresário Tito Brunatto –, vizinho de prédio e admirador de meus cuidados e amor pelos veículos, me presenteou com um automóvel Ford modelo 1929, coupê, cujo estado geral recomendava uma urgente restauração, o que tratei de levar adiante o mais rápido possível. Até hoje, mantenho a frota ativa e operante. A cada final de semana escolho um dos veículos para fazer funcionar e impressionar os saudosistas com as raridades que possuo.

Meus irmãos, com a ajuda do Criador, que nunca nos faltou, trilharam as suas carreiras com inegável sucesso. **Rui**, o mais velho, após vivenciar um trágico evento (falecimento de sua querida esposa

Leda e de seu filho Ricardo), aposentou-se precocemente como Juiz na Comarca de Londrina. Sempre foi um magistrado respeitado e estimado pelos jurisdicionados. **Rogério**, de Tabelião de Notas na Comarca de Morretes, passou a exercer sua função em Curitiba, no Ofício Distrital do Bacacherí, e hoje exerce a função delegada de Oficial de Protesto de Títulos na Capital do Estado. Líder de classe, transitou pela Presidência de entidades representativas da categoria nos planos estadual e federal. **Rubens**, o único que não é bacharel em direito, preferiu trilhar o campo da Economia. Após um período como empregado da Telepar – Comunicações do Paraná, foi guindado à Telebras, em Brasília, onde exerceu funções de relevância. Tornou-se um *expert* em licitações, proferindo palestras em encontros e congressos por todo o país. Hoje, já aposentado, presta assessoramento a Conselho Regional de Economia. **Ronaldo**, Assessor Jurídico do Tribunal de Justiça do Estado, por concurso público, exerceu diversos cargos de Assessoramento e Direção na Secretaria do órgão. **Roberto**, magistrado por vocação e Mestre em Direito, após peregrinar por comarcas do interior do Estado, foi alçado ao cargo de Desembargador, que continua exercendo. Prestou significativa contribuição às Escolas Estadual e Federal da Magistratura. Prestou valioso auxílio na implantação dos Juizados de Pequenas Causas e foi precursor do Programa "Justiça se aprende na Escola". Registre-se ainda que **Rui Portugal Bacellar Filho**, primogênito de meu irmão Rui, um dos mais novos a se formar em Direito no Brasil, após brilhante carreira na Magistratura, foi nomeado Desembargador do Tribunal de Justiça, cargo que exerce até hoje. A continuação da história da família haverá de ser contada pelos que nos sucederem.

CAPÍTULO 2

FORMAÇÃO ACADÊMICA

2.1 Graduação

Não há como negar a influência da família no encaminhamento profissional de qualquer pessoa. Não fugi à regra: meu avô materno, Magistrado e Professor de Direito; meu pai, Secretário do Tribunal de Justiça e Professor de Direito; meus irmãos, tios e primos, todos evidenciando especial predileção pelo estudo do Direito. De início, como espectador interessado, cursando o primeiro grau, não me cansava de ouvir as passagens vitoriosas de advogados renomados ou mesmo a narração dos insucessos e suas causas determinantes. Estudando no Colégio Santa Maria, assisti, juntamente com outros colegas interessados, em promoção do Centro Acadêmico Hugo Simas, sob as estruturas do Teatro Guaíra, ainda inacabado, ao julgamento de Otelo, de Shakespeare. Foi uma rara oportunidade de vivenciar uma colossal atuação de grandes nomes de nossa advocacia e estudantes de Direito.

Meu sonho era ser aluno de meu pai (posteriormente, acabei sendo professor de meus irmãos menores, de vários primos e de meu filho; foi uma experiência inexcedível). Lamentavelmente, o andar da vida conspirou para que isso jamais acontecesse. Vivíamos, então, o ano de 1964 e eu me preparava para submissão ao vestibular. Já namorava minha esposa e companheira, com quem pretendia ficar noivo e casar-me, como ocorreu. Conforme já dito, após um pequeno período trabalhando em escritório de advocacia e servindo ao Tribunal Regional Eleitoral, fui admitido no Tribunal de Justiça em dois expedientes. Meu projeto de casamento dependia do emprego. Era impossível estudar no período matutino. Somente a Faculdade de Direito de Curitiba oferecia curso noturno. Prestei vestibular tão somente nessa Faculdade, instituição merecedora de admiração e respeito, onde tive a oportunidade de aprender com ótimos professores. Sem desmerecimento aos demais, não me furto de citar: José Munhoz de Mello, Ary Florêncio Guimarães, Gaspar Lacerda Pinto, Milton Luiz Pereira, João de Souza Ferreira, Altair Cavalli, Accioly Filho e Rosala Garzuze.

Casei-me com 20 anos, Elizabeth tinha 18. Vamos completar 55 anos de casados. Para que se tenha ideia, quando me casei, meu irmão mais novo, Roberto, atualmente Desembargador integrante do Tribunal de Justiça do Estado, na época, com 5 anos, foi encarregado de levar as alianças. Nossa viagem de lua de mel foi intensa e desafiadora. Decidimos percorrer – num Volkswagen 1966 que a Elizabeth havia ganhado de seu pai – o sul do país, atravessando a fronteira até o Uruguai e, posteriormente, até a República Argentina. Como nunca aparentamos a idade de adultos, Elizabeth e eu, éramos constantemente instados, ao proceder ao registro em Hotel, a apresentar certidão de casamento. Numa das oportunidades, em Caxias do Sul/RS, Hotel Samoara, cansados da viagem, justificamos que a certidão estava em uma mala e que haveria dificuldade em, naquele momento, encontrá-la. Foi-nos exigido o preenchimento de uma ficha completa, inclusive com endereço e telefone de nossos pais. Curiosamente, quando retornamos a Curitiba, meu sogro relatou que havia recebido uma ligação do gerente do Hotel, para se certificar de que nós éramos realmente casados.

De Jaguarão, no Rio Grande Sul, enfrentando o minuano, em estrada de chão, seguimos viagem para Trinta e Três, província uruguaia. O mês de setembro de 1967 foi de intensas chuvas e temporais. A estrada, em péssimas condições, tinha longos trechos de alagamento. Num deles, caímos num rio, sendo certo que a chapa de proteção existente, em toda a extensão do carro, evitou que a água entrasse no motor. Com providencial ajuda de alguns agricultores uruguaios conseguimos puxar a carro para a margem e, depois de trocar o óleo, seguir a viagem. Chegamos a Montevidéu de madrugada. Tão cansados estávamos, que, ao adentrar o Hotel Oxford, no Centro da capital, esqueci-me de que havia deixado o carro na rua, com o vidro aberto, circunstância que facilitou a ação de um larápio furtando alguns objetos do porta-luvas, entre eles, um revólver Smith Wesson que meu pai, com muita apreensão, me havia emprestado para o enfrentamento do longo e perigoso percurso.

A ida à Argentina foi menos traumática. Deixamos o carro na cidade histórica de Colônia, no Uruguai, e atravessamos o Rio da Prata a bordo de um Aliscafo, uma grande embarcação voadeira, que fazia o percurso em tempo *record*. Em Buenos Aires, hospedamo-nos no Hotel Bristol, na Avenida 9 de Julho, defronte ao Obelisco. A Argentina vivia um bom momento. Elizabeth deslumbrada com as lojas de departamentos, quase inexistentes no Brasil, visitou-as todas, adquirindo um sem número de blusas de *cashmere*, muito apreciadas no Brasil, além de calçados de alta qualidade e cobertores de lã de carneiro com sugestivas estampas. De minha parte, cansado de ouvir de um argentino casado com a prima de minha mulher que numa só rua de Buenos Aires havia mais livrarias que em todo o Brasil, constatei que, malgrado o exagero, a cidade era repleta de livrarias, muitas das quais, especializadas em livros jurídicos, ofereciam obras raras a preços compatíveis. Desnecessário salientar que eu tive a oportunidade de adquirir obras de renomados mestres argentinos como, Rafael Bielsa (*Derecho Constitucional* – 1959), Rodolpho Bullrich (*Principios Generales de Derecho Administrativo* – 1942) e outros clássicos. Muito embora haja quase 56 anos transcorridos, foi uma viagem repleta de aventuras inesquecíveis!

Mesmo tendo cursado a Faculdade de Direito de Curitiba, sempre mantive um intenso e profícuo relacionamento com o Professor Manoel de Oliveira Franco Sobrinho, Professor Catedrático da Universidade Federal do Paraná, que foi o grande administrativista do Estado do Paraná, reconhecido nacional e internacionalmente. A estreita amizade com o Professor Manoel foi decisiva em minha intenção de aprofundar os estudos nessa área do Direito. Viajamos juntos, muitas vezes, em eventos nacionais e na América do Sul. O Professor Manoel sempre ia acompanhado de Dona Maria Helena e eu, de Elizabeth. Comentávamos em tom de pilhéria que os homens iam a serviço, e as mulheres, a negócios, em face da compulsão destas pelas compras. Após o seu lamentado falecimento, tive a oportunidade de homenageá-lo, entre outras, em ao menos, duas ocasiões: (i) na obra que tive a honra de organizar em sua memória, intitulada *Direito Administrativo Contemporâneo: Estudos em memória ao Professor Manoel de Oliveira Franco Sobrinho*, publicada em Belo Horizonte pela Editora Fórum, no ano de 2004; (ii) no artigo "Manoel de Oliveira Franco Sobrinho", de minha autoria, publicado às fls. 14 do *Jornal Gazeta do Povo*, em 1º de agosto 2002.

Em razão da ligação intelectual e afetiva com o Professor Manoel, fui agraciado pela família, depois de seu passamento, com a sua caneta, bem como com a coleção de obras raras de Direito Administrativo da sua biblioteca pessoal, repleta de exemplares ofertados por autores nacionais e estrangeiros, dedicados ao saudoso professor paranaense.

Seu filho e amigo querido, Manoel Antonio de Oliveira Franco, que exerceu com dinamismo e brilhantismo invulgar a Presidência de nossa Seccional da OAB, um combativo ex-companheiro de Conselho Federal na OAB, foi o encarregado, pela família, de fazer a entrega dos valiosíssimos presentes.

2.2 Especialização

Os Professores Geraldo Ataliba e Celso Antônio Bandeira de Mello instituíram na Pontifícia Universidade Católica de São Paulo o Curso de Especialização em Direito Público. A Universidade Federal do Paraná, em convênio com o Instituto dos Advogados do Paraná, na oportunidade presidido pelo Prof. Joaquim Munhoz de Mello, logrou trazer o Curso a Curitiba. A proposta era de estimular o pensamento crítico, notadamente em relação à doutrina tradicional, brasileira ou do direito comparado. Foi uma excelente oportunidade não só de testar meus conhecimentos (na época iniciava o magistério na PUCPR), mas também de alargá-los incomensuravelmente. O corpo de professores, além dos coordenadores, era formado – entre outros – pelos Professores Celso Ribeiro Bastos, Oswaldo Aranha Bandeira de Mello, Cléber Giardino, Paulo de Barros Carvalho, Michel Temer, Adilson Abreu Dallari, Lúcia Valle Figueiredo, Sérgio Ferraz, Egas Dirceu Moniz de Aragão, Galeno Lacerda, entre outros. De tantos quantos iniciaram o Curso, somente três alunos lograram concluir com aproveitamento. Fui um deles.

Dentre as disciplinas ministradas no Curso estavam: "Normas Gerais de Direito Tributário", "Imposto Sobre Serviços na Constituição", "Imposto Sobre Circulação de Mercadorias na Constituição", "Responsabilidade Civil do Estado", "Desapropriação e a Problemática Urbana", "Poder de Polícia e Urbanismo", "Processo Legislativo na Constituição", "Controle Judicial da Discricionariedade dos Atos Administrativos", "Controle da Constitucionalidade das leis", "Recurso Extraordinário", "As Súmulas do Supremo Tribunal Federal", "Medidas Cautelares no Supremo Tribunal Federal".

Foram as aulas de "Responsabilidade Civil do Estado", brilhantemente ministradas pelo Professor Celso Antônio Bandeira de Mello, que me proporcionaram verdadeira fascinação pelo tema, posteriormente estudado a fundo no mestrado. Não posso deixar de averbar que a minha admiração por Celso Antônio Bandeira de Mello, como homem, cidadão exemplar, notável cultor do direito, orador que fascina as plateias, nasceu por ocasião do Curso e foi sempre crescente até os dias atuais. Celso Antônio, sem dúvida, foi e continua sendo minha referência, uma de minhas grandes fontes de inspiração.

2.3 Doutorado

Iniciei o Curso de Mestrado no Programa de Pós-Graduação em Direito da Universidade Federal do Paraná, sob a orientação do Professor Manoel de Oliveira Franco Sobrinho. Professor calejado, afável e, um pouco conservador, por vezes se afligia com as minhas ideias reformistas. Fazia-me voltar ao plano terreno quando o voo atingia as paragens do insustentável. Devo-lhe muito.

Inspirado nas aulas de Celso Antônio Bandeira de Mello no Curso de Especialização, tinha praticamente pronta a dissertação de mestrado discorrendo sobre a responsabilidade civil do Estado, quando surgiu a oportunidade – para os professores cujo provimento na Universidade tivesse sido através de concurso público – de ingressar diretamente no Curso de Doutorado.

Havia, contudo, uma dificuldade: o tema não poderia ser o mesmo desenvolvido no mestrado. Hoje já não é assim. Vi-me obrigado a buscar um novo tema para poder iniciar o Doutoramento. A pesquisa, que tinha como objeto a responsabilidade civil do Estado, foi posteriormente publicada de forma fragmentada, nos artigos "Responsabilidade civil do Estado";[3] "Responsabilidade civil extracontratual das pessoas jurídicas de direito privado prestadoras de serviço público";[4] "Responsabilidade civil da Administração Pública – aspectos relevantes. A Constituição Federal de 1988. A questão da omissão. Uma visão a partir da doutrina e da jurisprudência brasileiras";[5] "Responsabilidade civil do Estado por

---

[3] SPONHOLZ, Oto Luiz; BACELLAR FILHO, Romeu Felipe. Responsabilidade civil do Estado. *Jurisprudência Brasileira*, v. 151, p. 13-22, 1989.

[4] BACELLAR FILHO, Romeu Felipe. Responsabilidade civil extracontratual das pessoas jurídicas de direito privado prestadoras de serviços públicos. *Interesse Público*, Porto Alegre, v. 6, p. 11-47, 2000; BACELLAR FILHO, Romeu Felipe. Responsabilidade civil extracontratual das pessoas jurídicas de direito privado prestadoras de serviço público. *A&C – Revista de Direito Administrativo & Constitucional*, v. 9, p. 13-59, 2002; BACELLAR FILHO, Romeu Felipe. Responsabilidade civil extracontratual das pessoas jurídicas de direito privado prestadoras de serviço público. *Fórum Administrativo*, Belo Horizonte, v. 25, p. 1993-2014, 2003; BACELLAR FILHO, Romeu Felipe. A responsabilidade civil extracontratual do Estado. Responsabilidade das pessoas jurídicas de direito privado prestadoras de serviço público. *Revista argentina del régimen de la administración pública*, v. 370, p. 331-354, 2009.

[5] BACELLAR FILHO, Romeu Felipe. Responsabilidade civil da Administração Pública – aspectos relevantes. A Constituição Federal de 1988. A questão da omissão. Uma visão a partir da doutrina e da jurisprudência brasileiras. In: Juarez Freitas (org.). *Responsabilidade civil do Estado*. São Paulo: Malheiros, 2006, p. 293-336.

omissão";[6] e "Responsabilidade civil do Estado por atos judiciais: uma visão a partir da doutrina e jurisprudência brasileiras".[7]

Para a redação da tese de doutoramento, quando optei em tratar do *processo administrativo disciplinar* e sendo o Professor Manoel conhecedor de minhas ideias, algumas delas tidas por ele como perigosamente ousadas, entendeu o generoso mestre que eu deveria ser orientado por alguém mais jovem. Dada essa situação, escolhi o então jovem e brilhante Professor Doutor Clèmerson Merlin Clève, amigo estimado, cuja trajetória não só na área do ensino do direito, mas também na Procuradoria da República e, posteriormente, na advocacia privada sempre mereceram destaque.

Sem jamais perder o contato com o Professor Manoel, iniciei com meu novo e excepcional orientador uma alentada incursão pelo Direito Constitucional. Não posso, contudo, olvidar a forte influência e a inspiração do Professor Manoel de Oliveira Franco Sobrinho.

Seja como servidor público, partícipe de dezenas de Comissões de Processo Administrativo Disciplinar, seja como advogado militante, exclusivamente na área do Direito Administrativo, jamais escondi a indignação com o modo simplista e desatencioso com que não só parte da doutrina, mas também o Judiciário tratavam esse natural segmento do Direito Administrativo. Praticava-se em significativa medida o exercício de uma interpretação retrospectiva, prática que consiste na repetição de velhas fórmulas e conceitos sem constatar, o intérprete, que a fonte de derivação, de há muito havia secado, redundando, por exemplo, na adoção de expedientes como a verdade sabida e a *reformatio in pejus*. Não se cuidava de estabelecer uma posição firme a propósito do processo como espécie do gênero procedimento. Tudo implicava crônica falta de atenção para com problemas pontuais de natureza legal, marcantemente afastados da base antropológica comum da Constituição que é o princípio da dignidade da pessoa humana.

De igual modo, atuava-se, e essa prática persiste, em absoluta desconsideração aos propósitos proclamados pela Constituição e conducentes à efetiva concretização dos direitos e garantias fundamentais.

---

[6] BACELLAR FILHO, Romeu Felipe. Responsabilidade civil do Estado por omissão. *Revista argentina del régimen de la administración pública*, v. 326, p. 45-52, 2006.

[7] BACELLAR FILHO, Romeu Felipe. Responsabilidade civil do Estado por atos judiciais: uma visão a partir da doutrina e jurisprudência brasileiras. In: ASOCIACIÓN Iberoamericana de Profesionales en Derecho Público y Administrativo "Jesús González Pérez" (org.). *La responsabilidad del Estado frente a terceros*. Guayaquil: Asociación Iberoamericana de Profesionales en Derecho Público y Administrativo "Jesús González Pérez", 2005, p. 113-127.

A premente necessidade de lançar mão da interpretação conforme a Constituição em relação aos dispositivos notoriamente ultrapassados e constantes de leis infraconstitucionais. A minha indignação, prudentemente contida pelo Professor Manoel, mas paradoxalmente incentivada pelo Prof. Clèmerson, resultou na tese que, ao final, exitosamente defendi: *Princípios Constitucionais do Processo Administrativo Disciplinar*.

As dificuldades enfrentadas foram inúmeras não só na busca de bibliografia que sustentasse minhas ideias, mas também porque a cibernética em fase incipiente não era por mim dominada, sendo inimaginável naquele momento pensar nos benefícios que muitos anos mais tarde a internet poderia propiciar. Contei com o inestimável e decisivo auxílio de uma preciosa amiga, na época acadêmica de Direito, e, hoje, notável professora e Doutora pela Universidade de São Paulo, Cibele Fernandes Dias. Graças ao material minuciosamente pesquisado pela Doutora Cibele (que guardo até hoje) pude encontrar amparo para as minhas ideias e proposições, sendo certo que grande parte do trabalho foi produzido, mecanicamente, por uma boa máquina IBM. Nos primórdios, sustentei, com base na obra de Feliciano Benvenutti, que entre o pensar do soberano e a concretização da vontade expressada por esse pensar não havia nenhum hiato, circunstância que, em se tratando de julgamentos alusivos à vida e à propriedade, gerava resultados catastróficos. A evolução dos tempos e as imposições determinadas pela democracia foram dilargando esse espaço e oferecendo uma possibilidade de resposta, dando origem ao que se conhece por procedimento.

Em apertada síntese, passo a narrar algumas de minhas posições, a par da divergência doutrinária acerca da distinção entre processo e procedimento administrativo. Defendi, então, que o *processo* deve ser utilizado como um termo geral, presente no exercício de todas as funções estatais (legislativa, administrativa e judicial), e se distingue do *procedimento* em razão da sua finalidade e dos seus meios: o *procedimento* representa um encadeamento de atos administrativos unilaterais, enquanto o *processo*, para restar configurado, reclama ou uma acusação, ou um confronto, um litígio em que haja contraposição de interesses entre partes distintas, orientado pelo contraditório.

O *procedimento* configura requisito essencial da atividade estatal, pois constitui forma de exteriorização de competência.[8] Mesmo os atos

---

8 "Cada función del poder (administrativa, legislativa y judicial) tiene un modo de exteriorización conocido como 'procedimiento' propio y específico que tiene a su cargo la misión de traducir en la existencia la voluntad de poder, en forma de acto de 'administración',

administrativos relativamente simples envolvem uma sequência de atos direcionados a um ato final.[9] Quando ao exercício da competência adicionam-se a colaboração de sujeitos e contraditório, o procedimento expressa-se como processo. O *processo administrativo* é modalidade de "exteriorização da função administrativa"[10] – portanto, é também *procedimento – qualificada pela participação dos interessados em contraditório*, imposto diante da circunstância de se tratar de procedimento celebrado em preparação a algum provimento (ato de poder imperativo por natureza e definição), apto a interferir na esfera jurídica dos cidadãos.

Nessa linha, sustentei que de procedimentos administrativos podem resultar processos administrativos, desde que caracterizada situação demandante de participação dos interessados em contraditório.[11] Saliente-se que o emprego de noções categoriais como processo ou procedimento administrativo não está calcado em questão abstraída do sistema jurídico brasileiro. Não se trata de tomar a posição mais justa ou mais conveniente à ideologia do intérprete. Funda-se, mormente, no texto constitucional. Afinal, o art. 5º, inciso LV, da Constituição brasileira[12] junge o conceito de processo administrativo a litigantes e acusados, sob a égide do contraditório e da ampla defesa com os meios e recursos a ela inerentes.[13] A opção constitucional pelo *processo administrativo* ultrapassa as fronteiras de uma mera preferência terminológica. Comporta o reconhecimento expresso da exigência do regime jurídico processual nas atividades administrativas delimitadas pela Constituição.[14]

'legislación' o 'jurisdicción'". DROMI, Roberto. *El Procedimiento Administrativo*. Buenos Aires: Ciudad Argentina, 1996, p. 30.

[9] FIGUEIREDO, Lúcia Valle. *Curso de Direito Administrativo*. 2. ed. São Paulo: Malheiros, 1995, p. 285.

[10] A expressão "procedimento como exteriorização da função administrativa" foi tomada por empréstimo de Lúcia Valle Figueiredo. A autora admite, todavia, o procedimento como forma específica de desenvolvimento também das funções judicial e legislativa. FIGUEIREDO, Lúcia Valle. *Op. cit.*, p. 285.

[11] FRANCO SOBRINHO, Manoel de Oliveira. *Curso de Direito Administrativo*. São Paulo: Saraiva, 1979, p. 281.

[12] "*Art. 5º*. (...) *LV* – aos litigantes, em processo judicial ou administrativo, e aos acusados em geral são assegurados o contraditório e ampla defesa, com os meios e recursos a ela inerentes."'

[13] "Sem contraditório, nenhum processo – é já uma determinação constitucional". BORGES, José Souto Maior. *O contraditório no processo judicial*: uma visão dialética. São Paulo: Malheiros, 1996, p. 70.

[14] Conferir, sobretudo, *art. 5º, LXXII*: "Conceder-se-á *habeas data*: (...) *b)* para retificação de dados quando não se prefira fazê-lo por *processo sigiloso, judicial ou administrativo*"; *art. 37, XXI*: "Ressalvados os casos especificados na legislação, as obras, serviços, compras e alienações serão contratados mediante *processo de licitação pública* (...)"; *art. 41, §1º, II*: "O servidor público estável só perderá o cargo mediante *processo administrativo* em que lhe seja assegurada ampla defesa".

Os argumentos jurídicos colacionados possibilitaram-me afirmar quatro conclusões preliminares: (i) *todo processo é procedimento, porém a recíproca não é verdadeira: nem todo procedimento converte-se em processo;* (ii) *a relação entre procedimento e processo administrativo é a de gênero e espécie, respectivamente;* (iii) *o processo não se encontra restrito ao exercício da função jurisdicional;*[15] (iv) *a aceitação de que o processo representa instrumento constitucional de atuação de todos os poderes estatais faz resultar a formação de um núcleo constitucional comum de processualidade ao lado do diferenciado.*

O núcleo comum de processualidade possibilita a aproximação entre processo administrativo e judicial, para que aquele aproveite a construção doutrinária processual fixada na concepção do processo como garantia constitucional. Se o agir administrativo deve exercitar-se, em certos casos, nos moldes do processo, extrai-se a possibilidade da ampliação das garantias processuais para mais um quadrante do poder estatal: o administrativo.

Estabelecidas assim as diferenças entre o *processo* e o *procedimento* administrativo e observadas as consequências dessa distinção, pôde-se inferir que o *processo administrativo disciplinar* retrata modalidade de *processo administrativo*, já que (i) qualifica-se pela *participação dos interessados em contraditório*, e (ii) dele decorre provimento suscetível a interferir na esfera jurídica dos cidadãos. Por essa razão, deve estar incensado pelas garantias fundamentais que compõem o núcleo constitucional comum de processualidade.

A existência de tal núcleo resulta da percepção de que a unidade dos fundamentos do direito público justifica, dogmaticamente, a analogia de soluções para problemas comuns. O núcleo diferenciado – conjunto normativo específico que incide sobre cada modalidade processual (administrativa, civil, penal, trabalhista, etc.) – persiste como decorrência das características de cada função.

O núcleo comum de processualidade deduz-se do texto constitucional e pressupõe, mesmo no patamar da Constituição, o núcleo diferenciado derivado da função jurisdicional ou administrativa e do objeto de cada processo. Todavia, antes de ser legislativo, jurisdicional ou administrativo, o processo tem uma identidade constitucional. Antecedendo qualquer consideração, se uma função estatal é exercida por meio de um processo – seja ela qual for ou quais sejam os objetivos

---

[15] Um dos primeiros a defender esse postulado no Direito Administrativo brasileiro foi o Professor Manoel de Oliveira Franco Sobrinho. Já na década de setenta, o mestre encarava o processo como forma de desenvolvimento da função administrativa, jurisdicional ou legislativa. FRANCO SOBRINHO, Manoel de Oliveira. *Curso de Direito Administrativo*. São Paulo: Saraiva, 1979, p. 277.

a serem alcançados – é porque nela devem estar presentes o contraditório e a ampla defesa.

Não se trata de postular a possibilidade de uma teoria geral do processo.[16] A intenção está em salientar a importância da consideração comparativista entre os diversos tipos processuais na solução de problemas, propiciada pela Constituição. A consideração comparativista, iluminando os institutos processuais, poderá determinar interpretações e excluir outras com base na típica relação que os processos guardam entre si, unidos pelo centro vital de energia do contraditório e da ampla defesa. Logo, sobre o processo administrativo – o qual, conforme a posição anteriormente adotada, sempre se dará através do contraditório – devem incidir as garantias constitucionais que compõem o núcleo comum de processualidade.

A Constituição de 1988 inovou ao dispor no art. 5º, LV: "aos litigantes, em processo judicial ou administrativo, e aos acusados em geral são assegurados o contraditório e ampla defesa, com os meios e recursos a ela inerentes". Por sua vez, o princípio do devido processo legal foi expressamente inscrito no art. 5º, LIV: "ninguém será privado da liberdade ou de seus bens sem o devido processo legal". O art. 5º, LV, situa o processo administrativo como garantia constitucional, fixando verdadeira regra geral de conteúdo (contraditório e ampla defesa com os meios e recursos a ela inerentes) e de previsão de exigibilidade (em face de litigantes ou acusados).

Alguns autores italianos, dentre eles Comoglio, Ferri e Taruffo, deduzem que a garantia constitucional do direito ao processo, estabelecido no art. 24, 2, da Constituição Italiana – "a defesa representa um direito inviolável em todo estado e grau do procedimento jurisdicional" – é mais do que o direito ao processo: é o direito ao processo justo.[17] Garante-se a suficiência quantitativa mínima dos meios processuais e um resultado qualitativamente constante. Os meios processuais disponíveis devem ser sérios, e a tutela obtida ao fim, adequada ao que foi pedido.[18]

---

[16] Embora tenhamos adotado o conceito de processo de Fazallari, disto não decorre que tenhamos seguido também seus passos na possibilidade de uma teoria geral do processo: "il processo come figura di teoria generale". "Processo: Teoria Generale". *Novissimo Digesto Italiano*, Torino, v. XIII, 1966, p. 1068.

[17] Importante anotar as ponderações de Vincenzo Vigoriti sobre a noção de processo justo. Para este autor, trata-se de cláusula insuscetível de redução a uma precisa e exauriente definição, capaz de determinar-lhe resultado e limite, tendo em vista a relatividade da noção de justiça. VIGORITI, Vincenzo. "Garanzie Costituzionali della Difesa nel Processo Civile". *Rivista di Diritto Processuale*, Padova, n. 1, gen./mar. 1965, p. 525.

[18] COMOGLIO, Luigi Paolo et al. *Lezioni sul Processo Civile*. Bologna: Il Mulino, 1995, p. 61.

O direito ao processo justo garante condições mínimas para a obtenção do escopo fundamental da ação e compreende: (a) o direito de ação paralelo ao direito de defesa (*parità delle armi*) para iguais chances de sucesso final[19] (no processo administrativo tomará um sentido peculiar, porque a Administração tem o dever de agir); (b) a importância do direito à prova, uma vez que o direito de provar está compreendido no poder de agir, de usar todos os meios probatórios do sistema relevantes para a demonstração do fato da demanda, (c) inadmissibilidade de barreiras processuais que tornem excessivamente dificultoso ou impossível o concreto exercício dos poderes de agir.[20]

A noção de processo justo pode ser utilizada no direito brasileiro, a partir de um núcleo constitucional comum de processualidade. A aplicação de qualquer modalidade processual requer a estrita observância de um plexo de direitos fundamentais constitucionalmente assegurados para garantir a dignidade do cidadão no curso do processo. Nesse conjunto de direitos erigidos ao patamar constitucional estão contidos de modo explícito,[21] dentre outros, os seguintes princípios: juiz natural (art. 5º, LIII[22]), devido processo legal (art. 5º, LIV), contraditório e ampla defesa (art. 5º, LV), razoável duração do processo (art. 5º, LXXVIII[23]) e presunção de inocência (art. 5º inciso LVII[24]).

Em resumo e, em definitivo, procurei revelar a linha de argumentação desenvolvida na tese, o objetivo de transformação do conhecimento empírico em relato teórico-científico destinado ao esclarecimento e à fixação do alcance dos postulados constitucionais do devido processo legal, do contraditório, da ampla defesa e do juiz natural, como princípios de presença obrigatória na legislação infraconstitucional.

Logrei aprovação com nota máxima, conferida por banca composta pelos Professores Doutores Clèmerson Merlin Clève, Manoel de Oliveira Franco Sobrinho, Marçal Justen Filho e Luiz Alberto Machado,

---

[19] Sobre o paralelo entre o direito de ação e o direito de defesa, COUTURE, Eduardo J. *Estudios de Derecho Procesal Civil:* la Constitución y el Proceso Civil. t. I. 3. ed. Buenos Aires: Depalma, 1979, p. 47.

[20] COMOGLIO, Luigi *et al. Op. cit.*, p. 61.

[21] Implicitamente extraem-se da Constituição os princípios da prescritibilidade, da lealdade e da boa-fé, da segurança das relações jurídicas, da razoabilidade e da proporcionalidade, entre outros.

[22] "Art. 5º. (...) LIII – ninguém será processado nem sentenciado senão pela autoridade competente."

[23] "Art. 5º. (...) LXXVIII – a todos, no âmbito judicial e administrativo, são assegurados a razoável duração do processo e os meios que garantam a celeridade de sua tramitação."

[24] "Art. 5º. (...) LVII – ninguém será considerado culpado até o trânsito em julgado de sentença penal condenatória."

todos Titulares da Faculdade de Direito da UFPR, e pelo Professor Doutor Juarez Freitas, da UFRGS e Titular da PUCRS. O Professor Doutor Paulo Henrique Blasi, da Universidade Federal de Santa Catarina, que estava convocado para participar da Junta Acadêmica, em virtude de falecimento de seu irmão, ficou impossibilitado de me arguir e foi substituído pelo Professor Doutor Luiz Alberto Machado. Todavia, é importante registrar que, acima e além do dever, o Professor Doutor Paulo Blasi encaminhou-me a cópia da tese com todas as anotações que julgava pertinentes. Manifesto meu expresso agradecimento ao Professor Clèmerson, não só pela segura orientação desenvolvida, mas também porque, em razão de nossa amizade, deu a uma das Salas da Faculdade de Direito da UniBrasil o meu nome, além de ter sido partícipe, juntamente com os alunos, para a escolha do nome de meu pai, Romeu Felipe Bacellar, para o Centro Acadêmico da prestigiosa Instituição de ensino.

CAPÍTULO 3

PRIMEIRAS EXPERIÊNCIAS PROFISSIONAIS: TRIBUNAL DE JUSTIÇA, ASSEMBLEIA LEGISLATIVA E BANCO DE DESENVOLVIMENTO DO ESTADO DO PARANÁ

Aos dezoito anos, completados no ano de 1964, ingressei nos quadros do Tribunal de Justiça do Estado no cargo de Oficial Judiciário. Na mesma ocasião, vários jovens – na condição de vestibulandos e, posteriormente, acadêmicos de Direito – foram admitidos nas funções de auxiliar jurídico e distribuídos pelos Departamentos da Secretaria do Tribunal. Lembro-me dos estimados amigos Walter Borges Carneiro e Clayton Camargo, que, já na idade madura, por suas expressivas trajetórias na advocacia e no Ministério Público, respectivamente, ascenderam ao cargo de Desembargador do Tribunal de Justiça do Estado. Pasmem: o quadro de servidores do Tribunal, com o meu ingresso, passou a ter um total de 156 ocupantes. Minha matrícula recebeu exatamente esse número. Hoje, segundo consta, existem milhares de servidores.

No Tribunal de Justiça tive a oportunidade de conhecer e trabalhar com personalidades interessantíssimas. Lembro-me, com muita saudade, da irreverência do Romeu Eleutério da Luz, do exótico Luiz de Oliveira Cravo, do amplo conhecimento jornalístico do Acir Andrade Cescatto, do filósofo Odilon Vargas, da eterna jovem Maria Francisca Bevilaqua, entre outros.

O notável elenco funcional da Secretaria quando de meu ingresso, para citar aqueles com quem tive excelente relacionamento, contava com o decisivo labor de Albino Ribas, Ivo Farias, Victor Biaggio Giamberardino, Emília Andrade, José Luiz Faria de Macedo, Aldivar José Bassetti, Glauco Stencel, Mário Esmanhotto, Cláudio Roberto

Ferreira e Carlos Costa (médicos), Osmar Rosário, Alcy Fumagalli Werneck, Dirceu Lamóglia, Edson de Oliveira Macedo, Amilton Ferreira, Lysimaco Ferreira da Costa, Agostinho Franco Ferreira da Costa, Walter Paiva, Orestes Giovanonni Chaves, Stenly Richter Pospissil, Eliane Conceição Baptista, Guisú Souza Pinto, Célio Heitor Guimarães, Civan Lopes, José Macedo Neto, Acir Mello, James Pinto de Azevedo Portugal Filho, Mário Brasílio Esmanhotto, Leodgard de Almeida Taques, Ilze Justen, Vera Maria D'Almeida, Lauro Augusto Fabrício de Mello, Walter Mello, Nelson Andrade dos Santos, Gil Lorusso do Nascimento, Antonio Sacerdote, Sueli Ribas, Marli Antunes, Eliane Conceição Baptista, Juracy Terezinha Ferreira, Teófilo Taufic Savóia e Fernando Semann, entre outros.

Bem posteriormente, ingressaram Benedicto Moreira, Hugo Vieira Filho, Henrique José Giublin, Carlos Roberto Ribas Santiago, Rolf Koerner Junior, Vilmar Farias, Edson Dalagassa, Eurico Vidal Junior, Margareth Nascimento Schon, Arinete Ribas, Rosana Pospissil, Ana Maria Cortiano, Francisco José de Albuquerque Branco, José Catta Preta Casagrande e Ariel Ferreira do Amaral Filho, servidores dedicados e competentes. Foram anos de muito aprendizado. Considerava o Tribunal de Justiça uma excelente escola que pagava pelos ensinamentos que punha à disposição. De fato, o Tribunal foi uma preciosa escola. Convivi com pessoas da mais elevada suposição.

Durante o longo período em que meu pai exerceu o cargo vitalício de Diretor-Secretário, sendo um homem dinâmico e realizador, resolveu editar, no ano de 1962, às suas expensas, primeiro na forma de jornal (até o nº 9), depois assumindo o formato de revista (até o nº 21), a publicação quadrimestral denominada *Fórum do Paraná*, na qual era o Diretor-Geral. Rui Portugal Bacellar, meu irmão mais velho, e eu, quando ingressamos na Faculdade de Direito, assumimos a função de Diretores Auxiliares. Tratava-se de um projeto ousado e, por vezes altamente deficitário. Necessitávamos do apoio de uma gráfica com tipógrafos que organizassem as matérias com a perfeição exigida. Além dos artigos de doutrina que eram selecionados por meu pai, em várias ocasiões, a publicação ofereceu oportunidade de destaque a jovens juristas, mestres do Direito e outros já consagrados, que contribuíram para o sucesso da empreitada. Assim é que Egas Dirceu Moniz de Aragão, René Ariel Dotti (que fora aluno de meu pai), Lamartine Corrêa Lyra, Ildefonso Marques, Nelson Ferreira da Luz, Alberto de Carvalho Seixas, Lauro Fabrício de Mello Pinto, Marino Braga, Sidney Ditrich Zappa, Ary Florêncio Guimarães, Assad Amadeo Yassim, Sílvio Romero

Stadler de Souza e José Virgílio Castelo Branco Rocha, emolduraram as páginas iniciais, escrevendo artigos de elevado teor científico.

As naturais alterações no quadro dirigente formado por desembargadores, é claro, influíam nas relações de trabalho. Vencido um período extremamente difícil em face de notória inimizade de meu pai, já aposentado, com a direção do Tribunal, foi instaurado o concurso público para preenchimento de três vagas para o cargo de Assessor Jurídico. Em consequência da razoável remuneração oferecida, inscreveram-se centenas de candidatos. Apesar de estar navegando em águas revoltas, logrei conquistar a 2ª colocação com a média 9,1. Lembro-me de que o candidato classificado em primeiro lugar, Ney Roberto Guimarães, foi aprovado com a média 9,2. Em terceiro lugar, foi provida a advogada e professora Albony Dudeque Pianovski.

Como as relações continuavam belicosas, embora nomeado para o cargo de Assessor Jurídico, surpreso, fui colocado à disposição, *manu militari*, com considerável prejuízo remuneratório, da Assembleia Legislativa do Estado, então presidida pelo Deputado Ivo Thomazoni.

Lotado no gabinete do Deputado Luiz Alberto Martins de Oliveira, de quem guardo saudade e respeito, pude assessorar também os Deputados Francisco Accyoli Rodrigues da Costa e Jurandir Messias, que acabaram se tornando amigos queridos. Tive a oportunidade de conhecer e formar sólida amizade com os Deputados Igo Losso, Lazaro Dumont e Nilso Romeo Sguarezi. Na época, os chamados adidos (servidores à disposição) não eram muito bem-vindos. No entanto, em face do rigoroso cumprimento de horários e de tarefas que me eram impostas, tenho a certeza de que conquistei o respeito e a consideração do quadro funcional. Trabalhei diretamente com dois exemplares servidores – companheiros inestimáveis –, que me auxiliaram sobremaneira nessa conquista: Luiz Fernando Oliveira e Eurico Haluch. Foram três anos de aprendizado e experiência na área legislativa.

Já professor de Direito, com algum prestígio, fui convidado pelo Presidente do Banco de Desenvolvimento do Estado do Paraná (BADEP) para ministrar uma palestra sobre atuação profissional na advocacia em área voltada aos Bancos de Desenvolvimento. A repercussão foi tão boa – perdoem-me a falta de modéstia –, que recebi um irresistível convite para ingressar no quadro de advogados do Banco, na época chefiado por Norberto de Souza Lambach e tendo como chefe-auxiliar Blás Gomm Filho, duas pessoas incríveis e por quem nutro grande afeição. Em face de meu impedimento para o exercício da advocacia e não pretendendo um desligamento do quadro do Tribunal, a opção foi requerer uma licença – não remunerada – para tratar de assuntos particulares por dois anos. No BADEP, em face dessa circunstância, não pude exercer com plenitude a advocacia, sendo minha atuação – embora intensa – restrita à consultoria legal. Mais experiência acumulada na bagagem.

Ainda no BADEP, tendo sido organizado um conclave jurídico com a presença de autoridades do Estado, inclusive o então Presidente do Tribunal de Justiça, Desembargador Ariel Ferreira do Amaral, coube-me dissertar sobre a aplicação do Direito e a atuação bancária. No encerramento do evento, perguntado pelo Desembargador Ariel Amaral sobre as minhas atividades no magistério e em outras áreas, relatei que era servidor efetivo do Tribunal de Justiça, mas me encontrava em licença não remunerada. Confidenciei-lhe em breve narrativa os problemas havidos com gestões anteriores do TJ que me impuseram um distanciamento. Uma semana depois, sem que eu tivesse conhecimento, a minha licença foi revogada e eu fui nomeado Assessor da Presidência para Recursos Extraordinários. Tratava-se de uma significativa promoção que não cabia recusa. Voltei a conviver com os amigos de antes e, passada a era da hostilidade, fui ascendendo, respectivamente, a Chefe da Assessoria Jurídico-administrativa (Gestão Desembargador Marino Brandão Braga), Diretor Administrativo (Gestão Desembargador Heliantho Guimarães Camargo), Diretor de Gabinete da Presidência (Gestão Desembargador Alceu Conceição Machado) e Secretário-Geral do Tribunal de Justiça (gestões dos Desembargadores Mário Lopes dos Santos e Abrahão Miguel).

Sucedendo o Desembargador Heliantho Guimarães Camargo, que fez uma excelente gestão, assumiu o Desembargador Alceu Conceição Machado, notável figura humana e homem público. Amigo de meu pai e sabedor das agruras que ele havia enfrentado em gestões passadas, notadamente por ocasião de sua aposentadoria, convidou-o para exercer o cargo em comissão de Secretário-Geral do Tribunal de Justiça do Estado.

Toda a família ficou feliz não só com o honroso convite, mas também pela aceitação por parte de meu pai, já com 63 anos de idade, uma oportunidade única de concretizar mais alguns projetos que em seu tempo não foram possíveis. Foi uma gestão timbrada pela eficiência e pela paz de espírito. Grande amigo do Governador de então, José Richa, o Desembargador Alceu alcançou algumas conquistas até então nem sequer sonhadas: implantação da Escola da Magistratura no Estado do Paraná; criação e funcionamento do 2º Juizado de Pequenas Causas no país (o primeiro foi implantado do Rio Grande do Sul); instalação das varas criminais em prédio próprio e exclusivo, além de reformas significativas no prédio sede do Tribunal, nas varas cíveis de Curitiba e Fóruns do interior do Estado; implantação do sistema de processamento de dados na Secretaria do Tribunal; significativa melhoria na remuneração dos magistrados e servidores do Poder Judiciário. Com sua seriedade no trato da coisa pública, seu otimismo e alegria irradiantes, o Desembargador Alceu Machado conquistou o respeito e a admiração de todos. Lembro-me de que já aposentado, o saudoso amigo e Desembargador entrou numa longa fila que se formava na Agência Banestado, no térreo do Palácio da Justiça. Os servidores, constatando a presença daquele que muito admiravam, ofereceram-lhe os seus lugares na fila, oferta imediatamente rejeitada sob a justificativa de que ele havia chegado depois e não seria justo passar na frente dos "colegas". Ato contínuo, os integrantes da fila foram deixando seus lugares e, em perfeita ordem, desde o primeiro, foram se posicionando atrás do antigo e querido Chefe, de modo a deixá-lo em posição de ser imediatamente atendido! Foi um momento comovente que jamais esqueci. Consigo aplacar a saudade que tenho daquele tempo em longas conversas com sua filha, Eliane Machado Zanemon, ex-aluna primorosa e advogada de grande prestígio.

Na gestão do Desembargador Mário Lopes dos Santos, assumi o cargo de Diretor-Secretário do Tribunal de Justiça pela primeira vez. O Desembargador Mário era um homem de reconhecida bondade e experiência (já havia sido Diretor-Geral do Tribunal Regional Eleitoral por muitos anos). Exerceu o mandato de forma a criar um clima de tranquilidade e entusiasmo.

Ao ser reconduzido na gestão sucessora, acabei por deixar o cargo e o TJ de uma forma traumática (desentendimento com a Presidência de então). É importante registrar o acontecido: para afirmação do Sindicato, que havia sido recentemente criado, sem qualquer pauta de reivindicações não atendidas, havia sido deflagrada a primeira greve de servidores do Poder Judiciário estadual em sua centenária existência. O Presidente, apesar de cientificado da iminência do movimento paredista, entrou em férias, deixando o problema para ser enfrentado pelo Desembargador Vice-Presidente, cuja atuação serena, mas enérgica, foi notável. A adesão foi enorme em todo o Estado. Os poucos servidores que se dispuseram a continuar em atividade eram diariamente hostilizados. Num determinado dia, ao chegar para o expediente às 8 horas, encontrei as portas do prédio principal fechadas com correntes e cadeados.

Fui até meu automóvel, passando no meio da multidão, peguei uma chave de roda, quebrei os cadeados e soltei as correntes, convidando em voz alta os servidores que se dispusessem a trabalhar que me acompanhassem. Destaquei a importância do funcionamento da Secretaria para evitar prejuízo às partes, notadamente na área criminal. Aduzi, também, que o movimento ganharia a antipatia geral em caso de total paralisação. Inexperientes, os dirigentes sindicais mostraram-se insensíveis ao apelo, incitando a paralisação total. Apesar de tudo, consegui a adesão de pouco mais de 30 servidores, que, junto com os detentores de cargos de confiança, garantiram o funcionamento da Secretaria e das sessões do Tribunal. No interior e na capital, as varas cíveis privatizadas, internamente, não tiveram qualquer problema. O maior transtorno deveu-se à adesão dos Oficiais de Justiça e dos servidores das varas criminais. Usei como argumento para pôr fim ao movimento que a maior prova de que no Tribunal havia um excesso de servidores consistia na constatação do funcionamento ter sido plenamente satisfatório com um número reduzido de pessoal.

Encerrada a greve, requeri a minha exoneração do cargo de Secretário-Geral e a aposentadoria proporcional ao tempo de serviço, que, por inaceitável perseguição, foi concedida com um valor muito abaixo do que tinha direito. Na verdade, toda a minha dedicação me fez – na época – merecer tão só R$2.750,00 mensais. Obriguei-me a buscar no próprio Judiciário a readequação dos valores, circunstância que conquistei, em parte, após alguns anos, no Supremo Tribunal Federal.

Deixo registrada, todavia, a minha admiração pelo Judiciário paranaense. Como Conselheiro Federal da OAB, em certa ocasião, fui convidado para participar de um debate envolvendo a atuação da justiça no país, com ênfase para a verdadeira avalanche de processos nos tribunais. Tenho a firme convicção de que não são as manifestações recursais ou a possibilidade dos advogados de exercitá-las que travam a justiça no país. Fizemos um ligeiro levantamento na OAB (Conselho Federal) e constatamos que aproximadamente 60% das questões que chegam aos Tribunais Superiores têm índole administrativa. Tratam de Direito Administrativo. Ou seja, cuidam da ação ou da omissão da Administração Pública. Quando a Administração se omite em praticar um ato que esteja incluído no rol de suas atribuições gera para o eventual destinatário do ato ou para aquele que é prejudicado pela omissão o direito de buscar junto ao Poder Judiciário a devida reparação. Quando o administrador público pratica o ato, mas não o fundamenta corretamente, ou atua desviando-se da finalidade ou age com excesso de poder, também compele o destinatário a demandar perante o Poder Judiciário. Assim é que inseridas nesse percentual de 60%

estão sempre como autoras rés, assistentes ou opoentes a União, os Estados e os Municípios.

Qual a causa geradora dessa anomalia? Certamente a ausência de profissionalização da função pública, homens não preparados para exercício dos cargos que exercem, autoridades públicas que não decidem, ou que decidem mal e que geram para o Poder Judiciário esse imenso volume de perplexidades. Na área da Administração Pública é difícil que alguém aceite essa constatação. Porém essa é a mais crua e dura realidade. É por isso que o Poder Judiciário está abarrotado. Quantos de nós, advogados, quando fomos buscar amparo na via administrativa, já ouvimos da autoridade decisória: "O senhor tem todo o direito, mas convenhamos, eu me sentiria muito mais confortável se o senhor fosse ao Judiciário e lograsse conquistar uma medida liminar. Eu cumpriria na hora". Resposta: "Se fosse para ouvir isso, eu não precisaria ter vindo conversar com o senhor". Isso acontece todos os dias.

Diga-se, então, num primeiro estágio de análise – e não é o meu intento bajular o Judiciário –, esse Poder, seguramente, é o menos culpado pelo volume de processos que inunda os Tribunais.

CAPÍTULO 4

O EXERCÍCIO DA ADVOCACIA E O ESCRITÓRIO BACELLAR & ANDRADE ADVOGADOS ASSOCIADOS

O exercício da advocacia é, paradoxalmente, fascinante e frustrante. As derrotas quando decretadas por julgados bem fundamentados nos auxiliam a repensar a atuação e colaboram com o nosso enriquecimento profissional. A constatação da desídia, da omissão e de nenhum afeto pelo estudo por parte de alguns julgadores são fatores decididamente desestimulantes. Sou de um tempo em que o advogado era significativamente mais valorizado, em que os juízes e Tribunais demonstravam mais apreço pela busca da verdade material do que pelas estatísticas. Não posso deixar de reconhecer a influência reciprocamente verificada em minha trajetória profissional e acadêmica. Minha tese de doutorado nasceu também por influência da advocacia, não sendo raros os temas que, tratados no desempenho da função, foram aprofundados e viraram pesquisas acadêmicas.

Conforme já relatei, após ter deixado o Tribunal de Justiça, muito embora anteriormente inscrito na Ordem dos Advogados do Brasil, pelo vínculo que mantinha com o Poder Judiciário, notadamente a partir de meu ingresso, por concurso público, como Assessor Jurídico, minha inscrição foi cancelada. A minha nova inscrição obtida anos depois, como é óbvio, recebeu um número atualizado, tal como ocorria com os recém-formados.

De toda forma, como não havia acumulado nenhuma economia e tendo dois filhos matriculados em Universidade privada (PUCPR), ainda que gozasse de um desconto conferido a professores, o dinheiro não cobria os gastos da família. Pela amizade que mantinha com Jaime Stivelberg e Telmo Cherem (respectivamente tio e sobrinho), me foi oferecida no escritório do Jaime uma pequena sala, para que eu pudesse iniciar as minhas atividades como advogado especializado em Direito Administrativo. Ao aceder à oferta, tive a honra de ser companheiro de escritório do brilhante advogado Izaurino Gomes Patriota. Embora tivesse recebido o convite para integrar outros escritórios, optei pelo oferecimento do Jaime e do Telmo, ambos civilistas, por duas razões: primeiro os laços de afetividade que nos uniam; segundo, porque não era meu desejo compor equipes, mas exercer uma advocacia solitária, especializada no meu campo de conhecimento e, assim que pudesse, montar meu próprio ambiente de trabalho. Há poucos dias recebemos a agradável visita de Leon Stivelberg, filho do Jaime, que me entregou um estojo que havia encontrado dentre os pertences de seu falecido pai. Fiquei emocionado ao constatar que o estojo abrigava uma placa de prata que eu havia oferecido ao Jaime quando deixei o escritório, em julho de 1994, com os dizeres: "Ao Jaime Stivelberg, um amigo campeão! Com amizade e reconhecimento. Romeu Felipe Bacellar Filho". A entrega ocorreu por ocasião de um jantar que Elizabeth e eu oferecemos ao casal D. Sonia e Jaime, em agradecimento à acolhida e amizade a nós dispensada. "É próprio do bem nascido, ser agradecido", diz o sábio ditado catalão.

Sempre iluminado pelo Criador, e dada a inexistência de escritórios que se dedicassem exclusivamente ao ramo do Direito que abracei, um número impressionante de grandes e pequenas causas me foram confiadas, seja por indicação de colegas, seja por sugestão de ex-alunos e conhecidos.

Trabalhava, avançando nas madrugadas, para dar conta dos encargos e prazos. Contratei quatro datilógrafas para me prestarem auxílio. As petições eram manuscritas em letra legível e os textos de citações doutrinárias e jurisprudenciais eram fotocopiados e recortados para a devida inserção. Não recusava causas. Para oferecer uma pálida ideia, já no segundo mês de advocacia, consegui ganhar mais de dez vezes o valor de minha aposentadoria. Passei de um tempo em diante a contar com o inestimável auxílio de um grande amigo, casado com minha prima Cleonice Faria Guimarães, que durante anos fora meu companheiro no Tribunal de Justiça. Refiro-me a Célio Heitor Guimarães, que, além de servidor público, foi e é um respeitado jornalista e radialista. Célio, perfeccionista, dotado de uma redação impecável, embora não havendo espaço no escritório, trabalhando em casa, sempre prestou um valioso auxílio.

Já com condições para tanto, adquiri metade do 4º andar de um edifício na Praça Zacarias, o Edifício José Loureiro, quando, com a imprescindível ajuda de minha mulher Elizabeth e da sempre amiga e decoradora notável, Yara Mendes, procedidas as necessárias reparações e aparatos, vi-me diante de um escritório que jamais sonhei ter.

Na outra metade do andar achava-se instalado, de há muito, o escritório do respeitado advogado Mauro Nóbrega Pereira, que, juntamente com seu filho Márcio, tornaram-se grandes amigos nossos. Com o Dr. Mauro, por sua erudição e experiência, muito aprendemos. Tomávamos, Célio, Renato e eu, juntos, o café, depois do almoço, num quiosque da Praça Zacarias, sempre acompanhados do talentoso e impagável Dr. Jiomar José Turin, de seu filho Turin e do estagiário, hoje Desembargador, Luciano Carrasco.

Por sua dimensão, no escritório, poderia contar com o auxílio de mais dois colegas. Nesse sentido, por óbvio, convidei meu amigo Célio Heitor Guimarães, e, mais adiante, por sugestão do então advogado Telmo Cherem, logrei conseguir a companhia de Renato Andrade, que havia deixado o escritório em que trabalhava. Considerei uma conquista a aceitação do Renato, advogado já experiente e de prestígio, que, posteriormente, tornou-se meu sócio e, principalmente, um precioso amigo.

Com a ampliação do escritório, pude concretizar um sonho de há muito acalentado: dar oportunidade para que alunos cujo brilhantismo e aproveitamento nos temas de minha cadeira pudessem pôr em ação as suas ideias. Assim é que, dentre outros, Marcello Bacellar (meu filho), Célia Folda, Ana Cláudia Finger, Emerson Gabardo, Adriana Schier e Sérgio Bernardinetti iniciaram suas atividades advocatícias em meu escritório, sendo certo que quase todos eles se encontram comigo até hoje.

O escritório no centro da cidade proporcionava algumas vantagens. A proximidade dos bancos, lojas que nos acudiam em qualquer emergência e pequenas oficinas de conserto. Um dos costumes que adquirimos – notadamente aos sábados pela manhã – foi o de tomar um cafezinho na Boca Maldita, onde podíamos encontrar pessoas de toda a espécie e atividades. Sempre tínhamos a oportunidade de uma conversa instrutiva e agradável com o Jorge Samek, com o Valmor Marcelino, com o Edgard Lipmann e com o Des. Fleury Esteves Fernandes. Várias foram as oportunidades que, também na Boca Maldita, encontrei Renato Schaitza, Reinaldo Bessa e Cláudio Manoel da Costa, jornalistas que, através de suas respeitáveis colunas, sempre me prestigiaram.

Fomos muito felizes em nosso acolhedor escritório, todavia, a imensa carga de serviços confiada a nós, mormente em defesa de empresas, sindicatos e associações de classe, já estava a requerer um espaço maior. Diante dessa necessidade, confiei aos meus dois companheiros, desde então sócios, Renato Andrade e Marcello Bacellar, a busca por local que fosse ao mesmo tempo digno, acolhedor e com alguma amplitude. Depois de uma tentativa fracassada (a compra de um andar inteiro em edifício no centro da cidade), finalmente encontraram um lugar que reunia todas as condições desejadas para a instalação do Bacellar & Andrade Advogados Associados. Tratava-se de uma residência que adquirimos na Rua Eurípedes Garcez do Nascimento, nº 818, no Bairro Ahú, próxima do Tribunal de Justiça e da Justiça Federal, que necessitava de adaptações para se transformar num escritório de advocacia. Contratamos meu primo, o Engenheiro José Clotário Portugal Bacellar, que, acima e além do dever, nos surpreendeu com uma obra maravilhosa. A mudança foi realizada durante uma viagem de férias com a Elizabeth. Quando retornei, Renato e Marcello, com o auxílio de nossa secretária Viviane Haffermann e dos advogados Célia Folda, Daniel Brasil, Ana Claúdia Finger e Adriana Schier, que já compunham o escritório, me proporcionaram uma grata surpresa. Tudo estava, rigorosamente, em seu lugar. Estamos aqui até os dias atuais. Célia Folda que prestou relevantes serviços ao nosso escritório, lamentavelmente, teve que nos deixar para atender seu pai, viúvo e com idade avançada, em São Francisco do Sul/SC. O mesmo ocorreu com Sergio Bernadinetti, que, em face de aprovação em concurso público, foi investido no cargo de Juiz Substituto.

No novo ambiente, novas convocações foram levadas a efeito. Como Emerson Gabardo havia construído uma parceria de sucesso com o não menos amigo Guilherme Gonçalves, também convidei um dos alunos mais brilhantes que tive o prazer de conhecer, Daniel Wunder Hachem, ex-Presidente do Centro Acadêmico Hugo Simas, que além de líder estudantil, evidenciava os mais nobres pendores para o exercício do magistério e da advocacia. Devo muito ao Daniel. Não só pelo incentivo e auxílio quando de minha preparação para o concurso de Professor Titular da UFPR, mas também pela inestimável ajuda na atualização para reedição de minhas obras e enriquecedora coautoria em outras publicações. Renato recrutou Everton Menegola, experiente e dedicado advogado na área do direito penal. Por indicação do Daniel, duas novas presenças emolduraram nosso quadro de Direito Administrativo: Felipe Gussoli e Luzardo Faria. O primeiro também tinha sido meu aluno na UFPR; o segundo, egresso da mesma Universidade, ex-aluno do Daniel, filho e sobrinho de dois grandes amigos, respectivamente, Enéas Faria e Fajardo Faria. Devidamente formada, depois de tranquila aprovação no exame de Ordem, agregou-se à nossa equipe, Giulia Andrade, filha do Renato, que, confirmando o adágio de que o fruto não cai longe da árvore, desenvolve uma carreira vertiginosa em busca de sua integral formação acadêmica. Já concluiu o mestrado e cursa o doutorado. Como advogada, já evidenciou em várias oportunidades o seu inestimável valor. À nossa equipe, paulatinamente, foram sendo agregados notáveis advogados e talentosos estudantes de direito, estes últimos já quase todos formados. Clarice Lopes, Juliana Richa, Bruno Aibara, Victor Costa, Camila Molinari e Anderson Kwan. Viviane Haffermann e Lucimara Silva e Alexis Abad Torres, respectivamente, secretária, atendente e guardião, completam nosso time.

Desde o início de minhas atividades na advocacia, sempre procurei contar com a ajuda de colegas de outros escritórios, formando parcerias exitosas e duradouras. Dentre tantas atuações conjuntas não posso deixar de me referir àquelas que me deram a oportunidade de atuar com ex-alunos e, sobretudo, amigos muito queridos. Refiro-me, entre outros, ao Dr. Emerson Fukushima, oriundo da Universidade Federal do Paraná. Advogado, estudioso e combativo, Conselheiro da OAB, especializado em execuções, representou a minha tábua de salvação em relação a créditos que acumulei durante minha vida profissional, e, que, por desleixo ou desânimo, não havia executado. Sou-lhe muito grato. Sua eficiência, entusiasmo e otimismo, logrando resgatar créditos a que eu tinha direito, são parcialmente responsáveis pela estabilidade financeira que eu desfruto. Por insistência desse bom amigo e companheiro é que me propus a escrever este conjunto de memórias. Na passagem pelo Tribunal de Justiça, pela Universidade e pela advocacia, conquistei dezenas de amigos muito queridos, que estão sempre na minha lembrança e no meu coração. Não posso deixar de mencionar o Dr. Gilberto Giacóia, que, por diversas vezes, exerceu, e ainda exerce o cargo de Procurador-Geral da Justiça. Professor respeitado, orador de grandes eventos, homem dotado de uma espiritualidade cativante, o Dr. Giacóia é aquele amigo que todos deveriam ou aspiraram a ter. Solidário nas dificuldades, tem sempre uma palavra de conforto e oferecimento de auxílio. Nos triunfos, é um sincero e efusivo incentivador. Devo registrar, também, meus agradecimentos aos amigos de Goiânia Juscimar Ribeiro e Francisco Taveira Neto; de São Paulo, Augusto Neves Dal Pozzo; e de Curitiba, Luasses Gonçalves dos Santos e Tarso Cabral Violin.

Foram tantas as pessoas detentoras de cargos de relevância que aprendi a admirar e a respeitar, que a menção ao nome de todas haveria de ocupar várias páginas desta singela obra. O Desembargador Federal Carlos Eduardo Thompson Flores Lenz, oriundo do Ministério Público Federal, neto do saudoso Ministro do STF, o eminente e respeitadíssimo Thompson Flores, estudioso e homem de múltiplas virtudes, honra a magistratura Federal com decisões equilibradas e justas. Em igual patamar, no TRF-4, situa-se o Desembargador Federal Fernando Quadros, cujas decisões humanitárias e com elevado senso distributivo orgulham o Estado do Paraná. Do mesmo modo, meu particular amigo e companheiro de jornadas inesquecíveis, Rogério Gesta Leal, que engrandece o Tribunal de Justiça do Rio Grande do Sul com a sua presença. Citei e vou citar alguns nomes oriundos do quinto constitucional que honraram as vestes talares da Magistratura. Todavia, aqueles que conviveram comigo não desconhecem a minha aversão a essa espécie de escolha praticada nos Tribunais, inclusive no Superior Tribunal de Justiça. No meu entendimento, e os exemplos são pródigos em demonstrar, raramente é possível transformar um Advogado num bom magistrado. O mesmo ocorre com os membros do Ministério Público. Claro que existe e existirão honrosas exceções. O advogado se especializa em ser parcial, defender os interesses da parte que lhe constituiu. Já os membros do Ministério Público têm grande dificuldade em perder o espírito fiscalizador e acusatório. O quinto constitucional retrata uma invenção do tempo do Império, lamentavelmente mantida, nas reformas constitucionais, sem maiores reflexões. O curioso é que, em muitos casos, tendo exercido por, no mínimo, 5 (cinco) anos o cargo de magistrado, integrantes do quinto (alguns respeitabilíssimos), utilizando-se de tempo de serviço anteriormente prestado, adquirem o direito de aposentar-se como magistrado, percebendo os proventos respectivos. Não são raros os casos em que o advogado provido nessas condições, ao inativar-se, requer a sua reinscrição na Ordem dos Advogados do Brasil e retoma as atividades, concorrendo com aqueles que vivem só da advocacia. Isso tudo em arrepio a inegável circunstância que os magistrados em geral, no Brasil, gozam do privilégio da vitaliciedade. Parece-me evidente que o correto seria – em relação àqueles que pretendem retomar as atividades advocatícias, sejam magistrados de carreira ou integrantes do quinto constitucional – o ordenamento fixar a imposição de renúncia aos proventos de magistrado!

Em definitivo, fossem ou não integrantes do quinto constitucional, no Tribunal de Justiça do Estado, excetuados aqueles a quem estou ligado por laços de parentesco e outros a quem já aludi, entre membros falecidos, aposentados e vivos, tive a honra de conviver com os Juízes, posteriormente, Desembargadores, Alberto de Carvalho Seixas, Frederico Mattos Guedes, Luiz Renato Pedroso, Lilia Lopes Teixeira, Fleury Esteves Fernandes, Haroldo Bernardo da Silva Wolff, Clementino

Puppi, Lauro Lima Lopes, Sidney Dittrich Zappa, Tadeu Marino Loyola da Costa, Carlos Vitor Maranhão Loyola, Roberto Pacheco Rocha, Celso Araújo Guimarães, Victor Marins, Idevan Batista Lopes, Munir Karam, Jesus Sarrão, Ivan Campos Bortoletto, Normírio Bittencourt Tesserolli, Celso Rotoli de Macedo, Fernando Vidal de Oliveira, Regina Helena Afonso Portes, Luiz Osório Panza, Clayton de Albuquerque Maranhão, Adalberto Xisto Fernandes, Sonia Regina de Castro, Gilberto Ferreira, Jorge de Oliveira Vargas, Lauro Augusto Fabrício de Mello, José Hipólito Xavier da Silva, Luís Carlos Xavier, Edgar Barbosa Guimarães, Abraham Lincoln Calixto, Astrid Maranhão de Carvalho Ruthes, José Sebastião Cunha, Eduardo Sarrão, Espedito Reis do Amaral, Rogério Kanayama, Fernando Ferreira Moraes, José Laurindo de Souza Neto, Rogério Etzel e Guido José Dobelli, mulheres e homens da mais alta respeitabilidade, que honraram e honram a toga que vestem. Na advocacia, além dos que já mencionei, e de meus colegas de escritório, tive a ventura de ter parceiros fantásticos e de grande envergadura, como José Cid Campelo, Antonio Moris Cury, João Roberto dos Santos Regnier, Eduardo Rocha Virmond, Carlos Fernando Corrêa de Castro, Edgar Cavalcanti de Albuquerque, Carlos Alberto Paoliello, Luiz Alberto Rego Barros, Antonio Carlos Taques de Macedo, Rogério Distéfano, João Tavares de Lima Filho, Edgar Guimarães, Dilton Carlos França, João Gualberto Garcez, Benedito Barbosa, Roland Hasson, Wilton Paese, Romualdo Paese, Carlos Roberto Ribas Santiago, Munir Abbage, Georghio Tomelin, Guilherme Amintas, Maria Claudia Bucchianeri Pinheiro, Saulo Lindorfer Pivetta, Luciano Reis, Fernão Justen de Oliveira, Flávio Unes Pereira, Marcus Bittencourt, Reinaldo Chaves Rivera, Pedro Roberto Oliveira Almeida, Cristiane Gritsch, Bruno Guimarães, Tânia Issa, Silvana Grizza Peres, Ana Paula Costa e Silva, Rossana Zanella, Nahima Razuk, Fernando Muniz e Rodrigo Muniz.

Como advogado, me foi conferido, em 19 de dezembro de 2016, pelo Governador do Estado – Beto Richa – e pelo Presidente da Assembleia Legislativa – Waldir Rossoni –, o grau de Grande Oficial da Ordem Estadual do Pinheiro, honraria de inexcedível significação prestada pelo Estado do Paraná em seus 163 anos de Emancipação Política.

Desde minha atuação individual na advocacia – abençoado por Deus –, logrei ter sucesso em causas de grande repercussão e valor econômico. Não posso deixar de destacar algumas delas:

(i) A memorável batalha que bateu às portas do STF, alusiva ao tombamento e posterior desapropriação da área conhecida como "Parque dos Gomm", no bairro Batel, em Curitiba, em que o Governador do Estado, por inimizade com grande empresário, pretendia, a todo custo, impedi-lo de construir um Shopping Center. Atuei em favor do empresário e a vitória, após sustentação oral perante o Supremo Tribunal Federal, foi esplendorosa.

(ii) O mesmo Governador, com a participação do então Presidente da Assembleia Legislativa, em ato de inaceitável compreensão, apropriou-se do Fundo de aposentadoria dos Parlamentares estaduais, efetivando irregular doação dos valores de contribuição (dos deputados) para um Hospital Infantil em Curitiba. Tive valorosos ex-adversos, meu antigo professor e amigo, Geraldo Ataliba, contratado pelo Governo do Estado, e Carlos Frederico Marés de Souza Filho, então Procurador-Geral do Estado do Paraná. A lide por mim instaurada foi vitoriosa no Tribunal de Justiça, e a decisão confirmada tanto pelo STJ quanto pelo STF.

(iii) Diante do não reconhecimento pelo Governo do Estado em relação à paridade das carreiras jurídicas, fui instado a ajuizar ações tanto em favor dos integrantes da Procuradoria do Estado, por sua Associação comandada pela Dra. Marcelene Carvalho da Silva Ramos, quanto dos Delegados de Polícia, contratado que fui pelos amigos Renato de Souza Lobo e João Ricardo Képes Noronha. Daniel Prestes Fagundes e Gutemberg Luz Neves Ribeiro deram continuidade às magníficas gestões antecedentes. Foram ações distintas com vitória plena em ambas as demandas.

(iv) Por pura demonstração de contrariedade à atuação do Ministério Público e da Magistratura, o mesmo Governador omitiu-se em promover a atualização dos ganhos dos membros dessas instituições, congelando-os por mais de um ano. Fui contratado pela Associação do Ministério Público, à época presidida pelo Procurador Milton Riquelme de Macedo, ocasião em que ajuizei ação vitoriosa perante o STF (o Tribunal de Justiça deu-se por suspeito, eis que o direito dos magistrados era similar). A medida resultou amplamente vitoriosa. Como fato curioso, a Associação dos Magistrados contratou um advogado de grande renome nacional, que, para minha perplexidade, copiou *ipsis litteris* a petição que eu havia feito, logrando igual êxito em favor dos Juízes. Posteriormente, em autobiografia que escreveu, relatando suas grandes vitórias como advogado, fez expressa menção ao Mandado de Segurança que havia plagiado (sem, obviamente, admitir o plágio).

(v) Quando da implantação do sistema de pedágio no Estado do Paraná, fui contratado por uma das pretendentes para acompanhar o processo de licitação e, posteriormente, em caso de sucesso, exercer uma advocacia de partido. Terminado o certame, uma vez vencedora do lote em que concorria, passamos a prestar consultoria à Concessionária. O tipo de licitação efetivado privilegiava que oferecesse o maior número de obras por uma tarifa de pedágio no valor de R$1,00. Os critérios de reajuste fundamentados nos índices de então (vivíamos um regime inflacionário) fizeram com que o valor estipulado fosse aumentando significativamente, circunstância que levou o Governador de então a determinar um congelamento nas tarifas. Depois de uma reunião na cidade de São Paulo, sede da maioria das seis concessionárias afetadas, apresentadas por mais de uma dezena de advogados convidados as opções judiciais para reverter a incômoda situação, fui escolhido para representar todas as concessionárias. Entendendo que a minha contratação seria injusta em relação a dois colegas e amigos queridos que representavam duas concessionárias, propus aos clientes, e foi imediatamente aceita, a sugestão de que deveríamos atuar em conjunto para o desfazimento da insólita situação. Logramos um retumbante êxito.

(vi) Atuando em favor das concessionárias que originariamente atendíamos, é imperioso significar que vencemos, Renato e eu, todas as ações, sendo relevante destacar aquela proposta pelo Ministério Público Federal e endossada pela Justiça Federal, que inadmitia a cobrança de pedágio, pela ausência de vias alternativas, sob o fundamento constitucional da "liberdade de ir e vir". Além de demonstrarmos em sustentação oral as possibilidades de desenvolver longos trajetos por vias alternativas, conquistamos expressiva vitória no STJ, evidenciando o temperamento interpretativo em relação ao mandamento constitucional.

(vii) Como advogados da empresa vencedora da licitação para exploração de linhas férreas nos Estados do Paraná, Santa Catarina e Rio Grande do Sul, e até no Estado de São Paulo, por igual, tivemos oportunidade de experimentar pleno êxito, seja em questões que envolveram acidentes ferroviários, *v.g.*, na Ponte São João na Serra do Mar, as relativas a tombamento e desapropriação, além de ações envolvendo reajustes tarifários. Nas dezenas de ações que ajuizamos ou enfrentamos (ações civis públicas), conseguimos significativas vitórias.

(viii) Contratado por dois serventuários de Minas Gerais, ajuizei em nome da Associação Nacional de Notários e Registradores, uma Ação Direta de Inconstitucionalidade contra ato de Provimento do Tribunal de Justiça de Minas Gerais que determinava aos Drs. Juízes Diretores do Foro das Comarcas do aludido Estado que exercessem rigorosa fiscalização do implemento da idade de 70 (setenta) anos dos Oficiais de Registro e Tabeliães, expedindo ato de declaração de vacância do serviço notarial ou de registro e designassem, através de Portaria, o substituto mais antigo que estivesse em exercício legal para responder pelo expediente do respectivo serviço. Ou seja, tal provimento impunha a aposentadoria compulsória aos notários e registradores. Com base em estudos de há muito elaborados, sustentei na referida ADI que, na condição de Agentes Delegados, os Notários e Registradores exercem atividade privada, não estando submissos ao mandamento constitucional direcionado para agentes administrativos. Sob a relatoria do eminente Ministro Moreira Alves, nova contundente vitória, estendida a toda categoria em nosso país.

(ix) O Governo Federal, pela Advocacia-Geral da União, com argumentos *ad terrorem* e falsos, propôs ao Supremo Tribunal Federal a edição de uma súmula que pusesse fim ao que considerava exagerado direito de defesa dos servidores públicos que respondessem a processos administrativos. Como resultado, em 2008, foi editada a Súmula Vinculante nº 05: "A falta de defesa técnica por advogado no processo administrativo disciplinar não ofende a Constituição".[25] Na época, Conselheiro Federal da Ordem dos Advogados do Brasil e autor de obra em sentido diametralmente oposto, vi-me na obrigação de, para tanto recebi mandato do Conselho Federal, propor perante o STF o cancelamento da súmula que agredia frontalmente o art. 5º, inciso LV, da Constituição Federal. Manejando argumentos

---

[25] Publicação – *DJe* nº 88/2008, p. 1, em 16.05.2008.

irrespondíveis, com o imprescindível auxílio do Professor Daniel Hachem, a quem rendo minhas homenagens, ajuizei a Proposta de Cancelamento de Súmula Vinculante (PDV 58). Embora regularmente pautado, o feito, por implicância e desrespeito do então Presidente do STF, sofreu inúmeros adiamentos. Numa das ocasiões, já cansado de viajar a Brasília às expensas da OAB e do comportamento da Presidência do STF, no final da sessão, indaguei em tom áspero a razão de tantos adiamentos. Meu comportamento gerou forte reação do Ministro Presidente e enérgica resposta de minha parte. Coincidentemente, na sessão seguinte, o processo foi finalmente julgado, ocasião em que, após sustentação oral, ainda que mantida a súmula, consegui reverter as posições dos Ministros Celso de Mello, Cármen Lúcia e Marco Aurélio, conquistando ainda o voto dos Ministros Luiz Fux e Luiz Edson Fachin, que haviam ingressado na Corte posteriormente ao ato de edição da súmula em 2008. A súmula, tal como externado de forma explícita pelos Ministros, foi editada "exatamente para negar o enunciado da Súmula do STJ".[26] E com isso foi consagrada, *data venia*, manifesta inconstitucionalidade, em desprestígio às conquistas da doutrina em matéria de garantias constitucionais do processo administrativo disciplinar, ensejando repercussões negativas em todas as esferas da Administração Pública brasileira e autorizando solenemente a violação de direitos fundamentais do cidadão até então reconhecidos pela jurisprudência pátria.[27]

Como sempre sustentei, a ausência de defesa técnica por advogado em processo administrativo disciplinar afronta diretamente o direito fundamental à ampla defesa, assegurado pela Lei Maior em seu art. 5º, LV, aos litigantes e aos acusados em geral, em processo administrativo e judicial. Para demonstrar a ofensa que a inditosa Súmula Vinculante nº 5 provocou ao tecido constitucional, basta analisar os

---

[26] Fls. 761 do Acórdão proferido no Recurso Extraordinário nº 434.059-3/DF.
[27] Sobre o tema manifestou-se o Professor Celso Antônio Bandeira de Mello, afirmando que o princípio constitucional da ampla defesa no processo administrativo disciplinar foi ameaçado com a "sobrevinda da absurda e, a nosso ver, inconstitucional Súmula Vinculante n. 5 do STF (pois, ao contrário do que afirma, viola à força aberta o princípio da ampla defesa com os meios e recursos a ela inerentes consagrado no art. 5º, LV)". MELLO, Celso Antônio Bandeira de. *Curso de Direito Administrativo*. 31. ed. São Paulo: Malheiros, 2014, p. 331.

frágeis e facilmente contraditáveis argumentos utilizados no acórdão que lhe ofereceu ensejo.

Além dos vícios formais de inconstitucionalidade, a Súmula Vinculante nº 5 afronta materialmente o conteúdo normativo e axiológico da Constituição Federal de 1988. Para demonstrar a contrariedade dos seus fundamentos com os mandamentos constitucionais, basta a simples observância dos argumentos manejados pela Suprema Corte para aprovar a sua edição.

De forma sintética, a partir da decisão proferida no Recurso Extraordinário nº 434.059-3/DF, é possível agrupar os fundamentos que suscitaram a formulação da súmula: (a) desnecessidade de defesa técnica diante da garantia dos direitos de informação, de comunicação e de ver seus argumentos considerados;[28] (b) necessidade de defesa técnica apenas se a complexidade da questão tornar o acusado inapto para exercer a autodefesa;[29] (c) indispensabilidade do advogado apenas à administração da *justiça*, assim considerado somente o exercício da função jurisdicional (art. 133 da CF);[30] (d) a exigência de defesa técnica significaria uma defesa transbordante;[31] (e) a obrigatoriedade de defesa técnica importaria assoberbamento da Defensoria Pública;[32] (f) o exercício do contraditório é facultativo ao acusado, tal como no processo civil;[33] (g) a necessidade de defesa técnica no processo penal justifica-se por se tratar de direito indisponível;[34] (h) é facultativa a nomeação de procurador, que não precisa ser advogado (art. 156 da Lei nº 8.112/90).[35]

Muito embora, reiterando o respeito sempre manifestado às opiniões alheias, incluindo-se aquelas formuladas por Ministros do STF, nenhum dos argumentos acima arrolados presta-se a justificar a edição

---

[28] Cf. Ministro Gilmar Ferreira Mendes, fls. 742/743 do Acórdão proferido no Recurso Extraordinário nº 434.059-3/DF.

[29] Cf. Ministra Cármen Lúcia Antunes Rocha, fls. 747 do Acórdão proferido no Recurso Extraordinário nº 434.059-3/DF.

[30] Cf. Ministro Carlos Ayres Britto, fls. 750 do Acórdão proferido no Recurso Extraordinário nº 434.059-3/DF e Ministro Cezar Peluso, às fls. 753.

[31] Cf. Ministro Carlos Ayres Britto, fls. 751 do Acórdão proferido no Recurso Extraordinário nº 434.059-3/DF.

[32] Cf. Ministro Carlos Ayres Britto, fls. 752 do Acórdão proferido no Recurso Extraordinário nº 434.059-3/DF.

[33] Cf. Ministro Cezar Peluso, fls. 753/754 do Acórdão proferido no Recurso Extraordinário nº 434.059-3/DF.

[34] Cf. Ministro Cezar Peluso, fls. 754 do Acórdão proferido no Recurso Extraordinário nº 434.059-3/DF.

[35] Cf. Ministro Marco Aurélio, fls. 757 do Acórdão proferido no Recurso Extraordinário nº 434.059-3/DF.

de enunciado com o conteúdo da desventurada Súmula Vinculante nº 5. Observe-se:

O primeiro fundamento utilizado é o de que, *se forem garantidos os direitos de informação, de comunicação e de ver seus argumentos considerados, na linha da jurisprudência da Corte Constitucional alemã, a defesa terá sido exercida em sua plenitude, prescindindo de defesa técnica.*[36]

O pressuposto não é aceitável. O fato de a Corte Constitucional alemã identificar como desdobramentos do direito à ampla defesa (i) o direito de informação; (ii) o direito de comunicação; e (iii) o direito de ver seus argumentos considerados, não significa que tais elementos esgotem o seu conteúdo jurídico. Embora os três aspectos referidos constituam inequivocamente facetas do direito à ampla defesa, certamente eles não são os únicos. Além desses, citem-se, a título ilustrativo: (i) o caráter prévio da defesa; (ii) o dever de individualização das condutas; (iii) o direito à prova; apenas para mencionar alguns dos outros desdobramentos do direito fundamental à ampla defesa. E entre eles afigura-se, incontestavelmente, o direito à defesa técnica.

Portanto, a observância dos três elementos aventados pela Corte Constitucional alemã, no bojo do processo administrativo disciplinar, não será suficiente para se afirmar que o direito fundamental à ampla defesa foi assegurado. Para atestar o respeito a esse princípio constitucional, é imprescindível que todos os seus desdobramentos – inclusive o direito à defesa técnica, como se verá adiante – tenham sido garantidos.

Conforme o segundo argumento, *a defesa técnica só seria exigível se a complexidade da questão tornasse o acusado inapto para exercer a autodefesa ou se a sua ausência não permitisse ao servidor exercer mais do que um simulacro de defesa.*[37]

A afirmação funda-se na premissa de que (i) há determinadas hipóteses em que o servidor possui plena capacidade de defender-se sozinho, e (ii) outras que constituem situações demasiadamente complexas que reclamariam a assistência de um advogado, sob pena de se ter apenas uma defesa aparente. Naquelas, a defesa técnica seria dispensável; nestas, imprescindível. Tal raciocínio não prospera, pelo fato de que, independentemente da complexidade das imputações feitas

---

[36] Cf. Ministro Gilmar Ferreira Mendes, fls. 742/743 do Acórdão proferido no Recurso Extraordinário nº 434.059-3/DF.

[37] Cf. Ministra Cármen Lúcia Antunes Rocha, fls. 747 do Acórdão proferido no Recurso Extraordinário nº 434.059-3/DF.

ao servidor público, apenas o profissional tecnicamente capacitado – o advogado – terá condições de proporcionar ao acusado uma defesa efetivamente ampla.

Se a situação deflagradora da instauração de processo administrativo for simples, não trazendo ao indiciado maiores dificuldades para comprovar a sua inocência com base nos fatos ocorridos, ainda assim, haverá uma vasta gama de argumentos jurídicos que poderiam ser utilizados em seu favor, robustecendo a sua defesa, e que, na prática, não serão invocados, diante da ausência de capacitação técnica do servidor para manejá-los. Ou seja, por mais singela que possa ser a acusação, ainda assim uma defesa *ampla*, nos termos assegurados pela Constituição, só será efetivada se for composta por um conjunto argumentativo de caráter jurídico, que apenas um advogado será capaz de elaborar. Do contrário, o acusado poderá ter apenas uma *defesa*, mas não uma *ampla defesa*, tal qual assegurada pelo texto constitucional.

Ademais, ainda que se admitisse que apenas nas situações complexas a defesa técnica por advogado fosse exigível, o verbete incorporado pela Súmula Vinculante nº 5 não comporta distinções: consoante o referido enunciado, a falta de defesa técnica por advogado em *qualquer* processo administrativo disciplinar não ofende a Constituição. Assim, questiona-se: será que não haverá ofensa à Constituição se restar demonstrado, no caso concreto, que o servidor público apresentou uma defesa inequivocamente frágil, consistindo apenas em um "simulacro de defesa",[38] cuja inépcia decorreu da complexidade da situação? Certamente que sim, conforme destacado pela própria Ministra Cármen Lúcia Antunes Rocha em seu voto.

Se existem situações em que é imprescindível a defesa técnica por advogado, sob pena de não se ter uma defesa ampla e efetiva, esse motivo, só por só, é mais do que suficiente para demonstrar a inconstitucionalidade da Súmula Vinculante nº 5, pois o genérico enunciado estará admitindo em tais casos, sem qualquer constrangimento, a violação do art. 5º, LV, da CF, que alberga o direito fundamental à ampla defesa nos processos administrativos.

O terceiro argumento empregado pelo STF é o de que, *de acordo com o art. 133 da CF, o advogado é indispensável à administração da* justiça, *assim considerada apenas a função jurisdicional*.[39]

---

[38] Para utilizar a expressão empregada pela eminente Ministra Cármen Lúcia, em sua ressalva quanto à facultatividade da defesa técnica.
[39] Cf. Ministro Carlos Ayres Britto, fls. 750 do Acórdão proferido no Recurso Extraordinário

Segundo tal entendimento, o art. 133 da Constituição Federal ("*O advogado é indispensável à administração da justiça, sendo inviolável por seus atos e manifestações no exercício da profissão, nos limites da lei*") prevê a indispensabilidade do advogado apenas ao exercício da função jurisdicional, não se podendo incluir no termo "*justiça*" a assistência jurídica promovida em processos administrativos. Para chegar a essa conclusão, o Ministro Carlos Ayres Britto compara o dispositivo citado com os arts. 127 e 134 da Lei Maior, de acordo com os quais o Ministério Público e a Defensoria Pública, respectivamente, são essenciais à função *jurisdicional*.

Ora, a interpretação restritiva do art. 133 da CF, com a devida vênia, levada a efeito de forma apoucada e literal, é manifestamente incompatível com os postulados da interpretação constitucional. A construção das normas constitucionais, operada através da interpretação do texto da Constituição, deve ser empreendida de forma a maximizar a efetividade dos direitos fundamentais, e não com o intuito de limitar o seu alcance. Da conjugação do art. 5º, LV, com o art. 133 da CF é possível deduzir que o advogado é indispensável à realização da *justiça*, aí compreendidas todas as situações que dependam de uma atuação técnica e especializada dos profissionais da advocacia para que sejam assegurados de forma efetiva os direitos fundamentais do cidadão, notadamente os direitos ao contraditório e à ampla defesa. E tais situações podem ocorrer tanto no exercício da função jurisdicional quanto da função administrativa, uma vez que não apenas o Estado-Juiz, como também o Estado-Administrador pode praticar ingerências na esfera jurídica do cidadão, sendo exigível em tais casos a observância do contraditório e da ampla defesa.

Por conseguinte, a expressão *justiça*, estampada no art. 133 da Constituição, quer significar todo e qualquer procedimento estatal que possa atingir a esfera jurídica individual do particular. Tais *procedimentos*, conforme já afirmado no item 2, *supra*, convertem-se em *processos* a partir do momento em que surge uma relação de litigância entre o Estado e o sujeito privado, cujo provimento final possa acarretar restrições aos direitos do cidadão, atraindo a incidência de todos os princípios constitucionais que compõem o núcleo comum de processualidade, tais como o devido processo legal, o contraditório, a ampla defesa, o juiz natural, a presunção de inocência e a razoável duração do processo.

---

nº 434.059-3/DF e Ministro Cezar Peluso, às fls. 753.

O que se pode extrair do art. 133 da Constituição, a partir de uma interpretação sistemática dos mandamentos constitucionais, mormente dos direitos fundamentais acima referidos, é que a indispensabilidade do advogado se dá em qualquer circunstância em que a atividade advocatícia for necessária para que os direitos fundamentais de natureza processual sejam garantidos. E o processo administrativo disciplinar, certamente, é uma dessas situações, pois sem o conhecimento técnico – por exemplo, sobre a prescritibilidade da pretensão punitiva – o servidor acusado tem a sua defesa fragilizada, ficando sujeito à restrição de seus direitos materiais, tais como a honra, a imagem, o cargo público, que podem ser injustamente lesionados se uma *ampla* defesa não lhe for assegurada.

Ademais, a comparação efetuada no acórdão em apreço entre o tratamento constitucional dispensado ao advogado (art. 133 da CF) com aquele destinado ao Ministério Público (art. 127 da CF) e à Defensoria Pública (art. 134 da CF) não faz sentido. Se os arts. 127 e 134 da Lei Fundamental dispuseram que o Ministério Público e a Defensoria Pública são essenciais à função *jurisdicional*, enquanto o art. 133 determinou que o advogado é indispensável à administração da *justiça*, a adoção de termos diferenciados pelo constituinte certamente teve alguma razão de ser. Não foi à toa que no caso do advogado foi empregada expressão com acepção mais ampla: a *justiça* compreende qualquer situação que afete os direitos fundamentais, seja na esfera jurisdicional ou na administrativa. Do contrário, a Constituição utilizaria a mesma terminologia.

Consoante o quarto fundamento, *do art. 5º, LV, da CF não se extrai a obrigatoriedade de defesa técnica nos processos administrativos, pois isso implicaria* "mais do que a ampla defesa, e sim uma defesa amplíssima, ou seja, uma defesa transbordante".[40]

Renovando a consideração devida ao jurista e Ministro do STF Carlos Ayres Britto, a alegação acima – por sua total inconsistência – não ostenta a menor condição de prosperar. Primeiramente, porque a Constituição Federal de 1988 não muniu o cidadão com o direito a uma defesa qualquer, mas sim com o direito a uma *ampla* defesa. Não se trata de um simples adjetivo, ou ornamento gramatical adicionado à redação do art. 5º, LV. Quando o constituinte optou pelo emprego da locução "ampla defesa", fez uma opção política: decidiu que a todos os litigantes em processo judicial ou administrativo, bem como aos

---

[40] Cf. Ministro Carlos Ayres Britto, fls. 751 do Acórdão proferido no Recurso Extraordinário nº 434.059-3/DF.

acusados em geral, deveriam ser garantidos o contraditório e a ampla defesa, com todos os meios e recursos a ela inerentes. E a defesa técnica constitui, obviamente, um meio inerente à ampla defesa.

Dessa primeira constatação deflui a lógica consequência de que não será suficiente a apresentação de uma defesa qualquer pelo litigante para que seja observado o preceito constitucional em questão. A defesa deverá ser real, efetiva, explorando – ao menos de forma potencial – todos os argumentos fáticos e jurídicos que militam em favor do acusado. E para tanto, a presença do advogado e a elaboração de uma defesa técnica é indispensável, sob pena de se ter apenas uma tentativa ou um simulacro de defesa. Logo, a exigência de assistência técnica por advogado nos processos administrativos disciplinares não representa exagero algum, como pretendeu o acórdão em comento. Pelo contrário: constitui um meio inerente a uma defesa ampla, qualificada, tal como assegurada pela Constituição Federal.

Em segundo lugar, há manifesta contradição na afirmação de que a necessidade de defesa técnica em processo administrativo significa *"mais do que a ampla defesa, e sim uma defesa amplíssima, ou seja, uma defesa transbordante"*. Se no processo penal, que consiste em uma modalidade de *processo judicial*, é pacífica a imprescindibilidade do advogado para a garantia de uma ampla defesa, por que razão no processo administrativo disciplinar, que consubstancia espécie de *processo administrativo*, entendeu-se pela sua facultatividade? Ora, o art. 5º, LV, da CF não faz diferenciação alguma entre o *processo judicial* e o *processo administrativo*, quando trata dos direitos ao contraditório e à ampla defesa. Consequentemente, se não há qualquer distinção, pressupõe-se que o regime principiológico aplicável a cada um deles e o conteúdo jurídico dos direitos fundamentais incidentes em ambas as categorias processuais deve ser exatamente o mesmo.

A equiparação efetuada pela Constituição de 1988 entre o *processo judicial* e o *processo administrativo*, como amplamente demonstrado no item 2, *supra*, não foi em vão. O motivo pelo qual se asseguram o contraditório e a ampla defesa reside na possibilidade de o processo afetar a esfera jurídica individual do cidadão, o que ocorre tanto nos *processos judiciais* (civil, penal, trabalhista, etc.) quanto nos *processos administrativos* (fiscal, disciplinar, etc.). Resulta contraditório, portanto, admitir a obrigatoriedade de advogado em um processo de natureza sancionatória como é o penal, por exemplo, apenas por se tratar de *processo judicial*, e denegar a mesma exigência para outro processo de igual caráter punitivo como é o disciplinar, por representar espécie de *processo administrativo*. Se ambas as modalidades de processo ostentam finalidade sancionatória, o conteúdo jurídico do direito fundamental à ampla defesa deve ser rigorosamente o mesmo.

É claro que ao lado do núcleo comum de processualidade, composto pelos princípios constitucionais, deve existir um núcleo diferenciado, formado por regras e ritos distintos. O que não se pode aceitar é, dentro do núcleo comum – contraditório, ampla defesa, presunção de inocência, juiz natural, razoável duração do processo –, a tratativa diferenciada de tais garantias. Ou seja: se no processo criminal é indispensável a presença do advogado, como desdobramento do direito fundamental à ampla defesa, o mesmo ocorre com o processo administrativo disciplinar.

Um terceiro argumento parece fulminar a alegação de que a exigência de defesa técnica no processo administrativo disciplinar retrata uma defesa "transbordante". Quando se analisa a questão relativa ao direito de defesa no processo administrativo disciplinar, não se está examinando um direito qualquer, mas sim um direito fundamental, de estatura constitucional. E a hermenêutica das normas constitucionais, como é sabido, é regida por princípios de interpretação específicos, tendentes a potencializar o seu conteúdo, o seu alcance e os seus efeitos. Assim, a interpretação das normas constitucionais em geral, e das normas definidoras de direitos fundamentais em especial, deve nortear-se pelo *princípio da máxima efetividade*, segundo o qual deverá ser atribuído ao texto normativo, no ato de construção interpretativa da norma, o significado que maior efetividade lhe dê, otimizando e maximizando o conteúdo da norma de sorte a conferir-lhe a maior potencialidade.

É o que se deduz do autorizado magistério de J. J. Gomes Canotilho:

> Este princípio [da máxima efetividade], também designado por **princípio da eficiência** ou princípio da interpretação efectiva, pode ser formulado da seguinte maneira: a uma norma constitucional deve ser atribuído o sentido que maior eficácia lhe dê. (...) é hoje sobretudo invocado no âmbito dos direitos fundamentais (no caso de dúvidas deve preferir-se a interpretação que reconheça maior eficácia aos direitos fundamentais).[41]

É exatamente por força do *princípio da máxima efetividade*, orientador da hermenêutica constitucional, que se deve interpretar o direito

---

[41] CANOTILHO, J. J. Gomes. *Direito Constitucional e teoria da Constituição*. 7. ed. Coimbra: Almedina, 2003, p. 1224.

fundamental à *ampla* defesa no processo administrativo de modo potencializado. Um servidor público, acusado de praticar uma falta funcional, não só pode, como deve exercer a autodefesa, pois esta traduz um dos elementos que compõem o direito à ampla defesa. No entanto, a autodefesa por si só é insuficiente para que a defesa seja realmente ampla. Ao seu lado, deve ser garantida a defesa técnica, vez que será somente através dela que se poderá aquilatar à argumentação defensiva os fundamentos jurídicos aptos a fortificar a contestação do acusado.

Tome-se o seguinte exemplo: é instaurado processo administrativo disciplinar em face de determinado servidor público federal, sob o argumento de que ele teria retirado um documento da repartição, sem a autorização de seu superior hierárquico. No ato de instauração do processo, foi indicada a prática, em tese, da conduta prevista como proibida no art. 117, II, da Lei nº 8.112/90.[42] Como a penalidade cominada pela lei à referida infração disciplinar é a de advertência, nos termos do art. 129 do Estatuto,[43] o servidor optou por realizar sua própria defesa, em razão da baixa gravidade da sanção. O processo seguiu seu trâmite regular, o acusado apresentou suas razões de defesa, e a Comissão Processante, em seu relatório, sugeriu a aplicação da pena de advertência, nos termos do art. 129 da Lei nº 8.112/90. A autoridade julgadora, contudo, sem fazer qualquer alusão às provas dos autos, entendeu que o comportamento do servidor deveria ser tipificado como furto, e, por constituir crime contra a Administração Pública, penalizou-o com a sanção de demissão, conforme o art. 132, I, do mencionado diploma legal.[44] Houve a mudança do enquadramento legal da conduta do servidor, bem como da penalidade inicialmente indicada, mesmo sem haver contrariedade às provas dos autos, como exige o art. 168 e parágrafo único,[45] e sem a oportunidade de o servidor exercer o contraditório após a modificação da tipificação da infração.

No caso exemplificado, embora pudesse o servidor defender-se das acusações utilizando argumentos de fato, demonstrando que o

---

[42] "*Art. 117*. Ao servidor público é proibido: (...) II – retirar, sem prévia anuência da autoridade competente, qualquer documento ou objeto da repartição;"

[43] "*Art. 129*. A advertência será aplicada por escrito, nos casos de violação de proibição constante do art. 117, incisos I a VIII e XIX, e de inobservância de dever funcional previsto em lei, regulamentação ou norma interna, que não justifique imposição de penalidade mais grave."

[44] "*Art. 132*. A demissão será aplicada nos seguintes casos: I – crime contra a administração pública;"

[45] "*Art. 168*. O julgamento acatará o relatório da comissão, salvo quando contrário às provas dos autos.
Parágrafo único. Quando o relatório da comissão contrariar as provas dos autos, a autoridade julgadora poderá, motivadamente, agravar a penalidade proposta, abrandá-la ou isentar o servidor de responsabilidade."

documento não foi retirado da repartição, ou que houve autorização da autoridade competente para tanto, diversos aspectos jurídicos poderiam ser aventados em seu favor. Poder-se-ia alegar: (i) violação ao princípio da presunção de inocência (art. 5º, LVII da CF[46]), pois havendo acusação de prática de crime contra a Administração Pública, a sanção disciplinar só poderia ter sido aplicada após o pronunciamento do Poder Judiciário, declarando a ocorrência do furto mediante sentença penal transitada em julgado; (ii) ofensa ao princípio do contraditório, diante da modificação unilateral do enquadramento legal da conduta praticada pelo servidor e da penalidade a ela cominada; (iii) afronta ao art. 168 e parágrafo único da Lei nº 8.112/90, uma vez que a autoridade julgadora rejeitou o relatório da Comissão de Inquérito sem haver provas em contrário nos autos.

Nessa situação, o servidor exerceu, mediante a autodefesa, uma defesa precária, incompleta, carente de maior substância jurídica, que, se estivesse presente, poderia inequivocamente conduzir à sua absolvição. Consequentemente, a falta de defesa técnica por advogado ofendeu o art. 5º, LV, da CF, uma vez que não lhe foi assegurada uma *ampla* defesa. A interpretação do aludido dispositivo constitucional subordina-se ao *princípio da máxima efetividade*, o qual, quando aplicado à espécie, faz espargir a obrigatoriedade de defesa técnica por advogado no processo administrativo disciplinar, não havendo que se falar em "defesa transbordante".

De acordo com o quinto argumento, *a exigência de defesa técnica em todos os processos administrativos disciplinares importaria um assoberbamento da Defensoria Pública.*[47]

A assertiva não merece concordância, eis que parece aceitar solenemente a ideia de "reserva do possível" como obstáculo à efetivação dos direitos fundamentais. Seguindo tal raciocínio, concluiríamos que os direitos fundamentais devem ser realizados pelo Poder Público na medida do financeiramente possível, de sorte que, se não houver recursos disponíveis, justifica-se a violação de tais direitos pela omissão estatal. Ou seja: o Estado só estaria obrigado a atender as imposições constitucionais relativas aos direitos fundamentais se isso não comprometesse em demasia os cofres públicos.

---

[46] "*Art. 5º.* (...) *LVII* – ninguém será considerado culpado até o trânsito em julgado de sentença penal condenatória;"
[47] Cf. Ministro Carlos Ayres Britto, fls. 752 do Acórdão proferido no Recurso Extraordinário nº 434.059-3/DF.

É justamente essa a racionalidade que se adota quando se nega a necessidade de garantir a defesa técnica em todos os processos administrativos disciplinares, com o argumento de que tal exigência assoberbaria a Defensoria Pública. Ora, se tal premissa fosse válida, o aumento excessivo de acusados em processos criminais, com o consequente abarrotamento da Defensoria Pública, eximiria a instituição do dever de promover a defesa técnica de todos eles, a pretexto de encontrar-se demasiadamente atarefada. A adesão a esse entendimento afronta, logicamente, o sistema constitucional brasileiro.

Os servidores públicos acusados em processos disciplinares que não ostentarem condições de contratar um advogado terão o direito irrenunciável – porque fundamental – à assistência jurídica integral e gratuita, proporcionada pelo Estado. Tal direito está inserido no rol de direitos e garantias fundamentais do cidadão, no art. 5º, LXXIV, da CF, que assim estabelece: "*o Estado prestará assistência jurídica integral e gratuita aos que comprovarem insuficiência de recursos*". Cuida-se de incumbência inescusável do Estado brasileiro, de prestação obrigatória a todos os cidadãos economicamente hipossuficientes.

Combinando-se o precitado dispositivo com o art. 134 da Lei Maior, infere-se que tal atribuição compete, de fato, à Defensoria Pública, cumprindo-lhe a defesa dos necessitados nos termos do art. 5º, LXXIV. O texto constitucional não faz qualquer referência a qual tipo de defesa se está a tratar; logo, pela aplicação do *princípio da máxima efetividade*, a locução deve ser interpretada de forma ampliativa, englobando inclusive as defesas em processos administrativos de caráter sancionador.

Com efeito, o fato de o cumprimento desse direito fundamental dilatar o trabalho das Defensorias Públicas, sobrecarregando-as, não pode ser empregado como argumento para autorizá-las a se despirem de uma incumbência que lhes é constitucionalmente imposta. O próximo passo seria aceitar que os hospitais públicos não estão sujeitos ao atendimento do direito fundamental à saúde – ignorando a literalidade dos arts. 6[48] e 195[49] da Constituição – quando a demanda for excessiva! Conforme já se teve a oportunidade de manifestar em outra sede, a

---

[48] "*Art. 6º*. São direitos sociais a educação, a saúde, o trabalho, a moradia, o lazer, a segurança, a previdência social, a proteção à maternidade e à infância, a assistência aos desamparados, na forma desta Constituição."

[49] "*Art. 196*. A saúde é direito de todos e dever do Estado, garantido mediante políticas sociais e econômicas que visem à redução do risco de doença e de outros agravos e ao acesso universal e igualitário às ações e serviços para sua promoção, proteção e recuperação."

reserva do possível, que, diferentemente da doutrina majoritária,[50] parece surgida em decisão proferida pelo Conselho de Estado Francês no Caso *Terrier*,[51] não pode encontrar acolhida no ordenamento jurídico brasileiro, sequer como excludente ou atenuante da responsabilidade civil do Estado nos casos de omissão.[52] É admissível, em casos excepcionais, que não envolvam direitos fundamentais, tão somente, como atitude postergatória para satisfação de direito já reconhecido.

É preciso rechaçar, incisivamente, qualquer iniciativa da Administração Pública de se esquivar das obrigações que lhe são determinadas pela Constituição, mormente em matéria de direitos fundamentais. Se o texto constitucional assegura expressamente aos cidadãos o direito fundamental à ampla defesa nos processos administrativos (art. 5º, LV), do qual a defesa técnica constitui desdobramento e garante, no caso dos necessitados, a assistência jurídica integral e gratuita (arts. 5º, LXXIV) através da Defensoria Pública (art. 134), a fuga do Estado em relação ao cumprimento de tais mandamentos importa inobjetável afronta à Lei Fundamental.

O que impende reconhecer é a inaceitável omissão de alguns Estados brasileiros em instituir as respectivas Defensorias Públicas, especialmente mediante a criação legal da carreira de Defensor Público. O art. 134, §1º, da CF estabeleceu que "Lei complementar organizará a Defensoria Pública da União e do Distrito Federal e dos Territórios e prescreverá normas gerais para sua organização nos Estados, em

---

[50] Como, por exemplo, Andreas J. KRELL, para quem a teoria da reserva do possível foi pioneiramente elaborada pela Corte Constitucional alemã, no célebre acórdão *BVerfGE 33, 330*, de 18 de julho de 1972. KRELL, Andreas J. *Direitos sociais e controle judicial no Brasil e na Alemanha:* os (des)caminhos de um direito constitucional "comparado". Porto Alegre: Sérgio Antônio Fabris, 2002, p. 51.

[51] O julgado pode ser conferido em BRAIBANT, Guy; DEVOLVÉ, Pierre; GENEVOIS, Bruno et alii. *Les grands arrêts de la jurisprudence administrative*. 16. ed. Paris: Dalloz, 2007, p. 73-76. Sobre o referido caso, julgado em 6 de fevereiro de 1903, aduz Ana Lúcia PRETTO PEREIRA: "No caso em questão, o conselho de prefeitura do departamento de Saône-et-Loire havia prometido um prêmio, em dinheiro, a todo sujeito que provasse ter matado cobras ou outros animais nocivos, presentes naquela região. O Sr. Terrier, contudo, teve seu pedido de pagamento do prêmio recusado pela prefeitura, à razão de que o crédito reservado para a recompensa se havia esgotado. Diante disso, recorreu ao Conselho do Estado para requerer censura à prefeitura, em virtude do não cumprimento do combinado. Ao final, ficou decidido que o Conselho de Estado não seria competente para decidir a questão, mas que, havendo a dotação orçamentária, conforme apresentado no recurso, o demandante deveria buscar novamente junto à prefeitura a indenização à qual eventualmente tivesse direito". PEREIRA, Ana Lúcia Pretto. *A reserva do possível na jurisdição constitucional brasileira*: entre constitucionalismo e democracia. 2009. 277 f. Dissertação (Mestrado) – Universidade Federal do Paraná. Curitiba, 2009. f. 84-85.

[52] BACELLAR FILHO, Romeu Felipe. *Direito Administrativo e o novo Código Civil*. Belo Horizonte: Fórum, 2007, p. 243.

cargos de carreira, providos, na classe inicial, mediante concurso público de provas e títulos, assegurada a seus integrantes a garantia da inamovibilidade e vedado o exercício da advocacia fora das atribuições institucionais". Foi então editada a Lei Complementar nº 80/94, que prescreve normas gerais para a organização da Defensoria Pública nos Estados e determina, em seu art. 110, que "A Defensoria Pública do Estado é integrada pela carreira de Defensor Público do Estado, composta das categorias de cargos efetivos necessárias ao cumprimento das suas funções institucionais, na forma a ser estabelecida na legislação estadual". Ocorre que em diversos Estados, como no Paraná, a necessária legislação estadual jamais foi elaborada, de modo que em tais entidades da Federação a constituição das Defensorias Públicas apresenta-se deficiente, insuficiente ou inexistente.

Diante de tal quadro, o "assoberbamento" das Defensorias Públicas não pode ser considerado como um fundamento apto a justificar a suposta impossibilidade de se realizar o direito fundamental à ampla defesa no processo administrativo disciplinar, através da exigência de defesa técnica. Do contrário, estar-se-á, como anteriormente dito, futuramente aceitando a condenação de acusados em processos criminais sem a assistência de advogados, em face do excesso de indiciados sem condições para custeá-los.

Além disso, ainda que não seja a solução ideal, há que se pensar em alternativas para as situações de deficiência da Defensoria Pública. Em caso de efetiva impossibilidade de atuação da instituição, deve-se compelir o Estado a buscar outras formas de prestação de assistência jurídica gratuita, impedindo a frustração desse direito fundamental e todos os demais direitos que são dele dependentes (tais como a ampla defesa e o contraditório).

Ainda que sua aplicação restrinja-se à concessão de assistência *judiciária* aos necessitados, é possível, pela via analógica, extrair uma proposta da Lei nº 1.060/50. Em seu art. 5º, §1º, a aludida lei dispõe que, nos Estados onde houver serviço de assistência judiciária organizado e mantido pelo Estado, o juiz determinará que o serviço indique, no prazo de dois dias úteis, o advogado que patrocinará a causa do necessitado. Se no Estado não houver serviço de assistência judiciária, por ele mantido, caberá a indicação à Ordem dos Advogados, por suas Seções Estaduais, ou Subseções Municipais (art. 5º, §2º, da Lei nº 1.060/50). Nos Municípios em que não existirem subseções da Ordem dos Advogados do Brasil, o próprio juiz fará a nomeação do advogado que patrocinará a causa do necessitado (art. 5º, §3º, da Lei nº 1.060/50).

Na mesma senda, é imperativa a aceitação de que a insuficiência da Defensoria Pública em prestar a necessária assistência jurídica aos necessitados em processo administrativo disciplinar impõe à Comissão Processante o dever de nomear advogado dativo, garantindo, dessa maneira, o direito fundamental ao acesso à justiça. A analogia também pode ser feita com o processo penal, cuja natureza punitiva o aproxima do processo administrativo disciplinar. O Código de Processo Penal brasileiro prevê a figura do advogado dativo, nos seguintes dispositivos:

> **Art. 261.** Nenhum acusado, ainda que ausente ou foragido, será processado ou julgado sem defensor.
> **Parágrafo único.** A defesa técnica, quando realizada por defensor público ou dativo, será sempre exercida através de manifestação fundamentada.
> **Art. 263.** Se o acusado não o tiver, ser-lhe-á nomeado defensor pelo juiz, ressalvado o seu direito de, a todo tempo, nomear outro de sua confiança, ou a si mesmo defender-se, caso tenha habilitação.
> **Parágrafo único.** O acusado, que não for pobre, será obrigado a pagar os honorários do defensor dativo, arbitrados pelo juiz.
> **Art. 264.** Salvo motivo relevante, os advogados e solicitadores serão obrigados, sob pena de multa de cem a quinhentos mil-réis, a prestar seu patrocínio aos acusados, quando nomeados pelo Juiz.

Assim como no processo penal, os advogados dativos nomeados pela Comissão Processante, por atuarem de forma subsidiária, residual, substituindo e exercendo a imprescindível função da Defensoria Pública, quando o atendimento desta se apresentar impossível no caso concreto, não atuarão de forma gratuita. A prestação de assistência jurídica, função por eles desempenhada, deveria ser realizada pelo Poder Público, razão pela qual fazem jus a percepção de honorários pelo Estado, titular do dever de prestar gratuitamente a assistência jurídica aos necessitados. No caso de o acusado não ser necessitado, recairá sobre ele o dever de suportar o adimplemento dos honorários de seu defensor dativo.

Assim, seja por iniciativa do advogado, seja pela nomeação compulsória da Comissão Processante, o advogado que patrocinar acusado em processo administrativo disciplinar, prestando-lhe assistência judiciária por conta da inexistência ou deficiência da Defensoria Pública – a quem, repise-se, compete este dever (art. 134 da CF) – terá direito aos honorários decorrentes da nomeação e aceitação, e não somente aos honorários de sucumbência, quando houver.

Tal conclusão decorre de disposição expressa do Estatuto da Advocacia, Lei nº 8.906/94, que em seu art. 22, §1º, prevê o direito do advogado aos honorários, pagos pelo Estado, em situações como essa:

> **Art. 22.** A prestação de serviço profissional assegura aos inscritos na OAB o direito aos honorários convencionados, aos fixados por arbitramento judicial e aos de sucumbência.
> **§1º.** O advogado, quando indicado para patrocinar causa de juridicamente necessitado, no caso de impossibilidade da Defensoria Pública no local da prestação de serviço, tem direito aos honorários fixados pelo juiz, segundo tabela organizada pelo Conselho Seccional da OAB, e pagos pelo Estado.

Dessa forma, levando-se em conta (i) a eficácia jurídica do direito fundamental à assistência jurídica gratuita e integral (art. 5º, LXXIV, da CF) pela Defensoria Pública (art. 134 da CF); (ii) a impossibilidade de se admitir a reserva do possível como obstáculo à realização do direito fundamental à ampla defesa no processo administrativo disciplinar (art. 5º, LV, da CF); ou (iii) a existência de alternativas possíveis no caso de sobrecarga da Defensoria Pública, como a nomeação de defensor dativo (analogia do art. 5º, §§1º, 2º e 3º da Lei nº 1.060/50 e dos arts. 261, 263 e 264 do CPP), o argumento sob exame não é procedente.

Para o sexto argumento, por sua vez, *o que a Constituição assegura é o contraditório, considerado como a possibilidade de intervir na formação da decisão, devendo o interessado exercitá-lo ou não, segundo suas conveniências pessoais, assim como no processo civil.*[53] Novamente, com a devida vênia, o argumento utilizado no acórdão que suscitou a edição da Súmula Vinculante nº 5º parte de vários pressupostos equivocados.

O primeiro deles repousa sobre a confusão entre o direito à ampla defesa e o direito ao contraditório. Muito embora previstos no mesmo inciso do art. 5º da CF, o contraditório e a ampla defesa consubstanciam princípios diferenciados, com conteúdo e significado próprios. O direito ao contraditório representa manifestação do princípio da participação, segundo o qual todo poder, nas sociedades democráticas, recebe legitimação por meio da participação no seu exercício.[54] Diz respeito, portanto, a ambas as partes do processo e não apenas ao réu. Seu fundamento está na bilateralidade do processo, e seu conteúdo traduz-se

---

[53] Cf. Ministro Cezar Peluso, fls. 753/754 do Acórdão proferido no Recurso Extraordinário nº 434.059-3/DF.
[54] MARINONI, Luiz Guilherme. *Teoria Geral do Processo*. São Paulo: RT, 2006, p. 313.

no direito que cada sujeito processual – no caso, Administração e servidor acusado – ostenta de se manifestar para destruir a credibilidade do argumento utilizado pela outra parte.

Por seu turno, o princípio da ampla defesa diz respeito ao conjunto de mecanismos necessários e capazes de fornecer ao réu condições de se opor, de forma efetiva, à pretensão punitiva da Administração Pública. Não há dúvidas de que para o exercício do direito de defesa é imprescindível a efetivação do contraditório, diante da necessidade de informação do acusado e de oportunidade de reação. Vale dizer: "relaciona-se defesa com contraditório porque o réu necessita ser informado e ter a sua disposição os meios técnicos (prazo adequado, advogado) capazes de lhe permitir a reação".[55] Nessa medida, o princípio constitucional da ampla defesa não se limita à oportunização do contraditório, pois este é apenas o ponto de partida para o exercício do direito de defesa.

Afirmar que a Constituição assegura apenas o contraditório, compreendido como mera *possibilidade* de o acusado intervir na formação da decisão, como argumento para afastar a necessidade de assistência técnica por advogado no processo disciplinar, implica posicionamento equivocado quanto ao significado jurídico integral do direito fundamental à ampla defesa. Se é certo que a Lei Maior garante o contraditório, isso não quer dizer que a ampla defesa esteja nele resumida. A simples autorização da Administração para que o acusado refute as acusações contra si dirigidas, isto é, a mera oportunidade de manifestação conferida ao servidor, é incapaz de absorver todo o substrato jurídico do princípio da ampla defesa. Trata-se de uma concepção restritiva, que considera apenas a dimensão negativa (ou função de defesa) do direito à ampla defesa.

Conforme a prestigiada doutrina de Robert Alexy, é preciso compreender cada direito fundamental como um *"direito fundamental como um todo"*,[56] impendendo reconhecer a multifuncionalidade de tais direitos,[57] na medida em que eles exercem, simultaneamente, as funções de defesa e de prestação. E assim deve ser interpretado o direito

---

[55] MARINONI, Luiz Guilherme. *Op. cit.*, p. 314.
[56] ALEXY, Robert. *Teoría de los derechos fundamentales*. 2. ed. Madrid: Centro de Estudios Políticos y Constitucionales, 2007, p. 214.
[57] No mesmo sentido posiciona-se Ingo Wolfgang SARLET, ao aduzir que "várias das normas definidoras de direitos fundamentais exercem simultaneamente duas ou mais funções, sendo, neste sentido, inevitável alguma superposição". SARLET, Ingo Wolfgang. *A eficácia dos direitos fundamentais*. 9. ed. Porto Alegre: Livraria do Advogado, 2008, p. 184.

fundamental à ampla defesa no processo administrativo disciplinar. A dimensão negativa de tal direito (função de defesa), ligada à perspectiva adotada pelos chamados direitos de liberdade, ou de primeira geração, impõe à Administração a proibição de interferência indevida na esfera particular do servidor, sem que se permita o exercício do contraditório e da defesa. Deve-se possibilitar ao acusado a participação oportuna no processo, em equilíbrio com a intervenção da acusação. Tal dimensão estabelece, pois, um dever de abstenção ao Estado: não punir o servidor sem a prévia oportunização do exercício do contraditório e da defesa.

No entanto, o mencionado direito fundamental retrata, também, uma dimensão positiva (função prestacional), a qual se revela na obrigação dirigida ao Estado de criar[58] condições fáticas e jurídicas necessárias para o adequado exercício do direito de defesa. E é precisamente esse aspecto – a função prestacional ou dimensão positiva do direito fundamental à ampla defesa – que foi ignorado no acórdão sob análise. A efetividade do princípio constitucional em tela só será levada a efeito se a Administração Pública, além de manter o acusado informado sobre os atos do processo e não obstaculizar as suas manifestações tendentes a contraditar as acusações (função de defesa), fornecer ao servidor os instrumentos hábeis a exercer uma defesa ampla (função prestacional). Entre tais instrumentos, como exaustivamente reiterado, está a defesa técnica por advogado. Se assim não ocorrer, estar-se-á apenas respeitando o direito ao contraditório, mas ofendendo a dimensão positiva do direito à ampla defesa, que exige a criação, por parte do Estado, dos pressupostos necessários ao real exercício desse direito.

Afora o incompatível paralelo entre os direitos ao contraditório e à ampla defesa, e o desprezo à função prestacional deste último, o eminente Ministro Cezar Peluso – com todo o respeito que lhe é devido – perfez uma desautorizada comparação entre o processo administrativo disciplinar e o processo civil. A analogia realizada não deve ser levada a efeito por três motivos elementares.

Primeiramente, em razão da diferença de natureza das duas modalidades processuais. O processo disciplinar não pode ser comparado em suas peculiaridades com o processo civil, uma vez que incorpora caráter punitivo, assim como o processo penal. Por ostentar natureza sancionatória, o processo disciplinar pressupõe uma ampliação nos mecanismos de defesa do réu, tal como ocorre no processo penal. Assim, se no processo civil a opção entre defender-se ou não depende

---

[58] ALEXY, Robert. *Op. cit.*, p. 393.

das *"conveniências pessoais"* do réu, conforme consignado no acórdão examinado, o mesmo não se passa no processo disciplinar nem no processo penal, visto que condição de acusado reclama a deflagração de uma defesa efetiva. Se a revelia é admitida no processo civil – e este foi o ponto de comparação empreendido no acórdão – isso nada tem a ver a com o processo administrativo disciplinar, cuja morfologia assemelha-se à do processo criminal.

O segundo motivo que desabona a comparação em debate está, s.m.j., na apressada análise do tema da revelia no processo civil. Em seu voto, o ilustre Ministro Cezar Peluso assinalou que "nunca, jamais se cogitou da nulidade eventual de processo civil em que o réu seja revel, de revelia absoluta. Ele é citado, não comparece, porque não lhe convém aparecer, porque não quer, mas nem por isso o processo é nulo por suposta ofensa ao princípio do contraditório".[59] A afirmação olvida-se do disposto no art. 320, II, do Código de Processo Civil. De acordo com o art. 319 do CPC, os fatos afirmados pelo autor serão considerados verdadeiros caso o réu não conteste a ação. Mas o art. 320, II, do Estatuto Processual excepciona a incidência de tais efeitos "se o litígio versar sobre direitos indisponíveis". Desse modo, é claro que se pode cogitar de nulidade no processo civil caso o réu seja declarado revel: basta que a lide trate de direito indisponível e o juiz aplique, em prejuízo do réu revel, os efeitos da presunção de veracidade dos argumentos suscitados pelo autor.

No processo administrativo disciplinar, a honra e a imagem do servidor sempre serão colocadas em xeque, além de outros bens jurídicos, tal como o trabalho, cujo valor social constitui um dos fundamentos da República Federativa do Brasil (art. 1º, VI, da CF[60]). Todos esses valores são albergados na Constituição Federal como direitos fundamentais (art. 5º, X,[61] e art. 6º[62]), traduzindo, portanto, direitos indisponíveis. Nessa toada, mesmo que se admitisse a comparação do processo disciplinar

---

[59] Cf. Ministro Cezar Peluso, fls. 754 do Acórdão proferido no Recurso Extraordinário nº 434.059-3/DF.
[60] *"Art. 1º* A República Federativa do Brasil, formada pela união indissolúvel dos Estados e Municípios e do Distrito Federal, constitui-se em Estado Democrático de Direito e tem como fundamentos: (...) IV – os valores sociais do trabalho e da livre iniciativa;"
[61] *"Art. 5º.* (...) X – são invioláveis a intimidade, a vida privada, a honra e a imagem das pessoas, assegurado o direito a indenização pelo dano material ou moral decorrente de sua violação;"
[62] *"Art. 6º.* São direitos sociais a educação, a saúde, o trabalho, a moradia, o lazer, a segurança, a previdência social, a proteção à maternidade e à infância, a assistência aos desamparados, na forma desta Constituição."

com o processo civil, haveria nulidade em caso de revelia, pois o objeto do litígio seriam direitos indisponíveis, enquadrando-se na vedação do art. 320, II, do CPC. Daí a infelicidade da analogia.

Um terceiro fundamento vem somar-se aos dois anteriores. Ainda que se tratasse de direitos disponíveis, a doutrina contemporânea do Direito Processual Civil tem desferido severas censuras à leitura acrítica do instituto da revelia no ordenamento jurídico brasileiro. É o caso de Luiz Guilherme Marinoni, para quem "mesmo em relação aos direitos disponíveis, (...) não há como aceitar que o simples não-comparecimento em juízo, diante do quadro social brasileiro, possa ser admitido como fonte automática e irreversível de prejuízo ao réu".[63] Em outra passagem, em obra escrita em coautoria com Sérgio Cruz Arenhart, os autores questionam a justiça da regra de presunção do art. 319 do CPC quando interpretada literalmente, notadamente ao se considerar o grau de ignorância de grande parte da população brasileira.[64] O mesmo raciocínio pode ser emprestado ao exame da falta de defesa técnica no processo administrativo disciplinar.

Em que pese o fato de que os servidores públicos, em geral, detêm um conhecimento mínimo acerca das leis que regem o seu âmbito de atuação, isso não conduz à imediata conclusão de que, se acusados de cometimento de infração disciplinar, saberão manejar ingredientes tão complicados como o princípio do juiz natural, por exemplo, do qual decorre a proibição de constituição da Comissão Processante após a ocorrência da conduta tida como irregular. Ou então, o instituto da prescrição. Ou, ainda, a recente impossibilidade de admitir-se aplicação retroativa de nova interpretação (art. 2º, parágrafo único, XIII, da Lei nº 9.784/99). Assim como no processo civil não é raro deparar-se com casos de revelia em que o réu não contestou por absoluta falta de esclarecimento quanto às consequências dessa omissão, no processo administrativo disciplinar são comuns as situações em que servidores desavisados deixam de contratar advogado ou postular assistência da Defensoria Pública por não vislumbrarem as repercussões que esse tipo de processo lhes pode causar, tal como a perda do cargo público arduamente conquistado.

Por todas essas razões, a tentativa de relacionar o regime do processo administrativo disciplinar com o processo civil é completamente

---

[63] MARINONI, Luiz Guilherme. *Op. cit.*, p. 319.
[64] MARINONI, Luiz Guilherme; ARENHART, Sérgio Cruz. *Manual do processo de conhecimento*. 5. ed. São Paulo: RT, 2006, p. 131.

inócua para tentar justificar a dispensabilidade de defesa técnica por advogado.

O sétimo fundamento que conduziu à edição da súmula é o de que *a necessidade de defesa técnica no processo penal é exceção, pois nele está em jogo um direito indisponível, que não pode ser renunciado*.[65]

A distinção que se intenta forjar entre o processo penal e o processo administrativo disciplinar – para afastar deste a exigência de defesa técnica – com base na indisponibilidade do direito que está em jogo representa o argumento menos aceitável dentre todos aqueles utilizados pelo Supremo Tribunal Federal.

Segundo tal entendimento, no processo criminal, a defesa por advogado seria imprescindível pelo fato de estar em xeque o direito de liberdade, que, por revestir-se de indisponibilidade, demandaria uma tutela efetiva através de defesa técnica, sob pena de ser objeto de teórica renúncia. Vale dizer: se o acusado de prática de crime dispensasse a defesa técnica, estaria renunciando, em tese, a um direito indisponível: a liberdade. Até aqui, não há problema algum.

O contrassenso surge quando se lança mão da mesma racionalidade para asseverar que no processo administrativo disciplinar, diferentemente, a defesa técnica é dispensável, por se tratar de direitos disponíveis! Em primeiro lugar, o que se deve analisar é a disponibilidade ou não do próprio direito de defesa, antes mesmo de se cogitar sobre a disponibilidade dos direitos que poderão ser atingidos com o processo, pois quando o acusado opta por não nomear um defensor ele está abdicando do seu direito a uma defesa ampla. E tal direito, como visto, está previsto pelo art. 5º, LV, da CF, no catálogo de direitos e garantias fundamentais do cidadão. Sendo um direito fundamental, dele emanam todas as características inerentes a essa categoria de direitos, entre as quais está a *inalienabilidade*. Na acertada dicção de José Afonso da Silva, em razão desse atributo, os direitos fundamentais "São direitos intransferíveis, inegociáveis, porque não são de conteúdo econômico-patrimonial. Se a ordem constitucional os confere a todos, deles não se pode desfazer, porque são indisponíveis".[66]

Nesse sentido, por que razão o direito fundamental à ampla defesa será indisponível no processo criminal, mas disponível no processo disciplinar? Trata-se do mesmíssimo direito fundamental, dotado de

---

[65] Cf. Ministro Cezar Peluso, fls. 754 do Acórdão proferido no Recurso Extraordinário nº 434.059-3/DF.

[66] SILVA, José Afonso da. *Curso de Direito Constitucional Positivo*. 19. ed. São Paulo: Malheiros, 2001, p. 185.

idênticas características, submetido ao mesmo regime jurídico e inserido em dispositivo que o assegura tanto no processo judicial quanto no processo administrativo. No acórdão vertente, houve um desvio de foco: a indisponibilidade é do próprio direito fundamental à ampla defesa, independentemente dos demais direitos que estiverem em jogo, seja em uma ou outra modalidade processual.

Demais disso, retornando à lógica adotada no acórdão, supôs-se que no processo penal o direito em jogo – a liberdade – seria indisponível, ao passo que no processo administrativo disciplinar os direitos em questão seriam disponíveis. A afirmação deve ser repelida, eis que ignora completamente os bens jurídicos envolvidos em um processo disciplinar. Conforme explanado acima, em tais processos sempre se estará colocando em risco, no mínimo, o direito fundamental à honra e à imagem do servidor público, protegidos constitucionalmente pelo art. 5º, X. Isso porque, mesmo com a aplicação da penalidade menos grave prevista pela lei, o agente terá sua ficha funcional maculada, sendo timbrado com a pecha de ímprobo, desonesto, negligente ou ineficiente. Pode-se ainda, mediante processo administrativo disciplinar, ameaçar o direito fundamental ao trabalho, albergado no art. 6º da CF e intrinsecamente ligado ao exercício do cargo público, posto que uma das sanções cominadas a determinadas condutas é a de demissão.

Seja pela lesão à honra ou à imagem do servidor com a aplicação de pena de censura, advertência ou suspensão, seja pela perda do cargo público ou cassação de aposentadoria, com a consequente subtração da remuneração, que tem caráter alimentar, sempre estarão em risco no processo administrativo disciplinar todos esses direitos fundamentais, protegidos pela Constituição Federal. Como se pode, diante disso, entender que nessa modalidade processual não estão em jogo direitos indisponíveis? É admissível a afirmação de que alguns direitos fundamentais são mais fundamentais, ou mais indisponíveis que outros? Obviamente que não.

A assertiva rompe, inclusive, com um dos pressupostos básicos da Teoria do Direito e do Direito Constitucional contemporâneos: por força do *princípio da unidade hierárquico-normativa da Constituição*, não há hierarquia entre princípios constitucionais. Todas as normas incorporadas no tecido constitucional possuem idêntica dignidade. O direito à liberdade é tão essencial e indisponível quanto os direitos ao trabalho, à honra e à imagem. E todos eles constituem direitos fundamentais, que têm na *inalienabilidade* uma de suas características. Portanto, ainda que não se discuta a possibilidade de se dispor do direito de defesa – que deveria ser a discussão preliminar – e volte-se o holofote para os direitos que estão em risco no processo penal e no processo administrativo disciplinar, a conclusão a que chegou o STF continua sendo contraditória com os postulados do ordenamento jurídico brasileiro, em especial com o *princípio da unidade hierárquico-normativa da Constituição* e com o regime jurídico dos direitos fundamentais, que outorga a todos o atributo da indisponibilidade.

Há ainda outro questionamento que parece fulminar o raciocínio adotado pelo Supremo Tribunal Federal: mesmo no processo administrativo disciplinar, o direito submetido a risco pode ser o da liberdade, no caso da pena de prisão administrativa. É o que se observa no processo administrativo disciplinar militar. A título exemplificativo, tome-se o Decreto Federal nº 4.346/2002, que aprova o Regulamento Disciplinar do Exército (R-4). Em seu art. 24, V, o diploma prevê como uma das punições aplicáveis a "prisão disciplinar". Cuida-se, inequivocamente, de privação do direito de liberdade, tal como ocorre do processo criminal. Sendo assim, havendo a igual possibilidade de restrição do direito fundamental de liberdade através de processo administrativo disciplinar, o argumento do STF ora apreciado perde toda a sua eventual sustentação.

Note-se que a Súmula Vinculante nº 5 abrange qualquer hipótese de processo administrativo disciplinar, não estabelecendo nenhuma ressalva em relação aos processos disciplinares militares. Como consequência, a validade do enunciado vinculativo faria com que os militares condenados à pena de prisão administrativa, em processo disciplinar despido de defesa técnica por advogado, não pudessem arguir a sua nulidade com fulcro na ofensa ao direito fundamental à ampla defesa. Seria mais uma situação em que, absurdamente, estar-se-ia aceitando a violação do art. 5º, LV, da CF, a disponibilidade do direito à ampla defesa e, na linha do próprio acórdão do STF, a renúncia teórica do direito de liberdade.

Finalmente, o oitavo e último argumento traduz a ideia de que *o art. 156 da Lei nº 8.112/90 autoriza que o servidor promova a sua autodefesa, facultando a nomeação de procurador, que não precisa, necessariamente, ser advogado.*[67]

O posicionamento acima transcrito faz *tabula rasa* de uma das mais elementares lições da hermenêutica constitucional contemporânea: são as leis que devem ser interpretadas à luz da Constituição, e jamais o

---

[67] Cf. Ministro Marco Aurélio, fls. 757 do Acórdão proferido no Recurso Extraordinário nº 434.059-3/DF.

contrário. Para uma adequada definição do conteúdo jurídico do direito fundamental à ampla defesa, impõe-se uma interpretação sistemática dos princípios e regras constitucionais, capaz de lhe conferir uma significação conformada aos valores mais essenciais compartilhados pela comunidade, plasmados na Lei Fundamental. Não se pode restringir o alcance do direito fundamental à ampla defesa com supedâneo em uma interpretação da Constituição à luz da norma infraconstitucional. É a lei que deve ser compreendida sob o prisma dos direitos fundamentais.

Destarte, entender desnecessária a defesa técnica por advogado, que é elemento constitutivo do direito fundamental à ampla defesa, tomando por fundamento o art. 156 da Lei nº 8.112/90, significa inverter a hierarquia das fontes do direito brasileiro. Ao invés disso, cumpre empreender uma interpretação do citado dispositivo que seja conforme à Constituição Federal. A hermenêutica das disposições legais demanda um processo de *filtragem constitucional*, a partir do qual, nas palavras de Paulo Ricardo Schier, "surge a necessidade de se buscar uma inter-relação axiológica visando a unidade sistemática e a efetiva realização dos valores estabelecidos no pacto fundador diante do direito infraconstitucional".[68]

A única forma constitucionalmente adequada de interpretar o art. 156 da Lei nº 8.112/90 é atribuindo-lhe o sentido de que, além de poder acompanhar o processo pessoalmente, o servidor tem o direito a uma defesa técnica por procurador, o qual, pela aplicação do art. 133 do CF, deve necessariamente ser advogado. Por tudo o que já se expôs acima, é de se concluir que somente o advogado possui condições técnicas necessárias para manobrar os instrumentos jurídicos necessários à realização de uma defesa efetiva. Com lastro nessa construção interpretativa, é possível inferir que o art. 156 do Estatuto dos Servidores Públicos Federais nada mais faz do que enunciar explicitamente o direito à autodefesa e à defesa técnica como elementos indissolúveis do princípio constitucional da ampla defesa, restando excluída, porque inconstitucional, a interpretação segundo a qual a defesa técnica é meramente facultativa.

Elencadas todas as refutações aos argumentos acatados pelo Supremo Tribunal Federal para a edição da – permita-se – inconstitucional Súmula Vinculante nº 5, insta ressaltar outra distorção gerada pelo enunciado. Em razão da forma como se encontra redigido, o verbete

---

[68] SCHIER, Paulo Ricardo. *Filtragem constitucional:* construindo uma nova dogmática jurídica. Porto Alegre: Sergio Antonio Fabris Editor, 1999, p. 25.

pode gerar a seguinte situação: num processo administrativo disciplinar em que haja advogado constituído, a ausência de sua intimação regular para os atos do processo pode não ser considerada como razão para anulação do feito, dada a suposta desnecessidade de defesa técnica. Poder-se-ia argumentar, erroneamente, que pelo fato de o STF considerar prescindível a defesa por advogado no processo administrativo disciplinar, a falha na sua intimação não acarreta violação aos princípios constitucionais do contraditório e da ampla defesa.

Por todas as razões antes expendidas, impende concluir seguramente que a Súmula Vinculante nº 5 ostenta graves vícios materiais de inconstitucionalidade – além dos vícios formais, analisados na Proposta de Cancelamento ajuizada pelo Conselho Federal da OAB – já que a defesa técnica, consoante amplamente demonstrado, constitui inobjetável exigência do direito fundamental à ampla defesa no processo administrativo disciplinar.

Como advogado e Professor de Direito, fui contratado para emitir mais de uma centena de pareceres jurídicos, voltados para áreas diversas, como controle de armas de fogos, Usinas Hidrelétricas, Exploração de Minérios, Mobilidade Urbana, Unificação de carreiras, Alteração no limite do Sistema de Registro de Preços e fixação de responsabilidades, Transportes e outros. Em ligeira pesquisa efetuada, ouso afirmar que aproximadamente 80% das opiniões jurídicas foram acatadas pelos respectivos destinatários.

CAPÍTULO 5

A CARREIRA DE PROFESSOR UNIVERSITÁRIO

O exercício do magistério é fascinante, embora seja forçoso reconhecer que, nos dias atuais, a tarefa tornou-se rigorosamente mais penosa. O aluno de hoje, criança de ontem, em geral, é efetivamente mais bem informado. Sabe muito sobre pouco, sabe pouco sobre tudo. A leitura é restrita. A redação deficiente. A educação, em muitos casos, precária. O florescer dos jovens de hoje ocorre em tempos de controle remoto. Se o assunto não lhe interessa, muda de canal. Na sala de aula, como isso não é possível, simplesmente aciona a desconexão, mantém-se fora do ar. O professor concorre com a *internet* e a variedade de assuntos postos à disposição do interessado, inclusive de cunho doutrinário e jurisprudencial. Nesta quadra, é imperioso que o professor busque alternativas pedagógicas e didáticas para fazer com que sua aula se torne interessante.

Tive como professor de Metodologia do Ensino Superior o conceituado Doutor Lauro da Silva Becker, da Universidade Federal do Paraná. Poucos como ele sabiam como tornar uma aula verdadeiramente interessante. A partir de seu magistério, reconheço que evoluí muito. A instigação ao hábito da leitura e da elaboração de trabalhos acadêmicos de cunho crítico, porém respeitoso, parece-me fundamental. Avaliações que efetivamente extraiam respostas buscadas na inteligência e no raciocínio antecipam os desafios de uma futura carreira acadêmica e profissional.

Tenho uma especial predileção pela graduação. Muitas das ideias que defendo foram germinadas neste segmento do magistério superior. O aluno da graduação, em sua fascinante irresponsabilidade, emite opiniões e conceitos que, por vezes, longe de serem desarrazoados, instigam o velho professor a refletir e, seguidas vezes, alterar concepções sedimentadas.

A estimulação do pensamento crítico, como disse antes, com cuidado e respeito, é um dever que se impõe desde a graduação. Não se confunda a proposição com um incentivo à formação de espíritos conflitivos, vale dizer, em qualquer circunstância, beligerantes. Mas uma indução ao exercício da reflexão e da interpretação prospectiva.

5.1 Pontifícia Universidade Católica do Paraná

A Pontifícia Universidade Católica do Paraná propiciou-me a primeira oportunidade de exercer o magistério. Na época, corria o ano de 1973, a Universidade ainda estava distante de ser agraciada pelo Vaticano com o título de Pontifícia e o *campus* que se situava em área onde, por anos, esteve instalado o antigo Jockey Club, funcionando em condições precárias. Para minha surpresa, quando fui apresentado ao então Reitor, Professor Paulo Cordún, vi que se tratava do querido Irmão Fidélis, que fora meu Professor no Colégio Santa Maria. Os irmãos Maristas, enquanto ligados à Irmandade, adotam nomes diferentes, normalmente de santos canonizados pela Igreja. Foi uma alegria indescritível poder lecionar na Faculdade de Direito, cujo Reitor era um antigo e dedicado mestre. Indicado por Newton Stadler de Souza e Ivete Cardoso de Almeida, minha admissão foi imediatamente aceita e passei a substituir a Professora Adélia Woelnner, na disciplina de *Direito Penal*, para os alunos do período noturno, todos ostentando idade bem superior à minha. Embora deva reconhecer as dificuldades naturais do noviciado e da matéria, confesso que me senti à vontade desde minha primeira aula. Ingressei como professor efetivo após prestar concurso público, só em 1985, quando surgiu uma vaga de Professor Auxiliar de Ensino I.

Fui designado para lecionar as disciplinas de *Linguagem Forense* e *Direito Administrativo*. Sempre procurei inovar. A disciplina de Linguagem Forense era ministrada em dois semestres. No primeiro, buscava-se um aprimoramento da gramática da língua portuguesa, Literatura, Redação. Narração, Dissertação, Descrição, Figuras de Linguagem e Transitividade dos verbos. No segundo semestre, sob meu encargo: redação de requerimentos e petições; atos e termos do processo e sua significação; vocábulos latinos e gregos utilizados na Linguagem Forense e oratória.

Lecionar a cadeira, seguindo uma programação que eu próprio organizei, constituía uma atividade incentivadora e prazerosa. No que se refere à elaboração de peças processuais, lembrava que toda petição deve constituir um silogismo, raciocínio baseado na ideia da dedução, composto por duas premissas que geram uma conclusão. Dessa forma, uma vez elaborado o preâmbulo (Juiz ou Tribunal a quem a petição é dirigida, nome, endereço e identificação das partes – autor e réu), compunha-se a premissa menor, consistente na narrativa fática que motivava o ajuizamento da ação; a premissa maior, deduzindo o direito que ampara o autor (doutrina e jurisprudência) e reclama uma atitude do réu; e, a conclusão, que nada mais retrata do que a conjunção da narrativa fática com os argumentos de Direito.

Quanto aos atos e termos do processo, procurava simplificar a compreensão das expressões referidas nos Códigos e que tanto afligem os estagiários e novatos na profissão. Autuação: não é a capa do processo, mas o termo que nela é lavrado, indicando a Vara que o acolheu, o número do processo, nome das partes, tipo de ação, data em que foi lavrado, com a assinatura do Escrivão. Explicava que o vocábulo "Vara" advém do tempo das Ordenações do Reino de Portugal e era indicativa de que os juízes, naquele tempo, andavam munidos de Varas (bastões) para que fossem conhecidos e não desobedecidos em suas ordens.

No Ginásio, incentivado pelas traduções e leituras que fazíamos, seja das Fábulas de Esopo, um escravo e contador de histórias que viveu na Grécia Antiga, seja das Catilinárias de Marco Túlio Cícero, advogado, político (eleito cônsul em 63 antes de Cristo), escritor, orador e filósofo da República Romana, me aprofundei na leitura de sua esplendorosa existência, a ponto de, sem exagero, me considerar um grande conhecedor de sua trajetória. Por exemplo, poucas pessoas sabem que todo o rancor que Cícero dedicava a Lucius Sergius Catilina, um militar e senador da Roma Antiga, célebre por ter tentado derrubar a República Romana, e em particular o poder oligárquico do Senado, devia-se a que ambos se apaixonaram pela mesma mulher, Lívia, uma virgem vestal. A aparência de Cícero não o ajudava, enquanto Catilina era um homem atlético, de grande estatura para a época (os romanos não eram muito altos), e boa conformação facial. Lívia, para sua infelicidade (e eu não vou contar a história toda) acabou ficando com Catilina. A língua portuguesa, pela sua origem, é pródiga em expressões derivadas do latim e do grego. Para quem busca compreender a origem da palavra ou sua etimologia, a atividade de pesquisa, tanto no latim, no grego e em outros idiomas, é fundamental.

Pelas atividades desenvolvidas fui colecionando um sem número de vocábulos latinos e gregos que me foram de grande utilidade não só no exercício do magistério, mas também na atividade advocatícia.

Muitas vezes, a tão só menção da expressão latina é capaz de outorgar maior significação ao texto emitido. Por exemplo, *a quo* (do qual, juízo inferior), *ad quem* (para quem ou instância superior), *ab initio* (desde o initio), *ab intestato* (sem deixar testamento), *ab irato* (sob o impulso de ira), *aberratio ictus* (erro de alvo, ato praticado por alguém que, desejando ofender outrem, atinge terceiro não visado*)*, *actio de damno infecto* (ação para fazer cessar atividade que possa ocasionar dano), *actio ex empto* (ação do comprador para exigir do vendedor a entrega da coisa vendida, de conformidade com pagamento já efetuado e o compromisso assumido no contrato de compra e venda). *Acessorium sui principalis naturam sequitur* (o acessório segue o principal), *a contrario sensu* (em sentido contrário), *actio quanti minoris* (ação em que se pede a diminuição do valor da coisa adquirida em face de defeitos ou vícios ocultos), *ad argumentandum tantum* (tão somente para argumentar), *ad cautelam* (por cautela), *ad litera* (palavra por palavra, literalmente), *ad nutum* (a livre gosto, à vontade), *ad perpetuam rei memoriam* (para perpetuar a coisa na memória), *ad referendum* (para posterior aprovação), *ad hoc* (para o ato, para a causa), *ad juditia* (para o foro em geral), *alter ego* (outro eu, designa a pessoa de extrema confiança que substitui alguém em negócios ou funções), *animus* (ânimo, intenção) *animus domini* (com ânimo de quem é senhor, proprietário), *animus injuriandi* (intenção ou vontade de injuriar), *animus necandi* (intenção ou vontade de matar), *animus novandi* (intenção ou vontade de inovar), *causa mortis* (causa da morte), *cautio de rato* (caução de ratificação, garantia de posterior ratificação), *exceptio non adimpleti contratus* (exceção de contrato não cumprido), *exequatur* (cumpra-se), *in extremis* (no último momento de vida), *res judicata* (coisa julgada, decisão judicial de que já não cabe mais recurso), *ultra petita* (muito além do que foi pedido), e outras tantas expressões que são de grande utilidade na redação ou oratória forense.

Após a extinção da cadeira de *Linguagem Forense*, segui lecionando a disciplina de *Direito Administrativo* e um módulo temático de *Responsabilidade Civil do Estado* até a minha aposentadoria. Com dedicação especial à Universidade, logrei progredir na carreira docente às posições de Professor Auxiliar de Ensino II, em 1986, Professor Assistente I, em 1993, e Professor Adjunto I, em 1998. Em meu doutorado, cursado por sugestão de vários amigos, devo acrescentar alguém muito especial. Refiro-me ao então Reitor da PUC, Irmão Clemente Ivo Juliatto, homem notável, de múltiplas virtudes e conhecimento, com quem trabalhei diretamente na vice-direção do Centro de Ciências Jurídicas e Sociais. O diretor do centro era o amigo e Professor Doutor Alvacir Alfredo Nicz. Numa determinada reunião que fizemos, com o propósito de ampliar os cursos de pós-graduação na Universidade, fui instado pelo eminente Reitor da razão pela qual não havia obtido o título de Mestre ou Doutor, tendo estacionado na Especialização. O questionamento, seguido de longa preleção, me fez perceber a imensa lacuna que existia em meu currículo. Seguindo a orientação do estimado Reitor, tratei de inscrever-me no Mestrado da UFPR, onde, como fiz referência em outra parte deste depoimento, alcancei o Doutorado e a Titularidade da Cadeira que lecionava. Tornei-me Professor Titular da PUCPR no ano de 2004, após defender a tese intitulada *Direito Administrativo e o novo Código Civil*, que deu origem à publicação homônima pela Editora Fórum de Belo Horizonte em 2007. Continuei lecionando, até a minha aposentadoria, no ano de 2014, a disciplina de *Direito Administrativo*, além de ofertar regularmente o módulo temático de *Responsabilidade Civil do Estado* para os alunos de graduação.

Fui sucedido na cadeira pelo meu ex-orientando, Daniel Wunder Hachem, que já havia ingressado por concurso na Faculdade de Direito da UFPR e integrou, também por concurso público, os quadros da Escola de Direito da PUCPR em meu lugar, passando a lecionar Direito Administrativo junto com outros de meus ex-orientandos – os professores Vivian Lima López Valle e Emerson Gabardo – que já haviam ingressado anos antes, e com o Professor Luiz Alberto Blanchet, amigo e companheiro durante décadas nessa prestigiosa instituição.

A Pontifícia Universidade Católica do Paraná, em agosto de 1998, implantou o seu programa de pós-graduação. Após alguns percalços que são naturais, o programa firmou-se e, hoje contando com um respeitável corpo docente, alcançou no quadriênio 2013-2016 a avaliação máxima pela CAPES na área do Direito (conceito 6), destacando-se entre os melhores do país. Meu ingresso no programa deu-se naturalmente em função de minha condição de professor integrante do quadro da Universidade. A preocupação fulcral do programa sempre foi voltada para o econômico-social. Em razão dessa circunstância, minhas linhas de pesquisa e disciplinas ministradas seguiram essa orientação. Vinculei-me à linha de pesquisa "Estado, Atividade Econômica e Desenvolvimento Sustentável", dentro da área de concentração "Direito Econômico e Socioambiental". Dentro dessa linha, como se observará no item "Linhas de pesquisa e marcos teóricos", desenvolvi linha de pesquisa própria sobre a "Administração Pública entre Direito Público e Direito Privado", que se desdobra em dois eixos temáticos: (a) *Aspectos polêmicos da responsabilidade civil do Estado* e (b) *Contratação administrativa e iniciativa privada*.

Atualmente, aposentado, constato com imensa alegria que são inúmeros os meus orientandos na pós-graduação da PUCPR, tanto no mestrado quanto no doutorado, que conquistaram merecido destaque na vida acadêmica.

No mestrado, ministrei a disciplina "Atividade Pública e Atuação do Estado no Domínio Econômico", procurando realçar questões polêmicas como: 1. crise do conceito de serviço público e sua relação com a noção de atividade econômica; 2. a consensualidade no direito administrativo; 3. privatização e reforma do estado; 4. a segurança jurídica na prestação de serviços públicos delegados e não delegados; 5. os serviços públicos entre os princípios da legalidade e eficiência na atuação econômica estatal direta e indireta; 6. novos aspectos da responsabilidade civil das empresas estatais; 7. regime jurídico dos bens da empresa privada no exercício da função pública; 8. concessão, permissão e autorização.

No doutorado, encarreguei-me da disciplina intitulada "Políticas públicas de eficiência procedimental", na qual procurei enfatizar: 1. a dicotomia entre processo e procedimento administrativo a partir dos direitos fundamentais; 2. reformas administrativa e econômica no Brasil; 3. problemas estruturais da gestão pública brasileira. 4. burocracia e gerencialismo. 5. o pêndulo entre o direito público e o direito privado; 6. mecanismos de profissionalização da função pública. 7. propostas de realização do princípio da eficiência administrativa e suas críticas. 8. aprimoramento dos registros públicos e facilitação das relações privadas.

Diante do bom relacionamento com o corpo discente, recebi diversas honrarias e homenagens dos alunos da graduação da PUCPR. Ainda no ano de 1989, fui agraciado com o título de "Associado honorário" do Centro Acadêmico Sobral Pinto, entidade representativa dos estudantes de Direito da PUCPR. Anos depois, recebi outras duas homenagens do CASP: "Reconhecimento à dedicação aos alunos", em 2002, e "Menção Honrosa", em 2003. Fui "Professor Homenageado" das turmas de formandos de 1986, 1993, 1994, 1996 e 1998, e "Nome de Turma" em 1990 e 1999.

Quando de minha aposentadoria em 2014, a Escola de Direito e o Programa de Pós-Graduação de Direito organizaram um grande congresso em minha homenagem no TUCA – o principal auditório da universidade – com mais de 500 participantes e cerimônia de abertura presidida pelo então Reitor, Professor Waldemiro Gremski, e com um belíssimo e emocionante discurso da Professora Vivian Lopez do

Valle. Posteriormente, os anais do evento foram publicados na forma de livro, organizado pelos Professores Luiz Alberto Blanchet, Daniel Wunder Hachem e Ana Claudia Santano, intitulado *Estado, Direito e Políticas Públicas: Homenagem ao Professor Romeu Felipe Bacellar Filho*, com prefácio do Reitor da PUCPR.[69]

Em 2021, já com viagem de férias marcadas em Dubai para visitar minha filha, genro e netos, fui agraciado com um honroso convite formulado pelo Decano da Escola de Direito da PUCPR, Professor André Folloni, e pela Coordenadora-Geral do Curso de Direito, Professora Vivian Lima López Valle, para proferir a conferência de abertura do Universitas & Direito, evento realizado entre 08 a 12 de novembro de 2021, destinado à divulgação do conhecimento e integração acadêmica entre graduação e pós-graduação, promovido pela Escola de Direito – Campus de Curitiba – da PUCPR. Tradição desde 2013, o conclave, com mais de 80 sessões *on-line*, entre conferências, simpósios, seminários, palestras, *workshops*, oficinas e lançamentos de livros. Com toda a certeza uma oportunidade ímpar para debater, aprender e esclarecer novas temáticas e assuntos que estejam relacionados ao dia a dia dos profissionais do direito. Tratava-se de um evento aberto ao público, incluindo estudantes de Faculdades de Direito, estudantes de outras Escolas da PUC e de outras universidades e profissionais da área.

Por ocasião do evento, lembrei-me de um episódio que costumava relatar em minhas aulas de graduação e pós-graduação, que bem evidencia falta de critério do Legislativo brasileiro, para, através de leis, tentar disciplinar determinados institutos que não guardam compatibilidade com o nosso sistema. Cuida-se do cerco e invasão da cidade Helenística de Siracusa, na costa leste da Sicília, que ocorreu em 214-212 a.C. A cidade era toda protegida por armas desenvolvidas por Arquimedes, o grande inventor e polímata, ou seja versado em várias ciências. Marcelo, o General romano que liderou a invasão, vislumbrou na frente da casa de um rico comerciante, um relógio de sol insculpido em bronze que marcava as horas com absoluta perfeição. Como os vencedores pilhavam os bens dos vencidos, o General não teve dúvidas. Mandou que seus soldados arrancassem aquele relógio, transportassem para Roma e o incrustassem no portal de sua casa. Em Roma, o relógio jamais funcionou, porque nem o general e nem os seus soldados tinham a menor noção do que era latitude, longitude, posição do sol.

---

[69] BLANCHET, Luiz Alberto; HACHEM, Daniel Wunder; SANTANO, Ana Claudia. *Estado, Direito e políticas públicas: homenagem ao Professor Romeu Felipe Bacellar Filho*. Curitiba: Íthala, 2014.

Nós, aqui no Brasil, temos vários relógios de sol de Siracusa. Mandado de injunção, *habeas data*, ação direta de inconstitucionalidade por omissão, agência reguladora, contrato de gestão, etc. No caso das agências, o exemplo bem se aplica. Porque realmente o papel da agência e dos agentes que a integram não pode ficar atrelado ao Poder Executivo, como um órgão subserviente. Em função da autonomia atribuída (como autarquia que é), a agência deve ostentar quadro de pessoal próprio, contingenciamento e mandatos de seus dirigentes descoincidentes com as autoridades detentoras de Poder, exatamente para não guardar nenhuma vinculação. Com efeito, o papel da agência é de regulação, fiscalização, de agir como verdadeira mediadora. Se tem poder normativo ou não, isso já foi amplamente debatido na doutrina. Pessoalmente penso que não têm. O poder lhe atribuído é regulamentar e, ditar normas regulamentares significa não inovar no mundo jurídico. Ser servil, subserviente à lei ordinária. Deveria ter poder normativo? Penso que sim. Dentro do ordenamento não consigo encontrar uma brecha para que possa autorizar o exercício desse poder. O STF em duas decisões aludiu que os Conselhos Nacional de Justiça e do Ministério Público detêm poder normativo primário. Respeitosamente, discordo desse entendimento, uma vez que o poder normativo primário é da alçada exclusiva do Parlamento do país.

5.2 Faculdade de Direito de Curitiba

Durante muito tempo, a cidade de Curitiba contava apenas com 3 Faculdades de Direito, pela ordem: a da Universidade Federal do Paraná (mais antiga), a Faculdade de Direito de Curitiba e a Faculdade de Direito da Universidade Católica do Paraná. Talvez eu tenha sido um dos poucos professores que lecionou, ao mesmo tempo, nas três faculdades de Direito. À época, lecionava *Direito Administrativo* e *Linguagem Forense*. Minha passagem pela Faculdade de Direito de Curitiba deu-se entre os anos de 1978 e 1990. Foi uma experiência incrível, enriquecedora, lecionar na Faculdade onde recebi o diploma de Bacharel em Direito e frequentar a Sala dos Professores ao lado de antigos mestres. Tive a oportunidade de conviver com grandes nomes da Magistratura, do Ministério Público e da Advocacia, além de exercer, por dois mandatos, a função de Chefe do Departamento de Direito Social e Finanças. Milton Luiz Pereira, Francisco Accioly Rodrigues da Costa, Acir Saldanha de Loyola, Jorge Andriguetto, Tadeu Marino Costa, Guilherme de Albuquerque Maranhão, Leonardo Abbage, Luiz

Roberto Werner Rocha, João Casilo, Eros Gradowski, Victor Marins, Carlos Norberto Lambach, Vladimir Passos de Feitas, Waldir Grisard, Hermindo Duarte Filho, Telmo Cherem, Walter Borges Carneiro, Luiz Edson Fachin, Fernando Vidal de Oliveira, Carlos Augusto do Rego, José Salvador Ferreira, Carlos Eduardo Lobo da Rosa, Carlos Roberto Santiago, Rosala Garzuze, Elias Zacarias, Johnny de Jesus Campos Marques e outros, formavam o seleto quadro de professores.

Dos alunos da Faculdade de Direito de Curitiba, recebi as seguintes homenagens: "Professor Homenageado" em 1985, 1987, 1988 e 1989; "Patrono" em 1987 e "Paraninfo" em 1990.

5.3 Universidade Federal do Paraná

Ingressar como Professor na Faculdade de Direito da Universidade Federal do Paraná era um sonho que sempre acalentei. Já relatei a minha frustração em não poder graduar-me por sua Faculdade de Direito, em razão da impossibilidade de cursar o período matutino, e, sobretudo, de ter sido aluno de meu saudoso pai. De qualquer modo, na vida, as coisas acontecem no momento apropriado. Como consequência de um disputado concurso público com valorosos candidatos, fui aprovado e, posteriormente, nomeado.

Após cumprir um indevido período lecionando nos Cursos de Administração e Economia, por pura aleivosia do então Chefe do Departamento de Direito Público, finalmente fui designado para assumir a turma do 4º de Direito Administrativo, no período noturno. Enquanto lecionava na graduação, cursei os créditos do mestrado e do doutorado na Universidade, sem desembolsar um centavo, tendo defendido a minha tese de doutorado perante conceituada banca, que me conferiu a nota máxima. Devo reconhecer que a Faculdade de Direito da UFPR, por seus alunos e professores, realmente é diferenciada. Talvez pela dificuldade de ingresso nos corpos discente e docente, a verdade é que sempre convivi com ótimas turmas desde o meu ingresso.

Não sem razão, vários de meus orientandos já ostentam a condição de notáveis juristas e doutrinadores. Nessa faculdade, dediquei-me de corpo e alma à pesquisa, sendo, desde a sua fundação, coordenador do Núcleo de Pesquisa em Direito Público do Mercosul. Fui Chefe do Departamento de Direito Público por vários mandatos, além de ter integrado o Conselho Setorial e o Colegiado da Pós-Graduação. Por dívida de gratidão, toda a minha produção acadêmica sempre foi creditada aos programas desenvolvidos pela Faculdade de Direito da UFPR.

Durante minha trajetória como Professor na Graduação em Direito da UFPR, lecionei regularmente a disciplina de *Direito Administrativo*, sem embargo da oferta de disciplinas optativas, como *Licitações e Contratos Administrativos*, *Direito Urbanístico* e *Direito da Integração Regional*. Posteriormente, em decorrência da Reforma Curricular levada a efeito no Curso de Direito, assumi a disciplina tópica de *Processo Administrativo*, até então inexistente.

Pertenci ao corpo permanente do Programa de Pós-Graduação em Direito da Universidade Federal do Paraná desde julho de 1998, vinculando-me à área de concentração de "Direito do Estado" e à linha de pesquisa "Perspectivas da Dogmática Crítica". Desenvolvi, no âmbito da Pós-Graduação em Direito da UFPR, duas linhas de investigação próprias, a saber: "Bases constitucionais do Direito Administrativo" e "Perspectivas jurídicas do Mercosul e do Direito Administrativo Ibero-americano", conforme explicitado em tópico específico a seguir.

No curso de mestrado, fui responsável pelas disciplinas "Fundamentos do Direito Administrativo" e "Direito Administrativo e Estado Contemporâneo". Na primeira delas, trabalhei primordialmente com os seguintes temas: 1. a jurisdição administrativa e os princípios constitucionais da Administração Pública; 2. o processo e o procedimento administrativos – conteúdo e distinção; 3. os princípios informadores do processo administrativo – teoria geral e o devido processo legal; 4. os princípios da legalidade e da boa-fé; 5. os princípios da motivação e eficiência; 6. questões tópicas do processo administrativo; 7. a responsabilidade civil do estado no Brasil; 8. a responsabilidade civil do Estado no Direito Comparado.

Na segunda, procurei realçar os seguintes assuntos: 1. o Estado social e o Estado subsidiário. 2. fundamentos do regime jurídico administrativo. 3. conceitos jurídicos indeterminados no Direito Administrativo. 4. princípios da Administração Pública. 5. organização e estrutura da Administração Pública. 6. atividade e função administrativas. 7. teoria dos atos administrativos. 8. novas tendências do procedimento administrativo. 9. discricionariedade e controle judicial da gestão administrativa. 10. o regime jurídico do terceiro setor no Brasil.

Já no curso de doutorado, ministrei as disciplinas denominadas "Crítica do Direito Administrativo" e "Novas Tendências do Direito Administrativo". Na primeira, abordo o seguinte temário: 1. aspectos históricos da exploração de atividade econômica do Estado e prestação de serviços públicos no Brasil; 2. a tradição jurídica europeia e a sua influência histórica na doutrina administrativista brasileira; 3.

a dicotomia entre o público e o privado na Administração Pública; 4. o regime jurídico-constitucional dos serviços públicos no Brasil e o regime de mercado; 5. os projetos de reforma do Estado e o pêndulo entre o direito público e o direito privado; 6. os sistemas de delegação de serviços públicos.

Na matéria sobre novas tendências do Direito Administrativo, enfrentei os seguintes temas: 1. novas visões sobre o interesse público; 2. a dicotomia entre o público e o privado na Administração Pública; 3. a consensualidade e o Direito Administrativo; 4. o serviço público e a atividade econômica do Estado; 5. segurança jurídica e direito adquirido no Direito Público; 6. o Direito Administrativo e o Código Civil.

Tendo a consciência de que o programa da UFPR sempre se situou entre os melhores do país, figurando como um dos únicos da área de Direito contemplados com a nota máxima pela CAPES, sempre busquei manter uma atualização em relação à impressionante produção que se observa na área do Direito Administrativo.

Na minha concepção, a pós-graduação deve ser encarada como o atingimento do promontório, em termos acadêmicos. A Universidade, pelos seus próprios desígnios, deve ter sua atividade, não só a exercida na graduação, mas principalmente na pós-graduação, voltada ao oferecimento de propostas para o atendimento das exigências sociais. Disse em outra oportunidade que a responsabilidade do jurista em relação ao enunciado de uma tese tanto mais ganha relevo quando se percebe a importância finalística das premissas emitidas. Sob outro enfoque, a elaboração da tese, como culminância da atuação docente, impõe séria reflexão pessoal e de avaliação íntima. Sua apresentação expõe, com a mais viva sinceridade, não só as qualidades, mas as limitações de seu autor. De qualquer modo, é um momento único, a exigir o exaurimento da mais cara reserva de esforços, na produção de um trabalho que possa reverter em benefício da coletividade.

Por conta única e exclusivamente da generosidade dos alunos, foram-me conferidas na UFPR as seguintes homenagens: "Homenagem da 1ª Semana de Atualização em Processo Civil", promovida pela UFPR, pelo Centro Acadêmico Hugo Simas e pela OAB/PR, em 1989; "Professor Homenageado" em 1994, 1995, 2005, e 2007; "Patrono" em 1998 e "Nome de Turma" em 2009.

Quando me aposentei em 2015, o Centro Acadêmico Hugo Simas, então liderado por Luzardo Faria, sob a coordenação dos Professores Daniel Wunder Hachem, Emerson Gabardo e Eneida Desiree Salgado, organizou no Salão Nobre da Faculdade de Direito da UFPR um emocionante congresso de Direito Administrativo, reunindo alguns dos maiores nomes do Direito Público no Brasil – tais como Celso Antônio Bandeira de Mello, Odete Medauar, Maria Sylvia Zanella Di Pietro, Marçal Justen Filho, Fernando Dias Menezes de Almeida, Weida Zancaner, Ingo Wolfgang Sarlet, Clèmerson Merlin Clève, Regina Maria Macedo Nery Ferrari, Cristiana Fortini, Rogério Gesta Leal, Carolina Zancaner Zockun, Maria Cristina Cascaes Dourado, Fabrício Motta, Rafael Valim, Maurício Zockun, Ana Claudia Finger, Adriana Schier, Edgar Guimarães, Vivian Valle e Saulo Pivetta – e da Argentina – o Professor Titular da Universidad de Buenos Aires, Juan Carlos Cassagne, e minha querida amiga Irmgard Lepenies, Ex-Presidente da Associação Argentina de Direito Administrativo e Professora Titular da Universidad Nacional del Litoral (Santa Fe).

O evento ficou registrado na obra *Direito Administrativo e suas transformações atuais: Homenagem ao Professor Romeu Felipe Bacellar Filho*,[70] coordenada pelos Professores Daniel Wunder Hachem, Emerson Gabardo e Eneida Desiree Salgado, prefaciada pelo Professor Clèmerson Merlin Clève e publicada em 2015. O livro – de acesso aberto e disponível *on-line* – contém os textos de cinco emocionantes homenagens: (i) da Reitoria da UFPR, escrita pelo então Reitor Zaki Akel Sobrinho; (ii) da Faculdade de Direito da UFPR, redigida pelo então Diretor, Professor Ricardo Marcelo Fonseca; (iii) dos administrativistas ibero-americanos, elaborada pela Professora Irmgard Lepenies; (iv) dos discípulos, lavrada pelo Professor Daniel Wunder Hachem; (v) dos estudantes, sob o encargo de Luzardo Faria.

5.4 Orientação de pesquisas em graduação e pós-graduação (*lato sensu* e *stricto sensu*)

Das atividades de pesquisa que desenvolvi no decorrer de minha atuação na docência, para mim, das mais prazerosas e gratificantes, posso destacar a de orientação de centenas de monografias de graduação e especialização; e a de dezenas de dissertações de mestrado e de teses de doutorado. Realizava reuniões com meus orientandos, muitas vezes em conjunto, e, não raro aos sábados pela manhã, para discutirmos suas ideias e pontos de vista, que seriam defendidos em

---

[70] HACHEM, Daniel Wunder; GABARDO, Emerson; SALGADO, Eneida Desiree (Coord.). *Direito Administrativo e suas transformações atuais:* homenagem ao Professor Romeu Felipe Bacellar Filho. Curitiba: Íthala, 2016.

suas pesquisas. Das reuniões em conjunto originavam-se memoráveis debates entre os orientandos a propósito das intenções e ideias que defendiam.

No mestrado em Direito da Universidade Federal do Paraná e da Pontifícia Universidade Católica do Paraná, fui escolhido para orientar dissertações envolvendo, praticamente, todos os temas conflitivos que foram e são discutidos no âmbito do Direito Administrativo. Com muito orgulho, posso afirmar que, na atualidade, muitos juristas consagrados e professores eméritos foram meus orientandos.

As monografias de conclusão de curso de graduação, elaboradas sob minha orientação na UFPR e na PUCPR, ultrapassam o número de 150. A grande quantidade de trabalhos por mim orientados nessa sede justifica-se pelo apreço especial que sempre tive pela atividade de orientação de pesquisas na Graduação.

Afora as atividades de pesquisa que realizei de forma mais direta, impende mencionar alguns empreendimentos que levei a cabo para promover e difundir a pesquisa na área do Direito Administrativo. Trata-se de iniciativas criadas para alavancar novos talentos, estimulando e incentivando o estudo e a investigação científica do Direito Público. Utilizando o Instituto de Direito como palco, promovi debates acalorados e de indiscutível relevância envolvendo os temas: processo administrativo e processo administrativo disciplinar – avanços propiciados pela Lei nº 9.784/99; a lei de licitações e contratações administrativas e suas incongruências; responsabilidade civil do Estado; entidades da administração indireta – prerrogativas e sujeições, entre outros.

5.5 Outras universidades e instituições nacionais e estrangeiras

Além do ensino em cursos de graduação e em programas de mestrado e doutorado (*stricto sensu*), minha atuação na docência estendeu-se também às pós-graduações *lato sensu*, primordialmente a Cursos de Especialização em Direito Administrativo nacionais e internacionais. Nessa seara, procurei conferir um enfoque profissionalizante ao estudo desse ramo jurídico, com o intuito de habilitar os pós-graduandos ao exercício crítico e, ao mesmo tempo, seguro das carreiras jurídicas.

5.5.1 Instituto de Direito Romeu Felipe Bacellar

Cônscio de que o curso de especialização é o primeiro e decisivo passo em direção à formação acadêmica, nas aulas que ministro no

Instituto de Direito Romeu Felipe Bacellar, fundado em homenagem a meu pai, sempre discorro e estimulo o debate sobre assuntos polêmicos. O corpo discente, formado substancialmente por alunos recém-saídos da graduação e por, não raras vezes, experimentados profissionais oriundos de variadas áreas de atuação (advogados, procuradores, assessores, magistrados, membros do Ministério Público e delegados de polícia) propicia um rico e proveitoso debate.

No Curso de Especialização em Direito Administrativo, lecionei os temas da "Processualidade administrativa" e da "Desapropriação", que busquei ensinar sob o prisma da atividade advocatícia, trazendo à colação casos práticos e concretos com os quais deparo cotidianamente na advocacia.

5.5.2 Universidad Nacional del Litoral (Argentina)

Por minha estreita amizade com Irmgard Elena Lepenies, Professora Titular de Direito Administrativo da Universidad Nacional del Litoral (Santa Fe, Argentina), estive inúmeras vezes nessa instituição como conferencista e professor nos cursos de especialização e mestrado. Os laços com a instituição foram reforçados pela sincera amizade que desenvolvi, também, com os queridos Professores Justo José Reyna e Eduardo Bordas.

Quando criada a *Maestría en Derecho Administrativo*, dirigida pelo também Professor Titular Justo Reyna, tornei-me membro do Corpo Docente Estável do programa de mestrado e integrante do seu Comitê Acadêmico.

Após anos de atuação na instituição, recebi da Reitoria da Universidad Nacional del Litoral, no ano de 2015, o título de *Huésped de Honor*, uma honraria da qual me orgulho, dada a relevância dessa importante instituição, a qual sediou a Assembleia Nacional Constituinte que elaborou a Constituição Argentina de 1853.

Ainda em Santa Fe, com a presença do então Governador Carlos Reutemann, ex-piloto de Fórmula 1, me foi conferida uma emocionante homenagem pela Associação Argentina de Direito Administrativo. Guillermo Andrés Muñoz, então Presidente, me fez a entrega de uma imensa bandeja de prata, que cuido com muito carinho, com significativos dizeres.

Irmgard Lepenies, que era Secretária de Justiça da Província de Santa Fe, me acompanhou na visita que fiz ao Governador Reutemann. Fiquei impressionado com o recato e a sobriedade do Gabinete, onde em prateleiras eram colocadas as honrarias e troféus recebidos, além de objetos que tinham uma significação especial para o Governador. Encantei-me com um lampião Petromax, dourado, que me trazia lembranças felizes da época da Ilha do Mel. Contei ao Governador e à Irmgard a razão de meu encantamento. Qual não foi a minha surpresa quando, prestes a embarcar de volta a Curitiba, a Irmgard me surpreende no aeroporto, com um grande pacote, onde estava acondicionado o Petromax! Presente do Governador, cuja rara sensibilidade o fez perceber a importância que eu havia conferido ao velho lampião.

5.5.3 Universidad Católica de Salta (Argentina)

Pela Resolução Rectoral nº 208/2004, tornei-me Professor Extraordinário Visitante da *Universidad Católica de Salta*. Trata-se de conceituada Universidade da República Argentina que projetou, entre outros, Guillermo Andrés Muñoz, Jorge Luis Salomoni, Pascual Caiella e José Luis Said, os três primeiros ex-presidentes da Associação Argentina de Direito Administrativo. Tenho sido convidado a proferir palestras nessa Universidade sobre temas diversos, relacionados ao Direito Administrativo.

5.5.4 Universidad de Belgrano (Argentina)

A convite do Professor Juan Carlos Cassagne, então Decano, proferi uma palestra na Universidade de Belgrano, enfocando o tema Contencioso Administrativo e Justiça Administrativa, procurando estabelecer uma distinção entre os sistemas argentino e brasileiro no tratamento de causas de cunho administrativo. Os debates que se seguiram, estendendo-se por quase duas horas, evidenciaram o interesse dos alunos da importante Universidade com a complexidade do tema.

Já sob o decanato do Professor Jorge Luis Salomoni, me foi outorgado, em 20 de setembro de 2001, o Título de Professor Titular Visitante da matéria "Procedimiento Administrativo" da carreira de *Especialización en Derecho Administrativo* da *Universidad de Belgrano*. O Curso em referência era ministrado em colaboração com a Universidade "La Sapienza", de Roma.

5.5.5 Universidad Notarial Argentina

Após proferir conferência de abertura em evento envolvendo o regime jurídico de notários no Brasil e Argentina, por deliberação do

Conselho Diretivo da *Universidad Notarial Argentina*, consubstanciado em ato do Reitor Nestor Perez Lozano, fui designado *Miembro Titular del Instituto de Derecho Administrativo*. Recebi a honraria em La Plata, no mês de abril de 1999.

5.5.6 Universidad Católica del Uruguay

Sempre tive uma excelente relação com os professores uruguaios de Direito Administrativo. Mariano Brito, Juan Pablo Cajarville Peluffo, Carlos Delpiazzo, Augusto Durán Martínez, Felipe Rotondo – e, posteriormente, Graciela Ruocco, Cristina Vázquez, Rodrigo Férres Rubio e Pablo Schiavi – todos ligados à Universidade, que sempre me receberam muito bem. Afora termos realizado – através da Associação de Direito Público do Mercosul – eventos de grande repercussão na entidade e de algumas aulas que proferi em cursos de pós-graduação, em março de 2014, recebi do Reitor da Universidad Católica del Uruguay o título de *Profesor Ad Honorem*, honraria máxima concedida pela instituição a professores estrangeiros de grande prestígio. A concessão do título foi precedida de emocionante discurso do querido amigo, Professor Augusto Durán Martínez, Diretor do Departamento de Direito Administrativo da universidade, e concluída com um encerramento a cargo do Professor Carlos Delpiazzo, Decano da Faculdade de Direito.

5.5.7 Instituto Nacional de Administración Pública (Espanha)

Fui nomeado "Profesor Invitado" do *Instituto Nacional de Administración Pública* da Espanha, com sede na cidade de Madrid, por ato de 20 de fevereiro de 2002, do então Diretor, Professor Jaime Rodríguez-Arana Muñoz, tendo em conta "los méritos científicos y docentes aportados a la ciencia y al conocimiento del Derecho Administrativo". Em 17 de maio de 2002, pela mesma autoridade, fui nomeado Vocal del Consejo Académico para assuntos Ibero-americanos. O Instituto, durante a profícua gestão de Jaime Rodríguez-Arana Muñoz, editava publicações importantes para auxiliar os administradores públicos propondo-se a orientá-los nas mais diversas dificuldades no campo administrativo e orçamentário. Recebi, durante os dias em que lá estive, lições preciosas e vivi experiências enriquecedoras.

CAPÍTULO 6

PRODUÇÃO CIENTÍFICA EM DIREITO ADMINISTRATIVO

Entrelaçada com o ensino, a pesquisa desenrola o trabalho essencial de realizar a crítica aos conceitos e categorias jurídicas que não mais se encontram em consonância com as relações sociais, identificando os institutos incompatíveis com a realidade fática e formulando novos aportes teóricos para o fenômeno jurídico.

Neste tópico, serão delineadas, num primeiro momento, as linhas de pesquisa que desenvolvi durante minha atuação na docência universitária, e os eixos temáticos delas derivados, em torno dos quais podem ser agrupados os meus estudos. Em seguida, tratarei das atividades de pesquisa por mim realizadas no âmbito universitário e, por fim, das atividades desenvolvidas com a finalidade de promoção e difusão do conhecimento científico.

6.1 Linhas de pesquisa e publicações decorrentes

Durante os anos de exercício do magistério e de atividades de investigação científica, as pesquisas acadêmicas por mim realizadas podem ser reunidas em três linhas mais abrangentes, que, por sua vez, encontram-se interligadas e afiveladas em um fio condutor: *a vinculação do Direito Administrativo aos princípios constitucionais e aos direitos humanos e fundamentais.* É com base nesse pressuposto – de que a atuação do Poder Público, em geral, e da Administração Pública, em particular, deve subordinar-se aos mandamentos albergados no tecido constitucional, respeitando e promovendo a realização efetiva dos direitos fundamentais do cidadão, tutelados pelo ordenamento jurídico interno e internacional – que todas as investigações levadas a efeito em minha trajetória de pesquisador se desenvolveram.

Partindo dessa pedra angular, minha produção intelectual desdobrou-se, como dito, em três linhas principais, nas quais se agrupam os eixos temáticos mais recorrentes em minhas pesquisas: **1.** *Bases constitucionais do Direito Administrativo;* **2.** *Administração Pública entre Direito Público e Direito Privado;* **3.** *Perspectivas jurídicas do Mercosul e do Direito Administrativo Ibero-americano.* Embora haja entrelaçamentos e confluências entre elas, e em que pese estejam todas ainda presentes na minha produção atual, é possível afirmar que cada uma delas representa uma etapa de meu percurso acadêmico, vinculando-se, cada qual, às áreas de concentração dos programas de pós-graduação *stricto sensu* e entidades de pesquisa com os quais possuí vínculo institucional.

A primeira delas –**1.** *Bases constitucionais do Direito Administrativo* – enquadra-se na linha "Perspectivas da Dogmática Crítica", da área de concentração em "Direito do Estado", à qual estou vinculado no Programa de Pós-Graduação em Direito da Universidade Federal do Paraná, desde 1998. Dentro do chamado "Direito do Estado", a releitura dos diversos institutos do Direito Administrativo à luz das normas e valores emanados da Constituição Federal representa uma das possíveis formas de se promover uma crítica à dogmática jurídica administrativista sedimentada sobre bases conservadoras, legalistas e autoritárias. Trata-se de interpretar o Direito Administrativo em favor do cidadão, da sua dignidade e da realização plena de seus direitos fundamentais.

A segunda –**2.** *Administração Pública entre Direito Público e Direito Privado* – filia-se à linha "Estado, Atividade Econômica e Desenvolvimento Sustentável", da área de concentração em "Direito Econômico e Socioambiental", na qual restei inserido no Programa de Pós-Graduação em Direito da Pontifícia Universidade Católica do Paraná. O exercício direto da atividade econômica pela Administração Pública, o desempenho da atividade de regulação pelo Estado, o repasse de incumbências do Poder Público à iniciativa privada mediante concessão e permissão de serviços públicos, bem como a ampliação das relações contratuais entre o Estado e os particulares implicam a necessidade de uma investigação acurada acerca do regime jurídico aplicável a tais relações, muitas vezes situadas entre o Direito Público e o Direito Privado. Nessa seara, busca-se assentar a base comum desses dois ramos jurídicos no Direito Constitucional, de sorte que o Direito Administrativo e o Direito Civil encontrem o seu ponto de encontro nos direitos fundamentais. Veda-se, com isso, a aplicação do Direito Privado com vistas à fuga do regime jurídico de Direito Público, permitindo-se a sua incidência nas relações que envolvem a Administração Pública tão somente quando tal ocorrência não significar o afastamento de um sistema jurídico protetivo do cidadão e dirigido ao atingimento do interesse público.

A terceira linha de pesquisa –**3.** *Perspectivas jurídicas do Mercosul e do Direito Administrativo Ibero-americano* – encaixa-se, de um lado, às atividades promovidas pelo Núcleo de Pesquisa em Direito Público do Mercosul (NUPESUL-UFPR), por mim coordenado no Programa de Pós-Graduação em Direito da Universidade Federal do Paraná desde 1998, e ligado à já mencionada linha "Perspectivas da Dogmática Crítica", da área de concentração em "Direito do Estado". Ademais, encontra-se relacionada de forma evidente às atividades de extensão universitária e intercâmbio acadêmico-científico por mim desenvolvidas no âmbito da Associação de Direito Público do Mercosul, na qual exerci por vários mandatos, desde a sua fundação em 1997, o cargo de Presidente, e da Associação Ibero-americana de Direito Administrativo, da qual fui Presidente (2006/2009) e Vice-Presidente (2000/2006). Através de tais entidades, promovemos eventos internacionais sobre o Direito Administrativo Ibero-americano, nos quais discutimos questões de relevância pertinentes a esse ramo jurídico sob a óptica do Direito Comparado, com o escopo de traçar os pontos de convergência dos distintos ordenamentos jurídicos (da América do Sul, América Central, México, Portugal e Espanha) a partir do fio condutor dos direitos humanos.

6.1.1 Bases constitucionais do Direito Administrativo

A primeira linha de pesquisa, que pode ser identificada de forma marcante em meus estudos, teve por objeto as "Bases constitucionais do Direito Administrativo", e parte das seguintes premissas:

O Estado Constitucional é o subtipo do Estado moderno característico de nosso século. Como alerta Diogo Freitas do Amaral, a existência de uma Constituição já não é, necessariamente, sinônimo de limitação do poder. Pelo contrário, pode constituir-se em forma de legitimação do arbítrio estatal. É comum proclamar-se o princípio da legalidade, mas não imunizá-lo frente às razões do Estado. Falar em Estado Constitucional é, portanto, "maneira de abarcar todas as modalidades ou variantes do Estado do nosso tempo".[71]

---

[71] AMARAL, Diogo Freitas. *Curso de Direito Administrativo.* v. 1. Coimbra: Almedina, 1992, p. 79-80.

Diferentemente das sete Constituições anteriores, a atual é fruto da participação de todos os segmentos da sociedade. Ainda que impregnada por determinados vícios, começa com a pessoa humana, sendo chamada de "Constituição cidadã". A dignidade do ser humano foi erigida a fundamento do Estado Democrático de Direito:[72] o seu principal destinatário é o homem em todas as suas dimensões, na dicção de J. J. Gomes Canotilho.[73]

Promulgada em outubro de 1988, a par das diversas alterações que, imediatamente, fez espargir, é precursora de significativas alterações no tratamento litúrgico até então outorgado aos processos ou procedimentos afetos às matérias reguladas pelo Direito Administrativo.

A disciplina constitucional administrativa alberga novos arsenais jurídicos para alteração do quadro tradicional de um "Direito Administrativo autoritário",[74] marcado pela pouca atenção dispensada aos direitos e garantias integrantes do patrimônio do cidadão. Afeiçoado à visão da legalidade a qualquer custo, com desconsideração a outros valores (como, por exemplo, o contido no princípio da confiança), o administrador exerceu suas prerrogativas, por muito tempo, de modo hegemônico e incontrastável.

Francisco Campos, ao enfocar esta problemática, já asseverava que o poder público não é um poder irresponsável e arbitrário, limitado e vinculado somente pelos seus próprios atos. Acima de tudo, não pode arrogar-se o privilégio de surpreender a boa-fé em seu relacionamento com os particulares.[75] Implementou-se, assim, o princípio da finalidade pública, segundo o qual, na estipulação pela lei de competências ao administrador público, tem-se em foco um determinado bem jurídico que deva ser suprido, de forma que o sentido e o limite da competência são balizados pelo fim consubstanciado na lei. Na apreciação da

---

[72] Constituição Federal, Art. 1º: "A República Federativa do Brasil, formada pela união indissolúvel dos Estados e Municípios e do Distrito Federal, constitui-se em Estado Democrático de Direito e tem como fundamentos: (...) III – a dignidade da pessoa humana".
[73] As dimensões são: o homem como pessoa, como cidadão e como trabalhador. Nesse sentido, a lição de José Joaquim Gomes Canotilho sobre esta "tríade mágica" na Constituição Portuguesa de 1976, podendo ser aplicada também no direito brasileiro. CANOTILHO, José Joaquim Gomes. *Direito Constitucional*. 6. ed. Coimbra: Almedina, 1995, p. 347.
[74] Seguindo essa trilha, Clèmerson Merlin Clève deduz que a implementação da cidadania depende, em primeiro lugar, de uma mudança na concepção quanto à administração pública, já que "o direito administrativo brasileiro é autoritário". CLÈVE, Clèmerson Merlin. *Temas de Direito Constitucional*: e de teoria do Direito. São Paulo: Editora Acadêmica, 1993, p. 29.
[75] CAMPOS, Francisco. *Direito Administrativo*. v. 1. São Paulo: Freitas Bastos, 1958, p. 70-71.

legalidade de um ato administrativo, é imperioso o exame da observância do escopo legal originário.[76]

A expressão *poder*, estigmatizada durante o período ditatorial, encontra-se, portanto, melhor entendida como *prerrogativa*. Ou então, como *dever-poder*, na adequada formulação de Celso Antônio Bandeira de Mello, um dos principais responsáveis pela democratização do Direito Administrativo brasileiro.[77] Caso o administrador público utilize suas prerrogativas além dos limites que a lei lhe confere ou pratique desvio da finalidade pública, ter-se-á o abuso de poder por excesso ou por desvio de finalidade, respectivamente.

Todo o exercício de poder implica dose de sujeição, de coerção exercida pelo detentor sobre os destinatários, pressupondo determinação de atitudes destes últimos. Contudo, o poder não se autorrealiza; configura instrumento de trabalho adequado à realização das tarefas administrativas através de atendimento às aspirações coletivas. Não houvesse destinatário – o povo –, inexistiria razão para existência do poder. Logo, se a existência do poder pressupõe relação de hierarquia entre poder e povo, esta somente se justifica quando o poder se direciona em função deste.

Bem por isso que, antes da Constituição Federal de 1988, percorreu-se longo caminho para a sedimentação da compreensão finalista de Administração Pública, segundo a qual "a atividade administrativa não é um fenômeno que se exerça pelo administrador, para os interesses da administração pública".[78]

Com efeito, o princípio geral de toda atividade estatal, exercida através da Administração Pública, é o bem comum.[79] "O bem comum não foge ao direito. De certa maneira é condição da justiça, como princípio e fim ao mesmo tempo, justificando, no sistema político, o equilíbrio entre os poderes, e contendo o estado nas suas atividades,

---

[76] CIRNE LIMA, Rui. *Princípios de Direito Administrativo*. 5. ed. São Paulo: RT, 1982, p. 21-22; TÁCITO, Caio. *Direito Administrativo*. 1. ed. São Paulo: Saraiva, 1975, p. 5.

[77] MELLO, Celso Antônio Bandeira de. *Curso de Direito Administrativo*. 25. ed. São Paulo: Malheiros, 2008, p. 72.

[78] FERRAZ, Sérgio. Instrumentos de Defesa do Administrado. *Revista de Direito Administrativo*, Rio de Janeiro, n. 165, p. 22, jul./set. 1986.

[79] "La justicia, así, está llamada a volver a ser la clave de bóveda de esta nueva arquitectura jurídica, evitando que se destruyan mutuamente derechos individuales (derechos-abstención) y sociales (derechos-prestación). El Estado de nuestros días, que ha superado el rol de *gendarme* de las libertades, que le atribuyera el liberalismo clásico, necesita reencontrarse con aquel otro que le señalaron los pensadores clásicos: ser gerente del bien común. *Ius suum cuique tribuendi* debiera ser el *leit motiv* del nuevo Estado de Derecho". GARCÍA, Sarmiento *et al. Estudios de Derecho Administrativo*. Buenos Aires: Depalma, 1995, p. 283.

em razão da lei e das garantias que ele mesmo assegura",[80] conforme lição de Manoel de Oliveira Franco Sobrinho.

O bem comum não representa a soma de todos os bens individuais, mesmo porque os bens individualmente considerados podem conflitar com aquele. Pelo contrário, aqui está o limite negativo: a Administração Pública não pode objetivar interesses particulares. O Administrador que transgrida este preceito convulsiona, desarmoniza e desacredita a ação administrativa. A Constituição referiu-se expressamente ao bem comum como objetivo fundamental de toda sua atividade.[81]

A Administração Pública, considerada um aparelhamento constituído pelo Estado para satisfazer o bem comum, deve ter realçada, em sua atuação, a compreensão de que o Estado é uma síntese de todos. Defeso, portanto, qualquer tratamento privilegiado ou discriminatório aos destinatários de seus atos. A existência da Administração Pública só tem sentido em função de uma justa e equitativa distribuição, entre os cidadãos, dos direitos e encargos sociais. As elevadas e numerosas tarefas administrativas não resultariam exitosas sem a imposição de princípios de atuação capazes de oferecer garantias exigíveis de um Estado justo e igualitário.[82]

Sob o influxo dessas ideias, a construção da linha "Bases constitucionais do Direito Administrativo" tem por objetivo identificar uma *unidade constitucional do Direito Administrativo*. O termo "Administração Pública" foi inaugurado pela Constituição de 1988, que lhe dedicou capítulo próprio – VII – intitulado "Da Administração Pública" inserido no Título III – "Da Organização do Estado".

O tratamento constitucional dado à Administração Pública é de suma importância, pois, quando a Lei Fundamental dedica-se expressamente a disciplinar a Administração Pública, ela traça as diretrizes fundamentais que devem orientar a sua atividade,

---

[80] FRANCO SOBRINHO, Manoel de Oliveira. Os direitos administrativos e os direitos processuais. *Revista de Direito Administrativo*, Rio de Janeiro, n. 111, jan./mar. 1973, p. 33.

[81] O bem de todos a que alude o art. 3º, IV, da Constituição é o bem comum: "Art. 3º. Constituem objetivos fundamentais da República Federativa do Brasil: [...] IV – promover o bem de todos, sem preconceitos de origem, raça, sexo, cor, idade e quaisquer outras formas de discriminação".

[82] Para Yves Poirmeur, o Direito Administrativo é um direito à procura do equilíbrio entre as necessidades e a satisfação do interesse geral, as prerrogativas do Poder Público e a proteção dos particulares contra o arbítrio. POIRMEUR, Yves; FAYET, Emmanuelle. La Doctrine Administrative et le Juge Administratif: la Crise d'un Modèle de Production du Droit. *In:* Jacques Chevallier *et al. Le Droit Administratif en Mutation*. Paris: Presses Universitaires de France, 1993, p. 97.

conformando-a e informando a sua atuação a partir de princípios jurídicos norteadores.

Se uma das pedras de toque do Estado de Direito é a fixação de um regime jurídico administrativo,[83] com a Constituição de 1988 restou identificada a presença de um regime jurídico constitucional-administrativo, fundado em princípios constitucionais expressos: legalidade, impessoalidade, moralidade, publicidade e eficiência (art. 37, *caput*). Sem olvidar de princípios constitucionais implícitos que também estão positivados no texto constitucional, mas decorrem de uma interpretação sistemática dos princípios expressos e do regime democrático, tais como os princípios da boa-fé, da confiança legítima, da segurança jurídica, da razoabilidade e da proporcionalidade.

A supremacia da Constituição sobre todas as normas impõe que o processo de produção legislativa e interpretação do Direito Administrativo seja levado a cabo conforme os princípios constitucionais. A interpretação conforme a Constituição, sustentam Eduardo García de Enterría e Tomás-Ramón Fernández, está subjacente ao processo de constitucionalidade das leis.[84] Diante disso, nenhuma norma do sistema jurídico escapa do juízo de conformidade com a Constituição. Como aduz Juarez Freitas, "toda interpretação jurídica há de ser, de algum modo, interpretação constitucional, dado que é na Lei Maior que se encontram hierarquizados os princípios que servem de fundamento à racionalidade mesma do ordenamento jurídico, bem como à concatenação interna do mesmo, nos planos subalternos".[85] Mais fortemente é imposta a presente prática, no Direito Administrativo, já que "o princípio da legalidade da administração pressupõe o da constitucionalidade das leis".[86] Concretiza-se um movimento da Constituição em direção à Administração ou ao Direito Administrativo, e da Administração e do Direito Administrativo para a Constituição.

Por outro lado, a afirmação de princípios constitucionais expressos da Administração Pública – legalidade, impessoalidade,

---

[83] Segundo Carlos Garcia Oviedo, a existência de um regime jurídico administrativo sintetiza a correspondência entre Estado de Direito e Administração. OVIEDO, Carlos Garcia. *Derecho Administrativo*. 5. ed. Madrid: Pizarro, 1955, p. 476.

[84] O processo de constitucionalidade das leis significa, para estes autores, que antes de uma lei ser declarada inconstitucional, o juiz tem o dever de buscar, em via interpretativa, uma concordância de dita lei com a Constituição. GARCÍA DE ENTERRÍA, Eduardo; FERNÁNDEZ, Tomás-Ramón. *Curso de Direito Administrativo*. São Paulo: RT, 1990, p. 139.

[85] FREITAS, Juarez. *A interpretação sistemática do Direito*. São Paulo: Malheiros, 1995, p. 150.

[86] MIRANDA, Jorge. *Manual de Direito Constitucional*. t. I. Preliminares. O Estado e os sistemas constitucionais. 4. ed. Coimbra: Coimbra 1990, p. 21.

moralidade, publicidade e eficiência (art. 37, *caput*) – altera a perspectiva de um Direito Administrativo ancorado unilateralmente no princípio da legalidade. Além de o sentido e alcance da legalidade dependerem da interpenetração com os demais, não se pode perder de vista a visão conjuntural, da inserção num sistema constitucional.

A compatibilidade entre Direito Administrativo infraconstitucional e constitucional deve ser formal e material. Da primeira, resulta que a lei deve ser elaborada pelo órgão constitucionalmente competente, obedecendo ao procedimento fixado pela Constituição. A material implica o respeito a uma ordem de valores, irradiante por todo sistema jurídico, notadamente o da dignidade da pessoa humana, e que incorpora, portanto, *standards* de justiça aceitos pela formação social brasileira.[87] A justiça dos atos administrativos é uma justiça deduzida, precipuamente, do texto constitucional,[88] havendo uma "solução de continuidade" entre o Direito Administrativo e a Constituição.[89]

É com supedâneo em tais alicerces teóricos que grande parte de minha produção científica se desenrolou e se desenvolve.

(a) Obra central – Processo Administrativo Disciplinar

Dentro da linha de pesquisa sobre as "Bases constitucionais do Direito Administrativo", a publicação central que consubstancia e sintetiza tais ideias é minha tese de doutoramento, editada sob o título *Princípios constitucionais do processo administrativo disciplinar*,[90] em 1998, com 2ª edição publicada em 2003, dessa vez intitulada *Processo Administrativo Disciplinar*,[91] ambas pela Editora Max Limonad. A terceira edição, revista e atualizada foi publicada pela Editora Saraiva, em 2011, e a quarta edição, também revista e atualizada, foi publicada pela mesma editora em 2013.

Na obra, como já referido, com fulcro na distinção entre processo e procedimento, defendi a construção de um núcleo comum de processualidade extraído da Constituição Federal, composto por um plexo de

---

[87] CLÈVE, Clèmerson Merlin. *Temas de Direito Constitucional:* e de Teoria do Direito. São Paulo: Acadêmica, 1993, p. 45-46.

[88] Analogamente ao ensinamento de Clèmerson Merlin Clève, para quem a justiça da decisão judicial é a justiça deduzida de um texto constitucional que procura privilegiar a dignidade da pessoa humana. CLÉVE, Clèmerson Merlin. *Op. cit.*, p. 46.

[89] DROMI, Roberto. *Derecho Administrativo*. 6. ed. Buenos Aires: Ediciones Ciudad Argentina, 1997, p. 19.

[90] BACELLAR FILHO, Romeu Felipe. *Princípios constitucionais do processo administrativo disciplinar*. 1. ed. São Paulo: Max Limonad, 1998.

[91] BACELLAR FILHO, Romeu Felipe. *Processo administrativo disciplinar*. 2. ed. São Paulo: Max Limonad, 2003.

princípios constitucionais e direitos fundamentais constitutivos de um regime jurídico aplicável a toda e qualquer modalidade de processo, administrativo ou judicial, assegurado para garantir a dignidade do cidadão no curso do processo.

A tese reside, pois, na defesa da incidência maximizada dos princípios constitucionais da Administração Pública (legalidade, impessoalidade, publicidade, moralidade e eficiência) no processo administrativo disciplinar, bem como dos princípios constitucionais processuais, tais como: juiz natural (art. 5º, LIII), devido processo legal (art. 5º, LIV), contraditório e ampla defesa (art. 5º, LV), e presunção de inocência (art. 5º, LVII). Sustento que em cada espécie de processo, a incidência de tais princípios assumirá conformação peculiar, adequada às particularidades existentes em cada uma delas. Na obra, busco delinear pormenorizadamente o conteúdo jurídico que cada um desses princípios assume quando aplicados ao processo administrativo disciplinar.

Afora a tese de doutoramento, mas em íntima conexão com os fundamentos nela adotados, produzi diversos artigos e ensaios jurídicos afinados a essa mesma linha de pesquisa, que podem ser apresentados através de quatro eixos temáticos, expostos a seguir.

(b) Eixo temático – Estado Democrático de Direito e Direito Administrativo

Na perspectiva geral da inserção do Direito Administrativo aos ditames do Estado Democrático de Direito, escrevi sobre o "Marco constitucional do Direito Administrativo no Brasil",[92] explicitando, justamente em consonância com a linha de pesquisa em referência, as bases constitucionais do Direito Administrativo brasileiro, em publicação internacional na qual diversos administrativistas da Ibero-América expuseram a fundamentação constitucional desse ramo do Direito em seus respectivos países.

Na mesma senda, versei sobre o tema da "Ética pública, o Estado Democrático de Direito e os princípios consectários",[93] advogando que

---

[92] BACELLAR FILHO, Romeu Felipe. Marco constitucional do Direito Administrativo no Brasil. *Revista Iberoamericana de Derecho Público y Administrativo*, v. 7, p. 35-46, 2007.

[93] BACELLAR FILHO, Romeu Felipe. Ética pública e Estado Democrático de Direito. *Revista Iberoamericana de Derecho Público y Administrativo*, v. 3, p. 57-62, 2003; BACELLAR FILHO, Romeu Felipe. Ética pública, o Estado Democrático de Direito e os princípios consectários. *In:* PIRES, Luiz Manuel Fonseca; ZOCKUN, Maurício; ADRI, Renata Porto (org.). *Corrupção, ética e moralidade administrativa*. Belo Horizonte: Fórum, 2008, p. 351-365; BACELLAR FILHO, Romeu Felipe. Ética pública, o Estado Democrático de Direito

"O comportamento ético é, portanto, um *dever* de toda pessoa humana, marcando, em definitivo, as pautas de conduta: dignidade do administrador e dignidade do cidadão".[94] Em tal oportunidade, numa passagem que se tornou conhecida, sustentei que num Estado Democrático de Direito "A atuação da Administração Pública deve ser sempre marcada por uma pauta previsível, não havendo lugar para ciladas, rompantes ou açodamentos a caracterizar uma 'administração de surpresas'".[95]

Ainda no eixo temático do Estado Democrático de Direito e Direito Administrativo, tratei do tema relativo à "Dignidade da pessoa humana, garantia dos direitos fundamentais, direito civil, direitos humanos e tratados internacionais",[96] em artigo publicado também em língua espanhola sob o título "Dignidad de la persona humana, garantía de los derechos fundamentales, derecho civil, derechos humanos y tratados internacionales".[97] No texto, pontuo que a *"mudança paradigmática* – de direitos fundamentais negativos a direitos fundamentais positivos – importará, como reflexo, uma *mudança* paradigmática no campo da Administração: da Administração de agressão para a Administração de prestação, do Estado de Direito para o Estado Social, da Administração de autoridade para a Administração de cooperação".[98] Assim, com supedâneo nas lições de Cármen Lúcia Antunes Rocha, Pietro Perlingieri e Jorge Luis Salomoni, demonstro em que medida os direitos humanos e fundamentais, radicados na dignidade da pessoa

---

e os princípios consectários. *In:* BACELLAR FILHO, Romeu Felipe. *Reflexões sobre Direito Administrativo.* Belo Horizonte: Fórum, 2009, p. 13-43.

[94] BACELLAR FILHO, Romeu Felipe. Ética pública, o Estado Democrático de Direito e os princípios consectários. *In:* BACELLAR FILHO, Romeu Felipe. *Reflexões sobre Direito Administrativo.* Belo Horizonte: Fórum, 2009, p. 14.

[95] BACELLAR FILHO, Romeu Felipe. *Op. cit.,* p. 25.

[96] BACELLAR FILHO, Romeu Felipe. Dignidade da pessoa humana, garantia dos direitos fundamentais, direito civil, direitos humanos e tratados internacionais. *In:* INSTITUTO de Direito Administrativo de Goiás (IDAG); MOTTA, Fabrício (org.). *Direito Público atual: estudos em homenagem ao Professor Nélson Figueiredo.* 1 ed. Belo Horizonte: Fórum, 2008, p. 317-323; BACELLAR FILHO, Romeu Felipe. Dignidade da pessoa humana, garantia dos direitos fundamentais, direito civil, direitos humanos e tratados internacionais. *Revista Iberoamericana de Derecho Público y Administrativo,* v. 9, p. 154-157, 2009.

[97] BACELLAR FILHO, Romeu Felipe. Dignidad de la persona humana, garantía de los derechos fundamentales, derecho civil, derechos humanos y tratados internacionales. *Revista Iberoamericana de Derecho Público y Administrativo,* v. 9, p. 150-153, 2009.

[98] BACELLAR FILHO, Romeu Felipe. Dignidade da pessoa humana, garantia dos direitos fundamentais, direito civil, direitos humanos e tratados internacionais. *In:* INSTITUTO de Direito Administrativo de Goiás (IDAG); MOTTA, Fabrício (org.). *Direito Público Atual: estudos em homenagem ao Professor Nélson Figueiredo.* 1 ed. Belo Horizonte: Fórum, 2008, p. 319.

humana, formam o ponto de confluência entre o Direito Administrativo, o Direito Civil e o Direito Internacional contemporâneos.

(c) Eixo temático – Processo administrativo disciplinar e Constituição

O tema da feição constitucional do processo administrativo, estudado de forma aprofundada em minha tese de doutoramento, continuou sendo um dos principais objetos de minhas investigações, até os dias atuais.

Postulando a unidade constitucional do processo administrativo, escrevi sobre "Princípios de Direito Administrativo e tributação: fronteiras e implicações",[99] em obra coletiva organizada pelo Instituto Brasileiro de Estudos Tributários. No texto, assinalo a coincidência do regime principiológico aplicável ao *processo administrativo* em geral com o conjunto de princípios incidentes sobre o *processo administrativo* tributário em particular. Sobre o *procedimento* tributário, destaco que "Da incidência dos princípios constitucionais da Administração Pública, sob a perspectiva procedimental sobre a *tributação*, decorrerá, principalmente: (i) do *princípio da legalidade* estrita,[100] os princípios do *formalismo moderado* e da *oficialidade* do procedimento administrativo tributário, (ii) do *princípio da impessoalidade*,[101] as garantias de objetividade do procedimento administrativo tributário, (iii) do *princípio da moralidade*,[102] o *princípio da boa-fé e da lealdade* nas relações entre Fisco e contribuinte que importa a vedação da surpresa, (iv) do *princípio da publicidade*,[103] a publicização do procedimento administrativo tributário, (v) do *princípio da eficiência*,[104] a necessidade da fixação de um sistema coerente de competências administrativas tributárias e o

---

[99] BACELLAR FILHO, Romeu Felipe. Princípios de direito administrativo e tributação: fronteiras e implicações. *In*: INSTITUTO Brasileiro de Estudos Tributários (org.). *Justiça Tributária*: direitos do fisco e garantias dos contribuintes nos atos da administração e no processo tributário. São Paulo: Max Limonad, 1998, p. 763-771.

[100] Combinação do art. 37, *caput* com o art. 146, o inc. I e os §§6º e 7º, do art. 150, Constituição Federal.

[101] Combinação do art. 37, *caput* com os incisos II, V, do art. 150, I e do art. 151, dentro outros inseridos no capítulo do sistema tributário nacional.

[102] Combinação do art. 37, *caput* com os incisos III e IV, do art. 150, dentre outros inseridos no capítulo do sistema tributário nacional.

[103] Combinação do art. 37, *caput* com o inciso III e o §5º, do art. 150, dentre outros inseridos no capítulo do sistema tributário nacional.

[104] Art. 37, *caput*, de acordo com a Emenda Constitucional nº 19, de 1998. A Constituição Espanhola prevê, no art. 31.2 que o gasto público realizará uma distribuição equitativa dos recursos públicos e sua programação e execução responderá aos critérios de eficiência e economia.

estabelecimento de procedimentos sumários, desenvolvidos em prol da tutela diferenciada".[105]

Em relação ao regime disciplinar do servidor público, suscitei novamente algumas de minhas ideias que acabaram por gerar perplexidades e controvérsias na doutrina, no artigo "Aspectos polêmicos do regime disciplinar do servidor público".[106] Mais recentemente, no ensaio "Reflexões a propósito do regime disciplinar do servidor público",[107] apresento novos questionamentos em relação às limitações constitucionais ao poder disciplinar da Administração Pública, argumentando, por exemplo, com fulcro no princípio constitucional da presunção de inocência, a impossibilidade de a Administração Pública aplicar uma sanção a determinado servidor público por prática de ilícito funcional cuja conduta coincida com um tipo penal (ex.: crimes contra a Administração Pública), sem que antes tenha havido condenação penal com trânsito em julgado.

Tamanha foi a proporção da repercussão gerada por tal ideia, exposta em sala de aula e em palestras por mim proferidas, que acabei por me debruçar sobre o tema em estudo específico e aprofundado, intitulado: "O direito fundamental à presunção de inocência no processo administrativo disciplinar".[108] Muito embora já tivesse afirmado, na tese de doutoramento, a aplicação desse princípio constitucional no processo administrativo disciplinar, o tema ainda não havia sido analisado com a atenção merecida. Nesse artigo, examinei a fundo as origens históricas e a configuração jurídica do direito fundamental à presunção de inocência (art. 5º, LVII – "ninguém será considerado culpado até o trânsito em julgado de sentença penal condenatória"),

---

[105] BACELLAR FILHO, Romeu Felipe. Princípios de direito administrativo e tributação: fronteiras e implicações. *In:* INSTITUTO Brasileiro de Estudos Tributários (org.). *Justiça Tributária:* direitos do fisco e garantias dos contribuintes nos atos da administração e no processo tributário. São Paulo: Max Limonad, 1998, p. 771.

[106] BACELLAR FILHO, Romeu Felipe. Aspectos polêmicos do regime disciplinar do servidor público. *In:* MODESTO, Paulo; MENDONÇA, Oscar (org.). *Direito do Estado:* novos rumos. São Paulo: Max Limonad, 2001, v. 2, p. 89-106; BACELLAR FILHO, Romeu Felipe. Aspectos polêmicos do regime disciplinar do servidor público. *In:* WAGNER JÚNIOR, Luiz Guilherme da Costa (org.). *Direito Público:* estudos em homenagem ao Professor Adilson Abreu Dallari. Belo Horizonte: Del Rey, 2004, p. 697-712.

[107] BACELLAR FILHO, Romeu Felipe. Reflexões a propósito do regime disciplinar do servidor público. *A&C – Revista de Direito Administrativo & Constitucional*, v. 30, p. 11-27, 2007; BACELLAR FILHO, Romeu Felipe. Reflexões a propósito do regime disciplinar do servidor público. *Interesse Público*, v. 46, p. 13-29, 2007.

[108] BACELLAR FILHO, Romeu Felipe. O direito fundamental à presunção de inocência no processo administrativo disciplinar. *A&C – Revista de Direito Administrativo & Constitucional*, v. 37, p. 11-55, 2009.

traçando detalhadamente o seu conteúdo e os seus efeitos no âmbito endoprocessual – nas fases de instauração, de instrução e de decisão do processo administrativo disciplinar – e extraprocessual. Tornou-se verdadeira tese, diante da originalidade do trabalho em face do silêncio doutrinário brasileiro sobre o tema.

Sucintamente, eis as consequências jurídicas do referido princípio do processo administrativo disciplinar, identificadas no estudo em questão: (a) *fase de instauração*: (i) proíbe manifestações opinativas no ato de instauração, que antecipem em alguma medida o julgamento do servidor; (ii) exige uma motivação mínima, com a comprovação de elementos que indiquem minimamente a presunção de autoria e a materialidade da ilicitude para que possa ser instaurado o processo, seja através do procedimento de sindicância, seja pela existência de fato confessado, documentalmente provado ou manifestamente evidente (verdade sabida); (iii) impede o direcionamento de sindicância a uma pessoa em especial, eis que o procedimento destina-se unicamente à apuração de fatos e identificação de autoria, retratando, do contrário, uma presunção de culpabilidade do servidor em razão de quem a sindicância houver sido direcionada; (iv) afasta a possibilidade de imposição de sanção em sindicância ou com fundamento na "verdade sabida"; (b) *fase de instrução*: traz a necessidade de motivação para o manejo do afastamento preventivo do servidor (art. 127 da Lei nº 8.112/90), sob pena de responsabilização do Estado por dano moral; (c) *fase decisória*: (i) incumbe à acusação comprovar a ocorrência do fato e a autoria (ônus da prova), de sorte que o acusado se exime de produzir provas quanto à sua inocência; (ii) em havendo dúvida de fatos (falta de juízo de certeza), como, por exemplo, insuficiência de provas, deve prevalecer a inocência do acusado; (iii) a interpretação dos fatos e do direito deve sempre ser realizada em benefício do acusado; (iv) em havendo acusação simultânea em processo criminal e processo disciplinar, com identidade da conduta reprovável e sem falta residual, só poderá haver condenação no processo administrativo se houver prévia condenação penal com trânsito em julgado.

Outro princípio constitucional cuja incidência no processo administrativo disciplinar analisei de maneira verticalizada foi o do juiz natural, no capítulo de livro denominado "Princípio do juiz natural no processo administrativo disciplinar".[109] Em cerca de 60 páginas,

---

[109] BACELLAR FILHO, Romeu Felipe. Princípio do juiz natural no processo administrativo disciplinar. *In*: FIGUEIREDO, Marcelo; PONTES FILHO, Valmir (org.). *Estudos de Direito*

procurei destrinchar todos os desdobramentos desse princípio, que tem sido reiteradamente ignorado pela Administração Pública brasileira em sede de processo disciplinar. Em apertadíssima síntese, sustentei, com base no art. 5º, LIII ("ninguém será processado nem sentenciado senão pela autoridade competente") e XXXVII ("não haverá juízo ou tribunal de exceção") da Constituição Federal, que o mencionado princípio: (i) quanto ao *plano da fonte:* exige que a lei em sentido formal preveja quem será a autoridade competente para o julgamento do processo; (ii) quanto ao *plano da referência temporal:* impõe que a definição das autoridades julgadoras seja realizada previamente à ocorrência do fato, evitando perseguições ou favorecimentos; (iii) quanto ao *plano da imparcialidade:* determina que o julgador seja imparcial, exigindo-se um sistema de impedimentos e suspeições.

No tocante aos processos de natureza ético-disciplinar promovidos em face de advogados no âmbito da Ordem dos Advogados do Brasil, dissertei sobre "O poder disciplinar da Ordem dos Advogados do Brasil exercido através do Tribunal de Ética. Natureza jurídica do tribunal. Aspectos polêmicos de sua atividade".[110] Trata-se de longo estudo em que são explorados temas como os princípios constitucionais e legais aplicáveis ao processo ético-disciplinar da OAB, a problemática da abertura e vagueza das infrações previstas no art. 34 da Lei nº 8.906/94 em face da Constituição Federal, a ocorrência de denúncias anônimas e a sua inaceitabilidade diante do art. 5º, IV, da Lei Fundamental, a prescritibilidade da pretensão punitiva à luz do princípio constitucional da segurança jurídica, entre tantos outros. As ideias levantadas no plano teórico são reproduzidas no âmbito prático, na minha atuação como Conselheiro Federal da Ordem dos Advogados do Brasil, ao julgar processos dessa natureza.

Outra pesquisa que empreendi sobre o tema do processo administrativo disciplinar em face da Constituição Federal foi elaborada em coautoria com o então meu orientando de mestrado da Universidade Federal do Paraná, Daniel Wunder Hachem, que, como disse, hoje é

Público em homenagem a Celso Antônio Bandeira de Mello. São Paulo: Malheiros, 2006, p. 706-763.

[110] BACELLAR FILHO, Romeu Felipe. O poder disciplinar da Ordem dos Advogados do Brasil exercido através do Tribunal de Ética. Natureza jurídica do tribunal. Aspectos polêmicos de sua atividade. *Revista do Instituto dos Advogados do Paraná,* v. 32, p. 21-53, 2002; BACELLAR FILHO, Romeu Felipe. O poder disciplinar da Ordem dos Advogados do Brasil exercido através do Tribunal de Ética. Natureza jurídica do Tribunal. Aspectos polêmicos de sua atividade. *In:* CASTRO, Carlos Fernando Correa de (org.). *Ética, disciplina e processo.* Florianópolis: Conceito Editorial, 2007, p. 25-76.

Doutor e professor, por concurso público, das Faculdades de Direito da UFPR e da PUCPR. O artigo intitulado "A necessidade de defesa técnica no processo administrativo disciplinar e a inconstitucionalidade da Súmula Vinculante nº 5 do STF",[111] que, conforme expus anteriormente, questiona os fundamentos de decisão proferida pela Corte Suprema em sentido diverso, além da notória inconstitucionalidade do enunciado hoje vigente, segundo o qual "A falta de defesa técnica por advogado em processo administrativo disciplinar não ofende a Constituição". O estudo demonstra que a defesa técnica constitui elemento indispensável da ampla defesa, sendo indiferente a gravidade da pena que possa resultar do processo disciplinar. A Constituição Federal, no art. 5º, LV, não assegura uma defesa qualquer, mas uma defesa *ampla*. Isso significa que a defesa não deve ser mais ou menos robusta conforme a intensidade da sanção que puder advir da decisão proferida no bojo do processo administrativo: a mera possibilidade de o processo culminar em restrição à esfera jurídica individual do servidor reclama a maximização dos mecanismos de defesa. No ensaio, rebatemos um a um, de forma sistematizada, os oito argumentos utilizados pelos Ministros do Supremo Tribunal Federal, alguns dos quais beirando o absurdo, para editar a aludida súmula vinculante.

Como já havia referido anteriormente, com maior abrangência, como Conselheiro Federal da OAB, redigi a proposta de cancelamento da Súmula Vinculante nº 5 (PSV nº 58), apresentada ao STF em 2008, perante o qual realizei sustentação oral no dia 30.11.2016. A edição da Súmula Vinculante nº 5 deu-se mediante deliberação unânime dos Ministros da Suprema Corte em 2008. No julgamento da Proposta de Cancelamento, cinco Ministros acolheram a argumentação, reconhecendo a procedência do pedido: Ministros Marco Aurélio, Cármen Lúcia, Celso de Mello, Edson Fachin e Luiz Fux – os três primeiros, presentes à época da edição da malsinada súmula, mudaram o seu posicionamento. Outros seis, no entanto, votaram pela manutenção da súmula: Ministros Gilmar Mendes, Ricardo Lewandowski, Dias Toffoli, Rosa Weber, Teori Zavascki, Roberto Barroso.

---

[111] BACELLAR FILHO, Romeu Felipe; HACHEM, Daniel Wunder. A necessidade de defesa técnica no processo administrativo disciplinar e a inconstitucionalidade da Súmula Vinculante nº 5 do STF. *A&C – Revista de Direito Administrativo & Constitucional*, v. 39, p. 27-64, 2010.

(d) Eixo temático – Regime jurídico-constitucional dos servidores públicos

O terceiro eixo temático inserido na linha de pesquisa acerca das *"Bases constitucionais do Direito Administrativo"* diz respeito ao regime jurídico-constitucional dos servidores públicos. Por ter exercido durante muitos anos o cargo público de assessor jurídico do Tribunal de Justiça do Estado do Paraná, bem como as funções de Secretário do Tribunal e Diretor do Departamento Administrativo e Serviços Gerais, além de ter sido servidor público da Universidade Federal do Paraná, onde exerci por mais de uma vez o cargo de Chefe do Departamento de Direito Público, o tema em epígrafe sempre atraiu minha inescondível preferência.

Imerso nesse eixo, cumpre destacar o artigo "Profissionalização da função pública: a experiência brasileira".[112] Ao partir da premissa de que "No Direito brasileiro, o tema da 'profissionalização da função pública' encontra-se intimamente relacionado aos postulados constitucionais",[113] busco conferir realce a diversos aspectos e princípios constitucionais cuja observância é imprescindível para a valorização da função pública, tais como o princípio da impessoalidade, a polêmica questão da ascensão funcional e a responsabilização do servidor público por desempenho funcional ineficiente. Concluo afirmando que "A implementação de um sistema de mérito no funcionalismo público é emergencial. A profissionalização da função pública exige não

---

[112] BACELLAR FILHO, Romeu Felipe. Profissionalização da função pública: a experiência brasileira. A ética na administração pública. *In:* CIENFUEGOS SALGADO, David; LÓPEZ OLVERA, Miguel Alejandro (org.). *Estudios en homenaje a don Jorge Fernández Ruiz: responsabilidad, contratos y servicios públicos.* México: Universidad Nacional Autónoma de México, 2005, p. 21-36; BACELLAR FILHO, Romeu Felipe. Profissionalização da função pública: a experiência brasileira. *Cadernos da Escola de Direito e Relações Internacionais (UniBrasil)*, v. 1, p. 17-26, 2002; BACELLAR FILHO, Romeu Felipe. Profissionalização da função pública: a experiência brasileira. *Revista de Direito Municipal*, v. 11, p. 87-96, 2004; BACELLAR FILHO, Romeu Felipe. Profissionalização da função pública: a experiência brasileira. *Revista de Direito Administrativo*, v. 232, p. 1-9, 2003; BACELLAR FILHO, Romeu Felipe. Profissionalização da função pública no Brasil. *A&C – Revista de Direito Administrativo & Constitucional*, v. 12, p. 9-17, 2003; BACELLAR FILHO, Romeu Felipe. Profissionalização da função pública: a experiência brasileira: a ética na Administração Pública. *In:* FORTINI, Cristiana (org.). *Servidor Público:* estudos em homenagem ao Professor Pedro Paulo de Almeida Dutra. Belo Horizonte: Fórum, 2009, p. 451-465; BACELLAR FILHO, Romeu Felipe. Profissionalização da função pública: a experiência brasileira. *In:* BACELLAR FILHO, Romeu Felipe. *Reflexões sobre Direito Administrativo.* Belo Horizonte: Fórum, 2009, p. 31-43.

[113] BACELLAR FILHO, Romeu Felipe. Profissionalização da função pública: a experiência brasileira. *In:* BACELLAR FILHO, Romeu Felipe. *Reflexões sobre Direito Administrativo.* Belo Horizonte: Fórum, 2009, p. 31.

somente o fortalecimento do concurso público (e a necessidade de se privilegiar interpretações restritivas quanto aos cargos em comissão que constituem exceção à regra do concurso), como também um adequado plano legislativo de carreira, em todos os níveis da Federação (União, Estados, Distrito Federal e Municípios)".[114] Em razão da escassez de bibliografia nacional sobre o tema, fui instado a republicá-lo em diversos periódicos e livros.

Mais uma temática que mereceu atenção em meus estudos foi "A segurança jurídica e as alterações no regime jurídico do servidor público",[115] texto publicado originariamente em obra coletiva coordenada pela Professora e Ministra Cármen Lúcia Antunes Rocha. Manifestando entendimento contrário à jurisprudência dominante, mas favorável à proteção dos cidadãos e alinhado à Constituição Federal, registrei a seguinte posição: "O Judiciário de há muito vem afirmando a inexistência de direito adquirido a regime jurídico. Não obstante o quadro até aqui desenhado, não nos permitimos compactuar com as radicais alterações no regime jurídico do servidor público que, na mais das vezes, repassa a ideia da inconstância, quando menos do desrespeito ao princípio da segurança das relações jurídicas".[116] De modo a homenagear os direitos e garantias fundamentais do servidor público, advoguei a seguinte tese: "ainda que pelo advento de nova Constituição ou pelo exercício do poder de reforma algum direito possa sofrer alteração pela não recepção da lei infraconstitucional ante a nova postura, não havendo disposição expressa em contrário, sempre haverá um mínimo de reconhecimento ao direito adquirido pelo alcance de efeitos futuros de fatos passados (retroatividade mínima). Assim, um servidor que viesse percebendo uma determinada vantagem não acolhida pela alteração não seria constrangido, pelo menos, a devolver aos cofres públicos os valores anteriormente auferidos".[117]

---

[114] BACELLAR FILHO, Romeu Felipe. *Op. cit.*, p. 42.
[115] BACELLAR FILHO, Romeu Felipe. A segurança jurídica e as alterações no regime jurídico do servidor público. *In:* Cármen Lúcia Antunes Rocha (org.). *Constituição e Segurança Jurídica:* direito adquirido, ato jurídico perfeito e coisa julgada. Estudos em homenagem a José Paulo Sepúlveda Pertence. 1 ed. Belo Horizonte: Fórum, 2004, p. 193-201; BACELLAR FILHO, Romeu Felipe. A segurança jurídica e as alterações no regime jurídico do servidor público. *In:* BACELLAR FILHO, Romeu Felipe. *Reflexões sobre Direito Administrativo.* Belo Horizonte: Fórum, 2009, p. 125-143.
[116] BACELLAR FILHO, Romeu Felipe. A segurança jurídica e as alterações no regime jurídico do servidor público. *In:* BACELLAR FILHO, Romeu Felipe. *Reflexões sobre Direito Administrativo.* Belo Horizonte: Fórum, 2009, p. 138-139.
[117] BACELLAR FILHO, Romeu Felipe. *Op. cit.*, p. 137-138.

Inspirado por uma Ação Direta de Inconstitucionalidade que promovi em favor da Associação Brasileira de Notários e Registradores do Brasil (ADI nº 2.602/MG), redigi o artigo "Do regime jurídico dos notários e registradores".[118] À luz do art. 236 da Constituição Federal de 1988, demonstrei que os agentes notariais e de registro que, pela Constituição anteriores, eram genericamente considerados servidores públicos, passaram, a partir da edição do novo texto constitucional, a integrar a categoria dos chamados agentes delegados de serviço público. Promovendo uma interpretação conforme a Constituição, e enquadrando os notários e registradores na categoria de agentes delegados, delineei importantes traços de seu regime jurídico, tais como: (i) a sua responsabilidade objetiva, extraída do art. 37, §6º, da CF, diferentemente da responsabilidade subjetiva dos servidores públicos; e (ii) a inexistência de submissão de tais agentes à regra da aposentadoria compulsória aos 70 (setenta) anos e ao regime previdenciário dos servidores públicos.

(e) Eixo temático – Constitucionalização dos institutos do Direito Administrativo

A constitucionalização dos institutos do Direito Administrativo retrata o quarto eixo temático da linha de pesquisa "Bases constitucionais do Direito Administrativo". Nele estão reunidas as pesquisas que têm por objetivo revelar as repercussões jurídicas da incidência constitucional nas diversas atividades da Administração Pública, importando uma ressignificação das feições dos diversos institutos do Direito Administrativo.

Sobre o tema da constitucionalização do *serviço público*, dediquei minhas reflexões no texto "O poder normativo dos entes reguladores e a participação dos cidadãos nesta atividade. Serviços públicos e direitos fundamentais: os desafios da regulação na experiência brasileira",[119] originariamente redigido para apresentação nas "VI

---

[118] BACELLAR FILHO, Romeu Felipe. Do regime jurídico dos notários e registradores. In: FERRAZ, Luciano; MOTTA, Fabrício (org.). *Direito Público moderno*: homenagem especial ao Professor Paulo Neves de Carvalho. Belo Horizonte: Del Rey, 2003, p. 457-475; BACELLAR FILHO, Romeu Felipe. Do regime jurídico dos notários e registradores. In: BACELLAR FILHO, Romeu Felipe. *Reflexões sobre Direito Administrativo*. Belo Horizonte: Fórum, 2009, p. 145-159.

[119] BACELLAR FILHO, Romeu Felipe. O poder normativo dos entes reguladores e a participação dos cidadãos nesta atividade. Serviços públicos e direitos fundamentais: os desafios da regulação na experiência brasileira. *Revista Iberoamericana de Administración Pública*, Madrid, v. 9, p. 53-64, 2002; BACELLAR FILHO, Romeu Felipe. O poder normativo dos entes reguladores e a participação dos cidadãos nesta atividade. Serviços públicos e

Jornadas Internacionales de Derecho Administrativo", promovidas em Caracas no ano de 2002, em homenagem ao Professor Allan R. Brewer-Carias. Nesse ensaio, defendi a existência, no ordenamento jurídico-constitucional brasileiro, de um *direito fundamental ao serviço público adequado*, com assento no inciso IV do artigo 175 da Lei Fundamental de 1988.[120] Tal direito outorgaria ao seu titular – o cidadão brasileiro – exigir do Estado-Administração prestações positivas de fornecer "utilidades ou comodidades materiais"[121] consideradas necessárias, imprescindíveis para a pessoa e para a coletividade.

Adverti que, sob o influxo desse direito, deve ser levada a efeito a *releitura* dos artigos da Constituição brasileira que versam sobre os serviços públicos, notadamente em momento tão crucial, em que parte da doutrina brasileira levanta-se contra o *caráter público do regime do serviço público* e passa a defender e a desenvolver técnicas de transferência da execução do serviço público a particulares que podem ser usadas como subterfúgio à *fuga para o Direito Privado*. Opondo-me a tal posição, aduzi que "Não podemos concordar com a ideia de desvincular o serviço público do regime jurídico administrativo", pois os princípios constitucionais informadores da atividade administrativa "devem ser entendidos como mandamentos de obediência obrigatória não somente pela Administração Pública em sentido subjetivo (órgãos da Administração Pública direta e as autarquias, fundações, empresas públicas e sociedades de economia mista, que compõem a Administração Pública Indireta), mas também pela Administração em sentido objetivo, da atividade administrativa, que inclui o serviço público".[122] A proposta

---

direitos fundamentais: os desafios da regulação na experiência brasileira. *Interesse Público*, Porto Alegre, v. 16, p. 13-22, 2002; BACELLAR FILHO, Romeu Felipe. O poder normativo dos entes reguladores e a participação dos cidadãos nesta atividade. Serviços públicos e direitos fundamentais: os desafios da regulação na experiência brasileira. *Revista de Direito Administrativo*, v. 230, p. 153-162, 2002; BACELLAR FILHO, Romeu Felipe. O poder normativo dos entes reguladores e a participação dos cidadãos nesta atividade. Serviços públicos e direitos fundamentais: os desafios da regulação na experiência brasileira. *Actualidad en el Derecho Público*, v. 18-20, p. 61-73, 2002; BACELLAR FILHO, Romeu Felipe. O poder normativo dos entes reguladores e a participação dos cidadãos nesta atividade. Serviços públicos e direitos fundamentais: os desafios da regulação na experiência brasileira. *In:* BACELLAR FILHO, Romeu Felipe. *Reflexões sobre Direito Administrativo.* Belo Horizonte: Fórum, 2009, p. 45-58.

[120] *"Art. 175. (...) Parágrafo único.* A lei disporá sobre: (...) *IV* – a obrigação de manter serviço adequado".

[121] Para Celso Antônio Bandeira de Mello, o substrato material do serviço público consiste na prestação de utilidades ou comodidades materiais fruíveis diretamente pelos administrados. BANDEIRA DE MELLO, Celso Antônio. *Curso de direito administrativo.* 13. ed. São Paulo: Malheiros, 2001, p. 479.

[122] BACELLAR FILHO, Romeu Felipe. O poder normativo dos entes reguladores e a

lançada nesse ensaio rendeu uma substanciosa tese de doutorado, brilhantemente defendida na Universidade Federal do Paraná pela Drª Adriana da Costa Ricardo Schier, Professora de Direito Administrativo da UniBrasil, sob minha orientação.[123]

Ainda sobre o tema do *serviço público* na perspectiva constitucional, coordenei a obra coletiva *Serviços públicos: estudos dirigidos*, juntamente com o Professor Doutor Luiz Alberto Blanchet, da PUCPR. A coletânea reuniu artigos de professores, alunos e ex-alunos do Programa de Pós-Graduação em Direito da Pontifícia Universidade Católica do Paraná, contando com os seguintes temas: "A natureza contratual das concessões e permissões de serviço público no Brasil"; "Alterabilidade unilateral do contrato de concessão"; "O serviço público como meio de concretização de direitos fundamentais"; "A regulação estatal destinada à promoção da responsabilidade social das empresas prestadoras de serviços públicos"; "Transformações nos serviços públicos e a prestação por particulares"; "O serviço de transporte público: perspectivas ante o modelo de parcerias público-privadas"; "Concessão de serviço público de telecomunicações"; "O serviço público de fornecimento de energia elétrica no Brasil"; "A educação na Constituição da República de 1988".

Em relação à interpretação constitucional da categoria jurídica do *contrato administrativo*, elaborei o artigo "Contrato administrativo e princípios constitucionais do Direito Administrativo Sancionador: prescritibilidade da pretensão punitiva, retroação da lei mais benéfica e tipicidade".[124] O estudo analisa questões envolvendo a aplicação de normas constitucionais, legais e administrativas em sede de contratos administrativos, especialmente em matéria de prescrição da pretensão punitiva e aplicabilidade de lei que não prevê a descrição das hipóteses ensejadoras de sanção administrativa. Cuida-se, pois, de estabelecer o alcance e o sentido da incidência dos princípios constitucionais da

---

participação dos cidadãos nesta atividade. Serviços públicos e direitos fundamentais: os desafios da regulação na experiência brasileira. *In:* BACELLAR FILHO, Romeu Felipe. *Reflexões sobre Direito Administrativo.* Belo Horizonte: Fórum, 2009, p. 52.

[123] SCHIER, Adriana da Costa Ricardo. *Regime jurídico do serviço público: garantia fundamental do cidadão e proibição de retrocesso social.* 2009. Tese (Doutorado em Direito) – Universidade Federal do Paraná.

[124] BACELLAR FILHO, Romeu Felipe. Contrato administrativo e princípios constitucionais do Direito Administrativo Sancionador: prescritibilidade da pretensão punitiva, retroação da lei mais benéfica e tipicidade. *Revista do Instituto dos Advogados Brasileiros*, v. 97, p. 259-294, 2009; BACELLAR FILHO, Romeu Felipe. Contrato administrativo e princípios constitucionais do Direito Administrativo Sancionador: prescritibilidade da pretensão punitiva, retroação da lei mais benéfica e tipicidade. *In:* BACELLAR FILHO, Romeu Felipe. *Reflexões sobre Direito Administrativo.* Belo Horizonte: Fórum, 2009, p. 213-248.

segurança jurídica, da irretroatividade das leis e da tipicidade nos contratos firmados pela Administração Pública.

Outro instituto analisado sob a óptica da Constituição foi aquele que, durante muitos anos, figurou como a categoria central da atividade da Administração Pública: o *ato administrativo*. No ensaio "A estabilidade do ato administrativo criador de direitos à luz dos princípios da moralidade, da segurança jurídica e da boa fé",[125] examinei os limites à anulação dos atos administrativos dos quais decorram efeitos favoráveis aos seus destinatários, sob o influxo dos princípios constitucionais da moralidade administrativa, da segurança jurídica e da boa fé. A partir de tais princípios, pode-se exigir da Administração uma atuação pautada pela estrita observância aos ditames impostos pela ética pública. E uma das exigências que dela se pode depreender revela-se na imposição de que os atos emanados da Administração Pública respeitem um mínimo de previsibilidade. Nessa linha, afirmei que o cidadão, ao dar início às solenidades que antecedem o exercício de uma atividade lícita e ao empenhar-se moral e financeiramente com o projeto dela decorrente, tem, de acordo com os princípios da moralidade, da segurança jurídica e da boa fé, a certeza de um direito.

Essa certeza representa, pois, para o cidadão uma visão confiante e antecipada do acolhimento de seu desejo ou de sua pretensão, uma vez cumpridos os requisitos exigidos, em razão do conjunto de regras estatuídas no ordenamento jurídico posto. Por essa razão, mostra-se inconcebível a anulação de um ato administrativo que confira direitos ao cidadão, ainda que maculado de vícios, após o decurso do prazo prescricional (ou decadencial) ou mesmo de um tempo razoável, não só pela frustração do vínculo de confiança no império da lei, mas, sobretudo, porque ao Estado não se permite inobservar o conjunto de regras por ele mesmo estabelecido. Os princípios antes mencionados funcionam, pois, como um escudo protetor que confere blindagem ao ato administrativo criador de direitos. Trata-se, assim, de uma interpretação constitucional do instituto da anulação do ato administrativo.

O *concurso público* foi também objeto de análise na perspectiva constitucional do Direito Administrativo, no capítulo de livro intitulado

---

[125] BACELLAR FILHO, Romeu Felipe. A estabilidade do ato administrativo criador de direitos à luz dos princípios da moralidade, da segurança jurídica e da boa fé. *In:* RODRÍGUEZ-ARANA MUÑOZ, Jaime; BENAVIDES PINILLA, Victor Leonel; SCHEFFER TUÑÓN, Javier Ernesto; SENDÍN GARCÍA, Miguel Ángel (org.). *El acto administrativo como fuente del Derecho Administrativo en Iberoamérica.* Panamá: Congrex, 2009, p. 137-156.

"O concurso público e o processo administrativo",[126] publicado na obra coletiva *Concurso público e Constituição*. Na oportunidade, indiquei que o concurso público ostenta, simultaneamente, a natureza jurídica de *princípio constitucional* (art. 37, II, CF) e de processo administrativo, atraindo para si, por consequência, a incidência dos princípios constitucionais processuais. Enfrentei alguns aspectos de manifesta polêmica, resolvendo-os com a aplicação da principiologia constitucional, como, por exemplo, a seguinte questão: "definido o certame, a omissão de autoridade em prover os cargos vagos ofende não só ao princípio da legalidade, eis que não efetiva as nomeações quando está obrigada a fazê-lo, mas também ao da eficiência, quando não cumpre eficientemente o papel lhe imposto pela ordem jurídica. Outros princípios implícitos também são agredidos: (i) o da *lealdade* (a Administração não está sendo leal com os candidatos); (ii) o da *boa-fé* (os candidatos agindo de boa-fé, pagando os emolumentos, inscreveram-se no concurso, venceram as suas etapas, desvincularam-se de compromissos e obrigações, ficando alguns em precária situação por acreditarem na Administração); (iii) o da *segurança das relações jurídicas* (a omissão da Administração Pública traz descrédito para o princípio da segurança das relações jurídicas na medida em que, desacreditando os concursos públicos, traz insegurança e incerteza, caracterizadora de uma Administração de surpresas); (iv) e o da *razoabilidade* (o objeto conducente do concurso é o preenchimento das vagas existentes)".[127]

6.1.2 Administração Pública entre Direito Público e Direito Privado

Paralelamente à linha de pesquisa acima exposta, desenvolvi uma série de estudos que gravitam em torno da temática referente às relações da Administração Pública com sujeitos privados, e a sua posição entre o Direito Público e o Direito Privado.

Não há dúvida de que, notadamente no Direito brasileiro, abre-se um novo campo de investigação da contribuição do Direito Civil para o Direito Administrativo com o redimensionamento da própria Administração Pública mediante a privatização de empresas públicas

---

[126] BACELLAR FILHO, Romeu Felipe. O concurso público e o processo administrativo. *In*: MOTTA, Fabricio (org.). *Concurso público e Constituição*. Belo Horizonte: Fórum, 2005, p. 73-89.

[127] BACELLAR FILHO, Romeu Felipe. *Op. cit.*, p. 75-76.

e a outorga da prestação de serviços públicos à iniciativa privada. A reforma administrativa encetada em finais da década de 1990, levada a cabo por via de emenda constitucional e legislação complementar, desafia o intérprete a encontrar, na Constituição, os caminhos em defesa do cidadão.

Os sucessivos governos, desde a edição da Carta de 1988, parecendo assumir um descompromisso com as determinantes existenciais da Administração Pública, vêm promovendo um verdadeiro *strip tease* de suas atribuições, repassando à iniciativa privada funções que, até pelo bom senso, deveriam ser exercidas pela máquina estatal, esta seguramente compromissada com os interesses sociais. Não é demais lembrar que a iniciativa privada, por essência, tem compromisso com o lucro. Isso não significa que se deva proibir absolutamente a utilização de formas jurídico-privadas pela Administração, mas sim permitir a atuação *conforme o Direito Privado e conforme vinculações jurídico-públicas* (tendo em conta certas normas e princípios gerais de Direito Público a par do Direito Privado). Mas a problemática continua: quais são os princípios jurídico-públicos que incidem na atuação jurídico-privada da Administração?

Para a análise da temática, impende verificar, pelo menos de forma genérica, as fronteiras entre Direito Público e Direito Privado a partir da constitucionalização tanto do Direito Administrativo quanto do Direito Civil. É imprescindível a compreensão que a constitucionalização do Direito Administrativo e do Direito Civil está relacionada com o princípio da dignidade da pessoa humana, notadamente na perspectiva dos direitos fundamentais. Sobre a constitucionalização do Direito Administrativo, adotaram-se, como marco, as obras de Eduardo García de Enterría e Jesús González Pérez, e, no Brasil, de Celso Antônio Bandeira de Mello, Luís Roberto Barroso e Cármen Lúcia Antunes Rocha. Seguem-se, nesse passo, em relação à constitucionalização do Direito Civil, as lições de Pietro Perlingieri e, no Brasil, de Luiz Edson Fachin e Gustavo Tepedino.

Merece destaque especial o pensamento de Renato Alessi. Segundo o autor, o Direito Administrativo configura um complexo de normas disciplinadoras da manifestação da função administrativa. Como tal, enquanto complexo de normas aplicável à Administração Pública, o Direito Administrativo faz parte do Direito Público. Por sua vez, o Direito Privado substancia um complexo de normas disciplinadoras, normalmente, das relações jurídicas entre sujeitos privados, podendo atingir, excepcionalmente, a Administração Pública.[128] O Direito Administrativo atua, por consequência, como o Direito *normal* da Administração Pública e o Direito Privado, como Direito *excepcional*.

Renato Alessi refere-se, ainda, a um segundo elemento de distinção entre Direito Administrativo e Direito Privado: os princípios inspiradores dos dois ordenamentos, ligados à diversidade de natureza e de posição jurídica dos sujeitos. O Direito Privado ampara-se, essencialmente, na igualdade jurídica dos sujeitos, exteriorizada seja na igualdade de valores dos interesses de que são portadores, seja na limitação dos poderes jurídicos concedidos pelo ordenamento aos sujeitos. Estamos a tratar, aqui, de poderes que não podem ter direta eficácia no exterior da relação jurídica. Por sua vez, o Direito Administrativo, como geralmente o Direito Público, está fundado na superioridade do sujeito público em relação ao sujeito privado. Esta superioridade traduz-se na superioridade de valores ou de interesses (públicos ou coletivos) e nas prerrogativas instrumentais para a consecução desses interesses.[129]

Todavia, Renato Alessi adverte que a Administração Pública nem sempre se encontra numa posição de supremacia e pode submeter-se, excepcionalmente, ao Direito Privado. Nessa atividade privatística, encontra-se em uma posição de paridade com os outros sujeitos, não podendo impor ao particular sua vontade, mas tratá-lo num regime de liberdade, igualdade e concorrência.[130]

Na atividade administrativa submetida ao Direito Privado, a posição e os poderes da Administração distinguem-se daqueles reconhecidos a esta última, em uma relação publicística, na qual existe uma manifestação atual do poder de império (por exemplo, a relação decorrente de um ato de concessão administrativa) e uma supremacia potencial da Administração, que pode se tornar atual, traduzindo em ato a supremacia potencial, onde o interesse público o exija. Na relação

---

[128] ALESSI, Renato. *Principi di diritto amministrativo*: i soggetti attivi e l'esplicazione della funzione amministrativa. 4. ed. Milano: Giuffrè, 1978. Tomo I, p. 18.

[129] ALESSI, Renato. *Op. cit.*, p. 18-19. Nesse sentido, Agustín Gordillo sustenta que o Direito Público dá lugar, freqüentemente, a uma relação de *subordinação* (na medida em que se confere ao Estado uma certa superioridade jurídica sobre o particular, um número de atribuições superiores aos direitos individuais dos habitantes). Ao contrário, no Direito Privado, é mais frequente a *coordenação*: os sujeitos encontram-se em um plano de certa igualdade. Esta diferença de regime tem uma raiz sociológica, já que, geralmente, tais relações afetam o interesse público, coletivo, ou o interesse privado, individual, respectivamente. GORDILLO, Agustín. *Tratado de derecho administrativo*. Tomo 1: Parte general. 3. ed. Buenos Aires: Ediciones Macchi, 1995, p. V-23-24.

[130] ALESSI, Renato. *Op. cit.*, p. 258.

disciplinada pelo Direito Privado, a Administração não se encontra numa posição de supremacia atual ou potencial.[131]

Renato Alessi distingue, a partir do interesse em jogo, a atividade privada da administração e a atividade administrativa de Direito Privado. A primeira é posta em movimento para a realização de interesses privados ou interesses secundários, enquanto a segunda, para a implementação de interesses coletivos primários (interesse público). No tocante à segunda categoria, suscita-se o problema da possibilidade (e idoneidade) da substituição de atividades públicas por atividades privadas orientadas para a realização de interesses públicos e, por outro lado, se esta atividade privada, justamente por causa da finalidade pública, não deve encontrar limites (formais e substanciais) mais severos e restritos que os limites normais colocados pelo Direito Privado.[132]

Acrescenta ainda que o Estado também se utiliza de particulares como sujeitos auxiliares da ação administrativa. Embora não integrem o âmbito da Administração Pública no sentido subjetivo, porque conservam a qualidade de sujeitos privados, assumem a posição de sujeito ativo da função administrativa.[133] Logo, vislumbra-se a possibilidade de a Administração atuar nos moldes do Direito Privado e de os particulares exercerem função administrativa.

Nessa toada, a linha de pesquisa em epígrafe parte da análise da incidência do Direito Privado – mormente do Direito Civil – na atividade administrativa, da contribuição civilista para o estudo dos institutos próprios do Direito Administrativo, da demarcação de novas interpretações e (novas) aproximações entre os ramos mais significativos do Direito Público e do Direito Privado. Identificar, no Direito positivo brasileiro, as vinculações jurídico-públicas, presentes na atividade desempenhada pela Administração e na atividade administrativa exercida pelos particulares consiste numa tarefa imprescindível, ainda mais quando se assiste a um verdadeiro *desmonte* do espaço de garantia do

---

[131] ALESSI, Renato. *Op. cit.*, p. 258-259.
[132] ALESSI, Renato. *Op. cit.*, p. 260-261. Nessa linha, Oswaldo Aranha Bandeira de Mello: "Por outro lado, estão excluídos dos atos administrativos os praticados pelo próprio Estado, pertinentes à sua ação material ou os que se regem pelo Direito Privado, — estranhos ao regime autoritário próprio do Direito Administrativo, em que se acha sempre latente a fôrça do poder público, — mesmo que objetive a criação da utilidade pública, de modo direto e imediato, como seja a compra e venda de imóvel para realização de obra pública."
BANDEIRA DE MELLO, Oswaldo Aranha. *Princípios gerais de direito administrativo*. São Paulo: Forense, 1969. v. 1, p. 415.
[133] ALESSI, Renato. *Op. cit.*, p. 34-35.

cidadão diante das prerrogativas públicas. Se "o mundo político muda; é preciso agora procurar novos remédios para novos males".[134]

Consiste, pois, na tentativa de forjar uma base comum ao Direito Civil e ao Direito Administrativo nas paragens do Direito Constitucional, que deverá revelar-se como solo fértil para a germinação de um conjunto normativo aplicável sobre a atividade da Administração Pública, norteado pelo fio condutor dos direitos fundamentais. Estabelecem-se, assim, limites à aplicação da lei civil à atividade administrativa: o recurso ao Direito Privado deverá restringir-se às hipóteses em que a incidência das normas privatistas estiver em consonância com os mandamentos constitucionais e os direitos fundamentais, privilegiando a realização do interesse público.

(a) Obra central – Direito Administrativo e novo Código Civil

Entre todos os estudos por mim desenvolvidos dentro da linha "Administração Pública entre Direito Público e Direito Privado", ostenta especial destaque a obra *Direito Administrativo e novo Código Civil*,[135] que consiste na tese que apresentei como requisito para a conquista da posição de Professor Titular de Direito Administrativo da Faculdade de Direito da Pontifícia Universidade Católica do Paraná, em 2004.

Na obra, procuro demonstrar que tratar do Direito Administrativo à luz do Código Civil não significa, tão só, alinhar considerações doutrinárias de uma disciplina – Direito Administrativo – às prescrições positivadas de outra – Direito Civil. O objetivo do estudo que, de alguma forma, põe em xeque a teoria divisionária do direito, é provocar uma reflexão sobre as bases constitucionais da atividade administrativa a impender uma redefinição das relações entre Direito Público e Direito Privado. Assim, a análise da temática é conducente a uma investigação, pelo menos de forma genérica, das fronteiras entre Direito Público e Direito Privado a partir da constitucionalização tanto do Direito Administrativo quanto do Direito Civil. A inobjetável incidência do Código Civil na atividade administrativa desemboca em interessante discussão sobre o papel do Estado na perspectiva do cidadão. Partindo da análise da incidência do Código Civil na atividade administrativa, a pesquisa examina a contribuição civilista nesta seara, reexaminando sob este enfoque os direitos fundamentais, a função social da propriedade,

---

[134] TOCQUEVILLE, Alexis de. *A democracia na América:* sentimentos e opiniões. Rio de Janeiro: Martins Fontes, 2000. Livro II, p. 402.
[135] BACELLAR FILHO, Romeu Felipe. *Direito Administrativo e o Novo Código Civil*. Belo Horizonte: Fórum, 2007.

a função social do contrato, a responsabilidade da Administração Pública com especial atenção à (re)leitura das categorias do Direito Administrativo e das garantias dos direitos (e não das garantias de privilégios).

Nessa senda, o trabalho propôs demonstrar que o Direito Administrativo não é o único Direito incidente sobre a atividade administrativa e daí o influxo subsidiário do Direito Privado. Entretanto, é preciso delimitar o espaço de atuação do Direito Civil na esfera administrativa, porque disso depende não só o respeito à autonomia política dos entes federados, mas também a observância de sujeições administrativas imprescindíveis para a garantia dos direitos fundamentais. Não se pode negar que a realidade tem desafiado os aplicadores do Direito a buscar novas respostas frente a problemas que ainda não encontraram soluções adequadas.

Delimitado o quadro, enfrentam-se questões como (i) o negócio jurídico privado e o ato administrativo, (ii) as fundações públicas e o regime privado, (iii) bens públicos, bens afetados à prestação de serviços públicos e a função social da propriedade, (iv) princípios contratuais do Direito Privado passíveis de aplicação subsidiária nos contratos celebrados pela Administração Pública, (v) responsabilidade extracontratual da Administração Pública e o sistema privado de responsabilização.

Além da tese de titularidade, outro texto retrata uma perspectiva geral da dicotomia público x privado no Direito, e as suas consequências sobre a Administração Pública: "Direito Público e Direito Privado: panorama atual da doutrina, possibilidades de diferenciação e estabelecimento de ponto de contato".[136] Nesse artigo, são discutidas as premissas que deram ensejo ao desenvolvimento da tese, tratando-se dos critérios de distinção entre o Direito Público e o Direito Privado,

---

[136] BACELLAR FILHO, Romeu Felipe. Direito Público e Direito Privado: panorama atual da doutrina, possibilidades de diferenciação e estabelecimento de ponto de contato. *Revista argentina del régimen de la administración pública*, v. 348, p. 331-349, 2007; BACELLAR FILHO, Romeu Felipe. Direito público e direito privado: panorama atual da doutrina, possibilidades de diferenciação e estabelecimento de pontos de contato. *In:* FORTINI, Cristiana; ESTEVES, Júlio César dos Santos; DIAS, Maria Tereza Fonseca (org.). *Políticas públicas:* possibilidades e limites. Belo Horizonte: Fórum, 2008, p. 345-368; BACELLAR FILHO, Romeu Felipe. Direito Público x Direito Privado: panorama atual da doutrina, possibilidades de diferenciação e estabelecimento de pontos de contato. *Revista Jurídica Themis* – Edição Especial, p. 185-199, 2008; BACELLAR FILHO, Romeu Felipe. Direito Público e Direito Privado: panorama atual da doutrina, possibilidades de diferenciação e estabelecimento de pontos de contato. *In:* MARTÍN VIALE, Claudio (org.). *Derecho Común y Derecho Administrativo:* diferencias y contactos. Córdoba: Lerner, 2009, p. 35-60.

tais como (i) o critério do "interesse público"; (ii) o critério das posições; (iii) o critério da qualidade jurídica do sujeito.

(b) Eixo temático – Aspectos polêmicos da responsabilidade civil do Estado

De todos os temas sobre os quais me debrucei ao longo de minha atividade na docência, o da responsabilidade civil do Estado talvez represente – embora em competição acirrada com a temática do processo administrativo – o assunto de minha maior predileção. Consoante anteriormente afirmado, estudei o tema a fundo ao redigir a dissertação de mestrado, sob a orientação segura do Professor Manoel de Oliveira Franco Sobrinho. Como jamais cheguei a defendê-la, diante da possibilidade de depositá-la e ingressar diretamente no Doutorado, com projeto de tese distinto, acabei por publicá-la de forma fragmentada, em diversos artigos e capítulos de livros.

O primeiro deles foi elaborado em 1989, em coautoria com o amigo e Desembargador do TJPR, Dr. Oto Luiz Sponholz, no qual versamos, de forma genérica, sobre "Responsabilidade civil do Estado".[137] O artigo trata do conceito e da extensão da responsabilidade civil do Estado, tangenciando uma retrospectiva histórica e teórica sobre o tema.

Posteriormente, publiquei um ensaio que considero o artigo de maior relevância que redigi sobre o tema, sob o título "Responsabilidade civil extracontratual das pessoas jurídicas de direito privado prestadoras de serviço público".[138] Nele, investigo de forma aprofundada o regime de responsabilidade das pessoas jurídicas de direito privado prestadoras de serviço público. O artigo recebeu, infelizmente, interpretação equivocada do Supremo Tribunal Federal. O eminente Ministro Relator, em decisão de sua lavra, honrou-me com a citação do artigo em referência para fundamentar a posição de que a responsabilidade

---

[137] SPONHOLZ, Oto Luiz; BACELLAR FILHO, Romeu Felipe. Responsabilidade civil do Estado. *Jurisprudência brasileira*, v. 151, p. 13-22, 1989.

[138] BACELLAR FILHO, Romeu Felipe. Responsabilidade civil extracontratual das pessoas jurídicas de direito privado prestadoras de serviços públicos. *Interesse Público*, Porto Alegre, v. 6, p. 11-47, 2000; BACELLAR FILHO, Romeu Felipe. Responsabilidade civil extracontratual das pessoas jurídicas de direito privado prestadoras de serviço público. *A&C – Revista de Direito Administrativo & Constitucional*, v. 9, p. 13-59, 2002; BACELLAR FILHO, Romeu Felipe. Responsabilidade civil extracontratual das pessoas jurídicas de direito privado prestadoras de serviço público. *Fórum Administrativo*, Belo Horizonte, v. 25, p. 1993-2014, 2003; BACELLAR FILHO, Romeu Felipe. A responsabilidade civil extracontratual do Estado. Responsabilidade das pessoas jurídicas de direito privado prestadoras de serviço público. *Revista argentina del régimen de la administración pública*, v. 370, p. 331-354, 2009.

civil das pessoas jurídicas de direito privado prestadoras de serviço público seria objetiva tão somente em relação ao usuário do serviço, e subjetiva em relação a terceiros. Após citar passagem do texto em questão, assevera: "Comungo desse entendimento. A responsabilidade objetiva das pessoas privadas prestadoras de serviço público ocorre em relação ao usuário do serviço e não relativamente a pessoas não integrantes dessa relação".[139]

Ocorre que, em momento algum, defendi tal entendimento no artigo supracitado. Pelo contrário. Chego a defender, nesse e em outros estudos, a unicidade do regime jurídico de responsabilidade civil do Estado em relação às pessoas jurídicas, seja de direito público ou privado, prestadoras de serviço público ou exploradoras de atividade econômica, por ação ou omissão, que a meu ver, deve ser invariavelmente objetiva, vale dizer, independe da comprovação de culpa estatal, bastando a demonstração do nexo de causalidade.

A polêmica questão da responsabilidade civil do Estado por omissão foi também alvo de minhas reflexões, no capítulo de livro "Responsabilidade civil da Administração Pública – Aspectos relevantes. A Constituição Federal de 1988. A questão da omissão. Uma visão a partir da doutrina e da jurisprudência brasileiras",[140] publicado em coletânea organizada pelo Professor Juarez Freitas em 2006, e no artigo "Responsabilidade civil do Estado por omissão",[141] publicado no mesmo ano na Argentina. Promovendo uma interpretação da teoria da *faute du service* distinta daquela empreendida por parcela da doutrina, sustento que o *arrêt Blanco* e a teoria juspublicista que acabou por suscitar no bojo da temática da responsabilidade civil do Estado constituem o embrião da teoria objetiva de responsabilização do Poder Público por danos causados a terceiros. Assim, defendo que a responsabilidade civil do Estado por omissão no direito brasileiro é objetiva, e, portanto, independente da comprovação de dolo ou culpa da máquina estatal. Trata-se de uma leitura do art. 37, §6º, em consonância com a ideia de dignidade da pessoa humana e proteção do cidadão contra a vedação de inoperância da Administração Pública.

---

[139] Supremo Tribunal Federal, Recurso Extraordinário nº 262651, Rel. Min. Carlos Velloso, Segunda Turma, julgado em 16/11/2005, DJ 06-05-2005.
[140] BACELLAR FILHO, Romeu Felipe. Responsabilidade civil da Administração Pública: aspectos relevantes: a Constituição Federal de 1988: a questão da omissão: uma visão a partir da doutrina e da jurisprudência brasileiras. *In*: FREITAS, Juarez (org.). *Responsabilidade Civil do Estado*. São Paulo: Malheiros, 2006, p. 293-336.
[141] BACELLAR FILHO, Romeu Felipe. Responsabilidade civil do Estado por omissão. *Revista argentina del régimen de la administración pública*, v. 326, p. 45-52, 2006.

Ainda no eixo temático da responsabilidade civil do Poder Público, escrevi sobre "Responsabilidade civil do Estado por atos judiciais: uma visão a partir da doutrina e jurisprudência brasileiras".[142] Questiono, nesse estudo, a recalcitrância da jurisprudência brasileira em relação à ampla possibilidade de responsabilização estatal por atos judiciais, mormente diante da posição vanguardista da doutrina.

(c) Eixo temático – Contratação administrativa e iniciativa privada

Na linha "Administração Pública entre Direito Público e Direito Privado", outro tema de acentuada recorrência em minha produção é o da contratação administrativa e o do repasse de atividades estatais à iniciativa privada. O objetivo dos estudos vertidos sobre essa temática é consolidar o entendimento de que tais atividades, ainda que desenvolvidas pelo setor privado, devem vincular-se ao regime jurídico administrativo, em razão do interesse público que elas envolvem e como forma de assegurar os direitos fundamentais do cidadão.

No que concerne à contratação administrativa, escrevi sobre "O contrato administrativo no Brasil",[143] afirmando que o contrato consiste em uma categoria jurídica que não pertence nem ao direito privado nem ao direito público, com caráter de exclusividade. Insere-se no Direito e como tal deve ser estudado. Quando o estudo do contrato desenvolve-se na esfera do direito público, mais propriamente no campo de atuação do Direito Administrativo, é inobjetável a sua subordinação às regras e peculiaridades do regime jurídico administrativo, caracterizado por um misto de prerrogativas e sujeições. O contrato administrativo não se liberta, porém, de algumas características próprias a qualquer avença, insista-se, da categoria "contrato". Como consectário de uma obrigação, o contrato resulta de um acordo de vontades. A autonomia, temperada

---

[142] BACELLAR FILHO, Romeu Felipe. Responsabilidade civil do Estado por atos judiciais: uma visão a partir da doutrina e jurisprudência brasileiras. *In*: ASOCIACIÓN Iberoamericana de Profesionales en Derecho Público y Administrativo "Jesús González Pérez" (org.). *La responsabilidad del Estado frente a terceros*. Guayaquil: Asociación Iberoamericana de Profesionales en Derecho Público y Administrativo "Jesús González Pérez", 2005, p. 113-127.

[143] BACELLAR FILHO, Romeu Felipe. Contrato Administrativo. *In*: BACELLAR FILHO, Romeu Felipe (Org.). *Direito Administrativo Contemporâneo*: estudos em memória ao Professor Manoel de Oliveira Franco Sobrinho. Belo Horizonte: Fórum, 2004, p. 307-326; BACELLAR FILHO, Romeu Felipe. O contrato administrativo no Brasil. *In*: CARLIN, Volnei Ivo (org.). *Grandes temas de direito administrativo*: homenagem ao Professor Paulo Henrique Blasi. 1. ed. Campinas: Conceito Editorial; Millennium, 2009, p. 767-783; BACELLAR FILHO, Romeu Felipe. O contrato administrativo no Brasil. *Revista do Advogado*, v. 107, p. 155-167, 2009; BACELLAR FILHO, Romeu Felipe. Contrato administrativo. *In*: BACELLAR FILHO, Romeu Felipe. *Reflexões sobre Direito Administrativo*. Belo Horizonte: Fórum, 2009, p. 161-179.

pela função social do contrato, constitui elemento imprescindível a ser observado em qualquer avença. Do mesmo modo, os princípios *lex inter partem* e *pacta sunt servanda* fazem certo que o contrato é a lei entre as partes e que estas, devidamente ajustadas, devem observar o que foi pactuado.

Nas contratações administrativas, vislumbram-se três elementos básicos de origem e constituição: (i) o Poder Público, Administração ou pessoa jurídica de direito público ou privado prestadora de serviços públicos; (ii) o particular, pessoa física ou jurídica com capacidade para contratar; (iii) o serviço, que pelas suas peculiaridades, integra-se nas esferas de competência administrativa e submete-se ao regime jurídico administrativo. O regime alusivo aos contratos administrativos, de cunho jurídico-administrativo, impõe à Administração Pública um rol de sujeições que restringem a sua esfera de atuação, mas que, sob outro enfoque, lhe outorga algumas prerrogativas. As sujeições são representadas, entre outras, pela própria imposição do procedimento licitatório antecedendo a contratação administrativa. O exemplo mais marcante das prerrogativas se refletiria na presença, no corpo do contrato, ou do reconhecimento pela lei, das chamadas *cláusulas exorbitantes*.[144] Em rigor, essas cláusulas inexistem como criação ou estipulação das partes no instrumento do contrato. O que há de certo é que o regime jurídico administrativo faz exsurgir emanações decorrentes da preponderância do interesse público configuradoras de prerrogativas que a doutrina acostumou-se a denominar como exorbitantes do direito comum. As prerrogativas reconhecidas pelo conjunto normativo afetam as contratações da Administração Pública, deixando de ser uma imposição característica exclusiva das "contratações administrativas" passando a estigmatizar todas as avenças do Poder Público.

No que tange ao repasse da execução de atividades estatais à iniciativa privada, abordei o tema no artigo "A natureza contratual

---

[144] A propósito das cláusulas exorbitantes, Brewer Carias, apoiado em Georges Vedel, expressa sugestiva opinião: "Dos cuestiones deben quedar en torno a estas llamadas clausulas exorbitantes: en primer lugar, como se dijo, en general son clausulas en sentido de que no son estipulaciones contractuales, sino que, en realidad, son manifestaciones del poder de acción unilateral proprio de la Administración Pública; y en segundo lugar, no son exorbitantes del derecho común, pues la Administración, por señalado anteriormente, puede utilizarlas aun en aquellas relaciones contractuales en las cuales exista una preponderancia de régimen de derecho privado. Además, como lo ha dicho G. Vedel, la tal exorbitancia, en realidad, no implica que las mismas pudieran ser ilícitas en contratos privados, sino que son desacostumbradas y poco verosímiles". BREWER-CARIAS, Allan. *Contratos administrativos*. Caracas: Ed. Jurídica Venezolana, 1992, p. 47.

das concessões e permissões de serviço público",[145] bem como no capítulo de livro "As concessões, permissões e autorizações de serviço público".[146] Em ambos os textos, trabalhei de forma abrangente a natureza jurídica das concessões e permissões de serviço público, o seu assento constitucional no art. 175 da Constituição Federal, o marco legal da Lei nº 8.987/1995, o julgamento da licitação, a dispensa facultativa, a dispensa compulsória e a inexigibilidade de licitação em tais casos. Sobre a concessão específica dos serviços de radiodifusão de sons e imagens no Brasil, escrevi o texto "Concessão de radiodifusão de sons e imagens no Brasil".[147]

Ainda sobre a contratação administrativa, elaborei o artigo intitulado "Contrato administrativo. A natureza contratual das concessões e permissões de serviço público no Brasil. Das parcerias público-privadas no âmbito da Administração Pública. Consórcios e convênios administrativos",[148] no qual, além dos temas do contrato administrativo e das concessões e permissões de serviço público, enfrento as questões relativas às Parcerias Público-Privadas, aos consórcios públicos e aos convênios administrativos. Por fim, analisei a problemática referente ao "O regime jurídico das organizações sociais e a sua contratação pelo Poder Público mediante dispensa de licitação",[149] em artigo recentemente publicado.

---

[145] BACELLAR FILHO, Romeu Felipe. A natureza contratual das concessões e permissões de serviço público. *Revista do Instituto dos Advogados Brasileiros*, v. 34, p. 53-62, 2000; BACELLAR FILHO, Romeu Felipe. A natureza contratual das concessões e permissões de serviço público no Brasil. *In:* BACELLAR FILHO, Romeu Felipe; BLANCHET, Luiz Alberto (org.). *Serviços públicos:* estudos dirigidos. 1. ed. Belo Horizonte: Fórum, 2007, p. 11-46.

[146] BACELLAR FILHO, Romeu Felipe. As concessões, permissões e autorizações de serviço público. *In:* CARDOZO, José Eduardo Martins; QUEIROZ, João Eduardo Lopes; SANTOS, Márcia Walquíria Batista dos (org.). *Curso de Direito Administrativo Econômico*. São Paulo: Malheiros, 2006, v. I, p. 408-437; BACELLAR FILHO, Romeu Felipe. Concessões, permissões e autorizações de serviço público. *In:* BACELLAR FILHO, Romeu Felipe. *Reflexões sobre Direito Administrativo*. Belo Horizonte: Fórum, 2009, p. 181-211.

[147] BACELLAR FILHO, Romeu Felipe. Concessão de radiodifusão de sons e imagens no Brasil. *In:* FERNÁNDEZ RUIZ, Jorge; SANTIAGO SÁNCHEZ, Javier (org.). *Regímen jurídico de la radio, televisión y telecomunicaciones en general:* culturas y sistemas jurídicos comparados. México: Universidad Nacional Autónoma de México, 2007, p. 19-34.

[148] BACELLAR FILHO, Romeu Felipe. Contrato administrativo. A natureza contratual das concessões e permissões de serviço público no Brasil: das parcerias público-privadas no âmbito da administração pública. Consórcios e convênios administrativos. *Revista argentina del régimen de la administración pública*, v. 361, p. 159-172, 2008.

[149] BACELLAR FILHO, Romeu Felipe. O regime jurídico das organizações sociais e a sua contratação pelo Poder Público mediante dispensa de licitação. *Interesse Público*, v. 58, p. 11-30, 2009.

6.1.3 Perspectivas jurídicas do Mercosul e do Direito Administrativo Ibero-americano

Desde a fundação da Associação de Direito Público do Mercosul, em 1997, e do Núcleo de Pesquisa em Direito Público do Mercosul, dirigi significativa parcela de meus estudos a temas como a integração regional, o Direito Comunitário e os pontos em comum entre o Direito Público nos ordenamentos jurídicos de Estados que originariamente compunham esse bloco econômico, a saber, o Brasil, a Argentina, o Paraguai e o Uruguai. Alguns anos depois, com a criação da Associação Ibero-americana de Direito Administrativo, em 2000, a perspectiva ampliou-se para a Ibero-América, estendendo-se à análise comparativa dos ordenamentos administrativos de todos os países da América do Sul, da América Central, do México, de Portugal e da Espanha.

A formação de ajuntamentos de Estados, como medida preventiva contra os efeitos perversos da chamada globalização, vem sendo incentivada, nos dias atuais, por significativos segmentos da sociedade, notadamente o jurídico. Esses aglutinamentos, embora persigam a unidade, dão origem a seccionamentos regionais, à integração de interesses para que se atinjam objetivos comuns.[150]

Cansada e combalida, mas não vencida, a América Latina, malgrado o endividamento externo, a diminuição dos investimentos produtivos e o agravamento dos problemas sociais, viu no Mercosul a possibilidade de uma união continental de forças, numa nova dimensão. A dimensão nova, explicam Carlos Alberto Gomes Chiarelli e Matteo Chiarelli, com notável propriedade, há de falar em comunidade, em comunhão de vizinhança, em extinção sistemática de ruídos conflitivos na borda fronteiriça, que sobreviviam em nome de desalinhados argumentos de segurança ou de rivalidades ditadas por conservadorismos oligárquicos.[151]

Malgrado a denominação Mercosul, é curial que se repita, o que sempre se buscou foi uma ampla integração, sendo certo que não só os fatos econômicos ou mercadológicos interessam à comunidade. Outros temas igualmente importantes e interligados contribuem, como verdadeiros pressupostos, para o sucesso da empreitada. A integração, para ser alcançada, não prescindirá da oxigenação séria e decidida

---

[150] BARRA, Rodolfo Carlos. *Derecho de la integración y Mercosur*. Ed. Ciencias de La Administración, 1996, p. 32.
[151] CHIARELLI, Carlos Alberto Gomes; CHIARELLI, Matteo Rota. *Integração*: direito e dever. São Paulo: LTr, 1992, p. 79.

da comunidade jurídica. Partindo da ideia do estabelecimento de um direito comum, tendo como pressuposto básico a consagração da democracia, a integração requer uma preocupação com temas básicos, sem excluir os demais, a harmonização da legislação e a criação de um órgão jurisdicional para composição de eventuais conflitos de interesse.

Como oportunamente pôde salientar o professor platino Jorge Luis Salomoni, "a dimensão cultural é então (...) um dos mais importantes problemas da integração: sem cultura comum não há real integração. Então porque o direito é cultura, o grande desafio da hora atual para os juristas da América do Sul constitui-se, sem dúvida alguma, no estabelecimento de um torrencial e fluido intercâmbio de ideias que permitam, em prévio contraste com a realidade, o assentamento das bases jurídicas em geral e do Mercosul em particular".[152]

Como dito, outros assuntos devem, também, ser considerados. À luz do ideal de formação de um direito comum, adotando como premissa basilar a realização da democracia, exsurge o direito comunitário, que tem origem nos tratados internacionais celebrados entre os Estados. Os tratados internacionais que, criando ou modificando direitos, interferem no ordenamento jurídico dos países que os firmaram, expedem comandos que são similares às normas constitucionais respectivas. O direito comunitário tem, pois, uma origem igual à do direito internacional público, já que suas normas são imanentes dos tratados que dão origem à comunidade supranacional.

Miguel Ángel Ekmekdjian, em oportuníssima passagem, lembra que, uma vez constituída a comunidade supranacional, as normas comunitárias separam-se drasticamente do direito internacional, já que apresentam uma gênesis similar às normas internas de cada Estado. Passam a derivar essas normas não mais dos tratados internacionais, mas dos próprios órgãos comunitários que exercem atribuições legislativas, executivas e judiciárias na dita comunidade, aplicando-as direta e imediatamente no território dos Estados-Membros, dispensando-se, inclusive, o *exequatur* dos governos de tais Estados.[153]

Em explícito assentimento ao anteriormente enunciado, Mirta Sotelo de Andreau, citando González Navarro, sustenta que o Direito Comunitário não é Direito Internacional, senão verdadeiro e próprio Direito Interno, só que comum a todos os Estados-Membros. Funda-

---

[152] SALOMONI, Jorge Luís. Reforma del Estado y Mercosur. *Actualidad en el Derecho Público – AeDP*, n. 6, jan./abr. 1997, p. 8.

[153] EKMEKDJIAN, Miguel Ángel. *Introducción al derecho comunitario latinoamericano*. Buenos Aires: Depalma, 1996, p. 80.

mentando a ideia, a Professora de Corrientes enuncia três pontos: a) o Direito Comunitário é de aplicação direta em cada Estado-Membro; b) isso implica, entre outros, que é um direito capaz de criar diretamente direitos e obrigações para os cidadãos; c) que o Direito Comunitário é, finalmente, um direito que prevalece sobre o desenvolvido internamente em cada Estado-Membro.[154] Sem embargo da terminologia utilizada – Estados-Membros –, que melhor se assenta à comunidade europeia, penso que assiste total razão à mestra argentina.

A Constituição Federal de 1988, expressando os sentimentos de nossa República Federativa no sentido de "buscar a integração econômica, política, social e cultural dos povos da América Latina, visando à formação de uma comunidade latino-americana de nações", fez consignar expressamente tal intenção no parágrafo único do artigo 4º do texto constitucional. Por evidente que a pretendida integração se implementaria através de tratados, protocolos e acordos. Na busca de tal desiderato é que foi subscrito pelo nosso país, em 26 de março de 1991, o Tratado de Assunção.

A tecnoburocracia dos Estados-Membros necessita posicionar-se em consonância com a onda de inovação implantada a partir do espírito de integração, abstendo-se de, ao manejar as políticas atinentes, levar em conta aspectos individualizados de cada país, em desprestígio ao princípio da coordenação a que se refere o Tratado de Assunção (art. 1º). A aceitação do primado do direito comunitário, mantida a soberania respectiva, implica séria revisão do conceito e extensão desta. Talvez essa seja a tarefa mais difícil para o definitivo alcance da ideia de integração. Com efeito, faz-se necessária uma reformulação do Estado para o enfrentamento dos desafios decorrentes da integração, notadamente no que concerne à atuação da Administração Pública, com a implantação de uma cultura gerencial mais avançada, facilitando a resolução de modo ágil e eficaz dos problemas que forem surgindo.

Isso só será possível com o fortalecimento da capacidade gerencial dos organismos de integração nacional e com o pensar de fórmulas criativas e organogramas originais para os organismos deles decorrentes.[155] Essa opinião, baseada em Bernardo Kliksberg,[156] é compartilhada

---

[154] ANDREAU, Mirta Sotelo de. El nuevo paradigma del Estado: su impacto en el derecho interno. *Actualidad en el Derecho Público – AeDP*, n. 6, jan./abr. 1997, p. 37

[155] KLIKSBERG, Bernardo. Una nueva gerencia pública para la modernización del Estado y afrontar los desafíos de la Integración. *CEFIR*, 1993, p. 1.967.

[156] KLIKSBERG, Bernardo. Repensando o Estado para o desenvolvimento social: superando dogmas e convencionalismos. 1998. (Coleção Questões da Nossa Época, v. 64).

por Rubén Correa Freitas em excelente artigo que escreveu abordando os desafios das administrações públicas frente à integração regional. Na concepção do preclaro constitucionalista uruguaio, "a integração regional supõe a criação de uma nova ordem jurídica, com órgãos comunitários cujas decisões e resoluções se imponham obrigatoriamente a todos os Estados-Membros e aos nacionais de cada um dos Estados".[157]

Em resumo: em assuntos do Mercosul, o Tratado, constitutivo ou de integração, os princípios políticos substantivos que nortearam a sua concepção, entre outros, devem ser prevalentes sobre as diferentes normas locais (dos países-membros) e internacionais, inclusive consuetudinárias.[158] Sempre que surgir uma incompatibilidade entre a norma do direito comunitário e do direito interno (anterior ou posterior de harmonização) ou do direito extracomunitário internacional, o Tratado, como expressão de vontade da autoridade política, é sobranceiro.

Não sendo desconhecida a espantosa velocidade dos fatos sociais em relação às atualizações do regramento jurídico, é incontestável que a importância e irreversibilidade da integração já não mais permitem à comunidade jurídica nacional um posicionamento expectativo e silencioso, impondo-se, ao contrário, um aprofundado estudo da temática e seus reflexos nas diversas áreas.

O Mercosul significa precioso meio de alcance de uma interação digna e respeitosa para com os outros blocos mundiais e, neste sentido, representa garantia da manutenção das respectivas soberanias dos Estados que o compõem.

Se for devidamente revigorado, o Bloco haverá de reunir forças para, finalmente, possibilitar a instauração de um sistema caracterizado pelo governo das maiorias, abandonando-se o modelo da excessiva e nefasta concentração de poder. Permitirá, outrossim, a geração de condições jurídicas e políticas, de modo a impedir disputas vãs que acabam por criar uma situação de desarmonia institucional, muitas vezes irreversível.

Mais do que nunca, o Mercosul é condição para que, com austeridade e discernimento, o segmento da América Latina que o compõe possa superar a crônica tendência protelatória de unirmos e respeitarmos os povos.

---

[157] CORREA FREITAS, Rubén. Los desafíos de las administraciones públicas frente a la integración regional. *Actualidad en el Derecho Público – AeDP*, n. 6, p. 44-50, jan./abr. 1997.

[158] DROMI, Roberto. *Código del Mercosur*. Buenos Aires: Ediciones Ciudad Argentina, 1997. v. 11, p. 142-143.

Além da questão da integração regional dos países membros do Mercosul, a linha de pesquisa sobre "Perspectivas jurídicas do Mercosul e do Direito Administrativo Ibero-americano" atenta-se para o fato de que o Direito Administrativo contemporâneo, em todos os países da Ibero-América, tem experimentado significativos avanços. Dentre as diversas transformações ocorridas nos mais variados Estados e realidades sociais, sobressai o abandono de uma feição autoritária e de uma estrutura hierarquizada da Administração Pública, possibilitando-lhe apresentar-se cada vez mais próxima do cidadão e aberta à participação popular. A doutrina, sobretudo, exerceu incomensurável influência na guinada vivenciada por esse ramo jurídico nas últimas décadas. De outro tanto, esse processo de democratização do Direito Administrativo só foi possível em virtude da adoção de um modelo de Estado que tem em seu epicentro o ser humano, subsumindo-se a sua legitimidade à proteção e à promoção da dignidade do homem em todas as suas dimensões.

Convenha-se que a incidência dos direitos humanos e fundamentais sobre todas as atividades realizadas pelo Estado tornou-se a peça-chave do Direito Público hodierno, revelando-se o dever de efetivação de tais direitos – com a finalidade de plena satisfação da dignidade da pessoa humana – como o objetivo último a ser perseguido pelo Poder Público. Assim, com a expansão dos direitos humanos, através da positivação de respectivos preceitos nas declarações, tratados e convenções internacionais, especialmente a partir da segunda metade do século XX, além da sua inserção nos ordenamentos constitucionais internos sob a forma de direitos fundamentais, modificou-se a orientação da Administração Pública, reafirmando-se a imposição da busca do interesse público, que passa a ter como norte esse feixe jurídico fundamental.

Não por outra razão que, apesar das diversidades culturais, históricas, políticas e econômicas existentes em diferentes Estados, que influem e conformam a roupagem do Direito Administrativo em cada ordem jurídica específica, é possível identificar uma linha de aproximação entre os variados sistemas, que, nada obstante suas particularidades, têm caminhado para a formação de um *Direito Administrativo Global*. Isso se deve à peculiar concepção de Administração Pública, que, respeitadas as diferenças que existem e devem existir entre distintas realidades sociais, deve preocupar-se, também, com a ampla realização dos direitos humanos.

Nesse sentido, a linha de pesquisa em questão sempre objetivou a promoção de um estudo comparativo do Direito Administrativo nos diversos ordenamentos jurídicos da Ibero-América, dando concretude a dois princípios fundamentais da República Federativa do Brasil: (i) a prevalência dos direitos humanos na ordem internacional (art. 4º, II, da CF) e (ii) a integração econômica, política, social e cultural dos povos da América Latina, visando à formação de uma comunidade latino-americana de nações (art. 4º, parágrafo único, da CF).

(a) Obras centrais – Elementos de Direito Internacional Público e integração regional e desenvolvimento

A linha de pesquisa em comento pode ser identificada com clareza em duas obras coletivas principais, por mim coordenadas: *Elementos de Direito Internacional Público*[159] e *Integração Regional e Desenvolvimento*[160] (esta última em parceria com Welber Barral).

A primeira delas – *Elementos de Direito Internacional Público* – foi publicada em 2003 e traduz o resultado dos estudos desenvolvidos no Núcleo de Pesquisa em Direito Público do Mercosul, vinculado ao Programa de Pós-Graduação em Direito da UFPR. Compõe-se de uma coletânea de artigos jurídicos, redigidos pelos pesquisadores do referido núcleo, que tratam de alguns dos mais relevantes aspectos do Direito Internacional Público e do Direito da Integração Regional. O temário é formado pelos seguintes títulos: "Contratos de garantia no regime jurídico dos Estados-partes do Mercosul"; "A soberania jurídica do Estado em uma abordagem histórico-sociológica do poder"; "O sistema de resolução de controvérsias nos países do Mercosul"; "Relações internacionais no Direito Constitucional do Mercosul: a supranacionalidade e a questão da recepção dos tratados"; "Os direitos humanos fundamentais no contexto da integração regional"; "A Alca e o Mercosul".

O livro logrou ser incluído nas bibliografias da disciplina de Direito Internacional de inúmeras Faculdades de Direito, e diversos dos coautores da obra sagraram-se mestres e doutores do Direito Administrativo (Ana Cláudia Finger – Universidade Positivo; Emerson Gabardo – UFPR e PUCPR; Vivian Lima López Valle – PUCPR) e do Direito Internacional (Eduardo Biacchi Gomes – PUCPR; Tatyana Scheila Friedrich – UFPR), apenas para citar alguns.

Por sua vez, a coletânea *Integração regional e desenvolvimento*, organizada em conjunto com Welber Barral e publicada em 2007,

---

[159] BACELLAR FILHO, Romeu Felipe (Coord.). *Elementos de Direito Internacional Público*. Barueri: Manole, 2003.

[160] BACELLAR FILHO, Romeu Felipe (Org.); BARRAL, Welber (Org.). *Integração regional e desenvolvimento*. Florianópolis: Fundação Boiteux, 2007.

retrata o produto do Convênio PROCAD/CAPES firmado entre a UFPR (NUPESUL), a UFSC e a UFRGS e desenvolvido em 2006. Os trabalhos suscitam reflexões sobre o assunto a partir da premissa de que, muito embora tenham surgido com objetivos modestos, notadamente ligados à promoção do comércio entre seus membros, os processos de integração regional mostram-se hodiernamente como um dos mecanismos aos quais os Estados podem lançar mão para interagir com outros membros da comunidade internacional. A proposta de desenvolvimento assume, nessa conjuntura, o protagonismo no cenário da integração, reclamando um aprofundamento teórico acerca de seus aspectos mais relevantes, adotando-se como marco teórico, a obra de Amartya Kumar Sen.[161]

A coletânea traz à colação temas como "O caminho para o fortalecimento do comércio, do desenvolvimento e da integração regional: retorno ao keynesianismo?"; "Ajudas públicas comunitárias e promoção de desenvolvimento"; "O conceito de desenvolvimento no âmbito do Banco Mundial"; "Instituições e inovação: fatores para o desenvolvimento"; "Desenvolvimento para felicidade"; "Saúde pública e desenvolvimento: a medicina tradicional"; "Corrupção e desenvolvimento"; "Corrupção e desenvolvimento nos países do Mercosul"; "Mercosul e desenvolvimento?"; "Assimetrias na América do Sul: viés de desenvolvimento a partir da democracia e dos direitos humanos"; "Políticas educacionais, desenvolvimento e integração"; "Implementação da concorrência no setor de telecomunicações e desenvolvimento: uma análise da experiência comunitária".

(b) Eixo temático – Direito Comunitário, integração regional e Mercosul

O primeiro elo temático inserido na linha "Perspectivas jurídicas do Mercosul e do Direito Administrativo Ibero-Americano" tem como elementos centrais o Direito Comunitário, a integração regional e o Mercosul. O escopo primordial dos estudos inscritos nesse eixo consiste em explorar as virtudes e vicissitudes do processo de integração regional voltado à formação de um Direito Comunitário entre os países do chamado Cone Sul.

---

[161] Amartya Kumar Sen é um pesquisador, professor e economista indiano, vencedor do prêmio Nobel de Economia em 1988, é conhecido, principalmente, por seu trabalho e contribuição para a área econômica voltada para o bem-estar social. Amartya é um dos grandes defensores de que a política fiscal implementadas pelo estado deve ser voltada para o combate da desigualdade. Foi alcunhado de pai do IDH – índice de Desenvolvimento Humano.

A esse tema dediquei minha atenção no texto "O Mercosul e a importância do Direito Comunitário emergente",[162] publicado pioneiramente em 1997, na *Revista de Direito Administrativo*. Posteriormente, o artigo foi veiculado em língua espanhola na prestigiosa revista argentina *Actualidad en el Derecho Público* ("El Mercosur y la importancia del derecho comunitario emergente"[163]) e republicado sob o título "O Direito Comunitário Emergente: a importância da sua discussão"[164] na *Revista da Faculdade de Direito da UFPR*, em 1999, em seção destinada ao NUPESUL.

O ensaio tinha por objetivo deflagrar um processo de vertebração do Direito Comunitário no Mercosul, como forma de unir forças no intuito de combater as mazelas proporcionadas pela globalização. Com a criação de um direito comum dos países do Cone Sul, fundado sobre as bases da democracia e dos direitos humanos, pretendia-se afirmar a integração regional e o Direito Comunitário como instrumento capaz de proporcionar o intercâmbio de conhecimentos aptos a possibilitar o assentamento de pilares jurídicos comuns aos povos do Mercosul. Felizmente, as ideias lançadas no texto renderam frutos com a fundação da Associação de Direito Público do Mercosul e do NUPESUL, que incessantemente têm promovido o debate acerca do tema, contribuindo para a formação e desenvolvimento do Direito Comunitário.

Ainda dentro da temática, escrevi o artigo "A integração regional: perspectivas e aspirações",[165] publicado no ano de 2003. Na oportunidade, com o propósito de estabelecer princípios políticos norteadores à formação de um ordenamento jurídico supranacional, predominantes sobre as distintas normas locais dos países-membros, sustentei ser imprescindível a observância de alguns postulados, sem os quais não se pode falar com seriedade em integração. Assim, dentre outros, e em concordância, neste particular com a opinião de Roberto DROMI,[166] identifiquei os seguintes princípios:

"1. O Tratado constitutivo e consectário que o integra, como norma suprema do ordenamento jurídico-comunitário, quando

---

[162] BACELLAR FILHO, Romeu Felipe. O Mercosul e a importância do direito comunitário emergente. *Revista de Direito Administrativo*, Renovar, v. 210, p. 117-122, 1997.

[163] BACELLAR FILHO, Romeu Felipe. El Mercosur y la importancia del derecho comunitario emergente. *Actualidad en el Derecho Público*, Ad-Hoc, v. 07, p. 31-39, 1998.

[164] BACELLAR FILHO, Romeu Felipe. O Direito Comunitário Emergente: a importância da sua discussão. *Revista da Faculdade de Direito da UFPR*, Porto Alegre, v. 31, p. 155-159, 1999.

[165] BACELLAR FILHO, Romeu Felipe. A integração regional: perspectivas e aspirações. *A&C – Revista de Direito Administrativo & Constitucional*, v. 11, p. 37-41, 2003.

[166] DROMI, Roberto. *Código del Mercosur*. Buenos Aires: Ediciones Ciudad Argentina, 1997. v. 11, p. 142-143.

em conflito com as diferentes normas da pirâmide jurídica, há de prevalecer.
2. Os princípios da reciprocidade, da igualdade, da solidariedade e da progressividade, que implicam correspondência mútua entre os Estados-Membros.
3. Automática integração ao ordenamento interno dos Estados-Membros, das normas de integração, sem necessidade de um ato prévio de incorporação, assim como a *prevalência das regras de compatibilização*.
4. O Tratado instituidor estabelece um ordenamento jurídico originário, que passa a integrar-se no sistema jurídico dos Estados-Membros com caráter de direito supraestatal.
5. A livre circulação de mercadorias, de capitais, de pessoas e de serviços constitui um princípio fundamental na consecução do mercado comum e na concretização da comunidade. São afetadas e derrogadas as restrições que obstaculizam essa livre circulação no âmbito comum, assim como qualquer regulação interna que favoreça os monopólios.
6. O Tratado fundante e os princípios jurídicos positivos não se compadecem com normas de direito consuetudinário dos países-membros que se contraponham a uma norma jurídica escrita de direito comunitário.
7. O direito comunitário é um direito de conteúdos mínimos. Só regula o necessário, na exata conta. Assim sendo, a norma mínima e específica predomina sobre as normas gerais estabelecidas para a mesma matéria no direito extracomunitário, seja internacional ou interno dos países-membros. A regra geral só haverá de prevalecer em matéria não regulada por norma especial comunitária.
8. O sistema jurídico constitui um ordenamento que abrange questões de ordem essencialmente técnica. Por isso, a norma comunitária de conteúdo técnico deve ter prioridade sobre os princípios técnicos de matérias análogas.
9. O Tratado instituidor e as normas que se editem a partir dele têm prevalência sobre as normas internas dos Estados-Membros, com efeitos diretos sobre o ordenamento. Em tal sentido se impõem as normas de direito comunitário às de direito interno, sejam anteriores ou posteriores a esse".[167]

---

[167] BACELLAR FILHO, Romeu Felipe. *Op. cit.*, p. 40-41.

Estudo que desenvolvi acerca do eixo temático antes aludido, foi inserido no capítulo de livro intitulado *A constituição do Parlamento Comum do Mercosul como mecanismo de aperfeiçoamento da integração entre seus países membros*,[168] elaborado em coautoria com a Professora Doutora Tatyana Scheila Friedrich, da Universidade Federal do Paraná, e com o Professor Guilherme de Salles Gonçalves, do Instituto de Direito Romeu Felipe Bacellar. A pesquisa, tomando como premissa a ideia de que "a efetivação de um processo de integração real – desde que diante de um paradigma de Estados nacionais componentes que se constituam em Estados Democráticos de Direito – só é possível com a estruturação dessa instituição supranacional denominada 'Parlamento Comum'",[169] propõe-se a analisar os antecedentes históricos e os textos normativos relacionados à criação de tal instituição, a fim de demonstrar a pertinência da constituição desse parlamento comum como mecanismo essencial e fundamental ao avanço da integração regional do Mercosul.

Lamentavelmente, pela falta de discernimento e pela visão estreita dos homens que comandam os países que integram o bloco, o Mercosul não alcançou os objetivos que inspiraram a sua criação.

(c) Eixo temático – Direito Administrativo Ibero-Americano comparado

A segunda ramificação da linha de pesquisa em comento revela-se no eixo temático do Direito Administrativo Ibero-Americano comparado. Muito embora já tivesse tratado da temática na década de 1990, os trabalhos científicos que desenvolvi nessa seara avultaram após a criação da Associação Ibero-Americana de Direito Administrativo, com sede na Costa Rica, em 2000. Os estudos empreendidos dentro dessa temática têm a pretensão de realizar uma incursão nos ordenamentos jurídicos dos países da América do Sul, América Central, México, Portugal e Espanha, confrontando os contornos do Direito Administrativo em cada um deles e identificando, a partir do Direito Comparado, pontos de convergência e distinção, sempre sob a orientação da linha mestra

---

[168] BACELLAR FILHO, Romeu Felipe; FRIEDRICH, Tatyana Scheila; GONÇALVES, Guilherme de Salles. A Constituição do Parlamento Comum do Mercosul como mecanismo de aperfeiçoamento da integração entre seus países membros. *In*: BARRAL, Welber; PIMENTEL, Luiz Otávio; CORREA, Carlos M. (org.). *Direito, desenvolvimento e sistema multilateral de comércio*. Florianópolis: Fundação Boiteux, 2008, p. 387-407.

[169] BACELLAR FILHO, Romeu Felipe; FRIEDRICH, Tatyana Scheila; GONÇALVES, Guilherme de Salles. *Op. cit.*, p. 387-388.

dos direitos humanos. Grande parte dessas publicações foi resultado de anais de eventos promovidos em países ibero-americanos.

Nos idos de 1998, publiquei na *Revista de Direito Administrativo* um estudo já nesse sentido, denominado "Breves reflexões sobre a jurisdição administrativa: uma perspectiva de direito comparado". No ensaio, promovi uma confrontação entre os modelos uno e dúplice de jurisdição administrativa, desde a criação do contencioso administrativo francês, passando pela análise das tendências atuais nos países europeus e do movimento de constitucionalização da jurisdição administrativa em Estados como a Alemanha, a Itália, a Espanha e Portugal. Inserindo a realidade brasileira nessa discussão, proponho a seguinte ideia: "*De lege ferenda*, defende-se que a proteção do cidadão frente à Administração deve caminhar para a criação constitucional de uma jurisdição administrativa integrada ao Poder Judiciário. Propõe-se a implementação do judicialismo brasileiro para um 'judicialismo perfeito'. Com efeito, o processo administrativo conservará uma certa originalidade, todavia, obedecerá a regras que não terão mais por efeito e objeto proteger a Administração, mas assegurar um novo equilíbrio entre Administração e cidadãos".[170]

Já inserido no circuito dos administrativistas ibero-americanos, após a fundação da Associação, participei de um evento organizado pelo Instituto Nacional de Administración Pública – órgão do Ministerio de las Administraciones Públicas da Espanha – a convite do Professor Catedrático da Universidad de La Coruña, Dr. Jaime Rodríguez-Arana Muñoz. O evento "La profesionalización de la función pública en Iberoamérica", contou com a participação de diversos administrativistas de peso, cada qual encarregado de dissertar sobre o tema sob a ótica de seu ordenamento jurídico. Coube a mim tratar da "Profissionalização da função pública: a experiência brasileira",[171] capítulo de livro que compôs os anais do evento e que publiquei, conforme acima mencionado, em outras revistas posteriormente, bem como em obra coletiva internacional dedicada ao Professor Jorge Fernández Ruiz.[172]

---

[170] BACELLAR FILHO, Romeu Felipe. *Op. cit.*, p. 77.
[171] BACELLAR FILHO, Romeu Felipe. Profissionalização da função pública: a experiência brasileira. *La profesionalización de la función pública en Iberoamérica*. Madrid: INAP, 2002, p. 91-102.
[172] BACELLAR FILHO, Romeu Felipe. Profissionalizacão da função pública: a experiência brasileira: a ética na administração pública. *In*: CIENFUEGOS SALGADO, David; LÓPEZ OLVERA, Miguel Alejandro (org.). *Estudios en homenaje a don Jorge Fernández Ruiz*: responsabilidad, contratos y servicios públicos. México: Universidad Nacional Autónoma de México, 2005, p. 21-36.

O trabalho, elaborado originariamente para apresentação no evento, teve o condão de ressaltar os aspectos da Constituição brasileira conducentes à valorização do servidor público e do exercício de suas funções.

O tema da responsabilidade civil do Estado, referido na linha de pesquisa precedente, também foi objeto de discussão entre os administrativistas ibero-americanos, sob a óptica comparada. Em duas situações distintas tive a oportunidade de discutir a temática no âmbito internacional, colacionando as contribuições do Direito brasileiro ao assunto, o qual, diga-se de passagem, ostenta um dos mais avançados e sofisticados sistemas de responsabilização civil do Estado no que tange à proteção do cidadão: ao tratar da "Responsabilidade civil extracontratual das pessoas jurídicas de direito privado prestadoras de serviço público no Brasil",[173] em congresso sobre "Cultura y Sistemas Jurídicos Comparados", no México; e ao tratar da "Responsabilidade civil do Estado por atos judiciais: uma visão a partir da doutrina e jurisprudência brasileiras",[174] em Guayaquil, no Equador.

Cumpre destacar a obra coletiva elaborada em parceria com dois eminentes juristas argentinos, Jorge Luis Salomoni e Domingo Juan Sesin: "Ordenamientos internacionales y ordenamientos administrativos nacionales: jerarquia, impacto y derechos humanos".[175] No livro, expus mais uma vez as contribuições do Direito Constitucional Administrativo brasileiro para o processo e o procedimento administrativo, no artigo "El procedimiento y el proceso administrativo en el sistema jurídico brasileño", descrevendo a conformação jurídica dos princípios gerais e específicos aplicáveis ao processo administrativo. A obra decorreu de um ciclo de palestras ocorrido na pós-graduação da Universidade Nacional del Comahue, na cidade de Neuquén, na Argentina.

Nesse influxo, e em consonância com a linha de pesquisa acerca das "Bases constitucionais do Direito Administrativo", redigi

---

[173] BACELLAR FILHO, Romeu Felipe. Responsabilidade civil extracontratual das pessoas jurídicas de direito privado prestadoras de serviço público no Brasil. In: ASOCIACIÓN Iberoamericana de Derecho Administrativo (org.). *Cultura y Sistemas Jurídicos Comparados*. México: Universidad Nacional Autónoma de México, 2006, p. 15-60.

[174] BACELLAR FILHO, Romeu Felipe. Responsabilidade civil do Estado por atos judiciais: uma visão a partir da doutrina e jurisprudência brasileiras. In: ASOCIACIÓN Iberoamericana de Profesionales en Derecho Público y Administrativo "Jesús González Pérez" (org.). *La responsabilidad del Estado frente a terceros*. Guayaquil: Asociación Iberoamericana de Profesionales en Derecho Público y Administrativo "Jesús González Pérez", 2005, p. 113-127.

[175] SALOMONI, Jorge Luis; BACELLAR FILHO, Romeu Felipe; SESIN, Domingo Juan. *Ordenamientos Internacionales y Ordenamientos Administrativos Nacionales:* jerarquia, impacto y derechos humanos. 1. ed. Buenos Aires: AD-Hoc, 2006.

o já mencionado artigo sobre o "Marco constitucional do Direito Administrativo no Brasil",[176] em volume da *Revista Iberoamericana de Derecho Público y Administrativo*, que contou com a participação de diversos juristas da Ibero-América, versando sobre o marco constitucional do Direito Administrativo em seus respectivos Estados.

As peculiaridades do "Contrato Administrativo"[177] foram abordadas no livro intitulado *Derecho Administrativo*, publicado em Lima pela Asociación Peruana de Derecho Administrativo. Apresentei, no artigo, as particularidades da contratação administrativa no direito brasileiro, indicando a possibilidade subsidiária de aplicação de dispositivos do Código Civil aos contratos administrativos – não sem reservas – com fulcro no art. 54 da Lei nº 8.666/93. Dentro da esfera da contratação administrativa, escrevi sobre a natureza jurídica contratual das concessões e permissões de serviços públicos no artigo "A natureza contratual das concessões e permissões de serviço público no Brasil", publicado no México, nos anais do Congreso Internacional de Culturas y Sistemas Jurídicos Comparados[178] e na Venezuela, na obra *Derecho Administrativo Iberoamericano*.[179] Em trabalho mais específico acerca das concessões, tratei do tema da "Concessão de radiodifusão de sons e imagens no Brasil",[180] em obra destinada à análise do "Regímen jurídico de la radio, televisión y telecomunicaciones en general" nos sistemas jurídicos comparados.

A fascinante temática foi trabalhada no artigo "O controle da Administração Pública",[181] inserido em obra específica sobre o tema,

---

[176] BACELLAR FILHO, Romeu Felipe. Marco constitucional do Direito Administrativo no Brasil. *Revista Iberoamericana de Derecho Público y Administrativo*, v. 7, p. 35-46, 2007.

[177] BACELLAR FILHO, Romeu Felipe. Contrato Administrativo. *In*: Jorge Danós Ordóñez; Eloy Espinosa-Saldaña Barrera (org.). *Derecho Administrativo*. 1 ed. Lima: Jurista Editores, 2004, v. 1, p. 623-646.

[178] BACELLAR FILHO, Romeu Felipe. A natureza contratual das concessões e permissões de serviço público. Serviços públicos na Constituição Federal de 1988. *In*: FERNÁNDEZ RUIZ, Jorge (org.). *Derecho Administrativo*: memoria del Congreso Internacional de Culturas y Sistemas Jurídicos Comparados. México: Universidad Nacional Autónoma de México, 2005, p. 3-27.

[179] BACELLAR FILHO, Romeu Felipe. A natureza contratual das concessões e permissões de serviço público no Brasil. *In*: HERNÁNDEZ-MENDIBLE, Víctor (org.). *Derecho Administrativo Iberoamericano*. Caracas: Ediciones Paredes, 2007, v. 3, p. 2125-2144.

[180] BACELLAR FILHO, Romeu Felipe. Concessão de radiodifusão de sons e imagens no Brasil. *In*: FERNÁNDEZ RUIZ, Jorge; SANTIAGO SÁNCHEZ, Javier (org.). *Regímen jurídico de la radio, televisión y telecomunicaciones en general*: culturas y sistemas jurídicos comparados. México: Universidad Nacional Autónoma de México, 2007, p. 19-34.

[181] BACELLAR FILHO, Romeu Felipe. O controle da Administração Pública. *In*: CISNEROS FARÍAS, Germán; FERNÁNDEZ RUIZ, Jorge; LÓPEZ OLVERA, Miguel Alejandro (org.). *Control de la Administración Pública*. México: Universidad Nacional Autónoma de México, 2007, p. 33-49.

também publicada no México. Consistiu o estudo em uma apresentação das diversas formas de controle da Administração Pública no Brasil, interna e externamente, pelo Poder Legislativo e pelo Poder Judiciário, com a exposição dos instrumentos jurídicos colocados à disposição do cidadão para a tutela de seus direitos, tais como o Mandado de Segurança, a Ação Civil Pública e a Ação Popular. O assunto revelou-se um dos mais interessantes a serem analisados sob o prisma do Direito Comparado, como forma de confrontação entre os diversos mecanismos de controle da atividade administrativa nos países ibero-americanos.

Tive ainda a oportunidade de me pronunciar sobre "O serviço público"[182] na perspectiva do direito brasileiro, em substancial obra organizada em homenagem ao eminente Professor uruguaio Dr. Mariano R. Brito. E dentro do tema do serviço público, escrevi sobre aspectos da sua regulação pelo Estado no artigo "Medidas de intervenção das autoridades reguladoras como forma de intervenção: os desafios da regulação na experiência brasileira",[183] publicado na coletânea intitulada *Derecho Administrativo Iberoamericano (discrecionalidad, justicia administrativa y entes reguladores)*, recentemente editada no Panamá.

Finalmente, outro trabalho científico por mim oferecido no circuito ibero-americano foi o ensaio denominado "A estabilidade do ato administrativo criador de direitos à luz dos princípios da moralidade, da segurança jurídica e da boa-fé".[184] No artigo, conforme já referido, publicado no livro *El acto administrativo como fuente del Derecho Administrativo en Iberoamérica*, advoguei a proteção do ato administrativo criador de direitos, ainda que maculado de vícios de nulidade, contra a anulação por parte da Administração Pública, em homenagem aos princípios constitucionais da moralidade, da segurança das relações jurídicas e da boa-fé. O assunto foi enfrentado sob o prisma do sistema jurídico brasileiro, assumindo destaque os artigos 54 e 55 da Lei

---

[182] BACELLAR FILHO, Romeu Felipe. O serviço público. *In*: Carlos E. Delpiazzo (org.). *Estudos Jurídicos en homenaje al Prof. Mariano R. Brito*. Montevidéo: Fundación de Cultura Universitaria, 2008, p. 603-608.

[183] BACELLAR FILHO, Romeu Felipe. Medidas de intervenção das autoridades reguladoras como forma de intervenção: os desafios da regulação na experiência brasileira. *In*: RODRÍGUEZ-ARANA MUÑOZ, Jaime; BENAVIDES PINILLA, Victor Leonel; SCHEFFER TUÑÓN, Javier Ernesto; SENDÍN GARCÍA, Miguel Ángel (org.). *Derecho Administrativo Iberoamericano (discrecionalidad, justicia administrativa y entes reguladores)*. Panamá: Congrex, 2009, v. I, p. 151-162.

[184] BACELLAR FILHO, Romeu Felipe. A estabilidade do ato administrativo criador de direitos à luz dos princípios da moralidade, da segurança jurídica e da boa fé. *In*: RODRÍGUEZ-ARANA MUÑOZ, Jaime; BENAVIDES PINILLA, Victor Leonel; SCHEFFER TUÑÓN, Javier Ernesto; SENDÍN GARCÍA, Miguel Ángel (org.). *El acto administrativo como fuente del Derecho Administrativo en Iberoamérica*. Panamá: Congrex, 2009, p. 137-156.

nº 9.784/99, que vieram concretizar no plano legislativo o conteúdo jurídico dos princípios constitucionais supracitados.

6.2 Atividades de pesquisa realizadas

Dentre as atividades de pesquisa por mim empreendidas, destacam-se duas frentes: (6.2.1) a produção bibliográfica, composta por artigos publicados em periódicos especializados, livros redigidos e coordenados, e capítulos de livros escritos; (6.2.2) as realizações científicas promovidas no Núcleo de Pesquisa em Direito Público do Mercosul, do Programa de Pós-Graduação em Direito da UFPR.

6.2.1 Produção bibliográfica

O conjunto de minha obra foi esmiuçado no tópico destinado à apresentação das linhas de pesquisa e marcos teóricos adotados ao longo de minha trajetória acadêmica. Neste ponto, impende realçar alguns aspectos dessa produção.

(a) Artigos publicados em periódicos

Dos 76 artigos publicados em revistas jurídicas especializadas, merecem destaque, no âmbito nacional, as publicações na: **(i)** *Revista de Direito Administrativo*, editada durante muitos anos pela Editora Renovar e dirigida pelo eminente Professor Caio Tácito, no Rio de Janeiro, hoje publicada pela FGV (Qualis A2); **(ii)** *Interesse Público*, presidida pelo Professor Doutor Juarez Freitas e de cujo Conselho Editorial faço parte desde a sua fundação (Qualis B1); **(iii)** *A&C – Revista de Direito Administrativo & Constitucional*, de cuja Direção-Geral estou incumbido desde a sua fundação em 1999 (Qualis A2); **(iv)** *Sequência*, revista do Programa de Pós-Graduação em Direito da UFSC (Qualis A1); **(v)** *Revista do Instituto dos Advogados do Brasil*, promovida por essa importante entidade; **(vi)** *Revista da Escola da Magistratura do TRF da 4ª Região*.

Além desses, insta referir outros periódicos, nos quais tenho publicações esparsas, tais como: **(vii)** *Revista Jurídica* (Curitiba), organizada pela Faculdade de Direito de Curitiba (Qualis A1); **(viii)** *Revista de Direito Civil Contemporâneo*, publicada pela Editora Thomson Reuters (Qualis A2); **(ix)** *Revista da Faculdade de Direito da Universidade Federal do Paraná*, promovida por essa instituição (Qualis A2); **(x)** *Revista de Direito Administrativo Aplicado*, editorada pela Gênesis; **(xi)** *Revista do Instituto dos Advogados do Paraná*; **(xii)** *Cadernos da Escola de Direito e*

Relações Internacionais, empreendida pela UniBrasil em Curitiba; **(xiii)** *Fórum Administrativo* e **(xiv)** *Fórum de Contratação e Gestão Pública*, coordenadas pela Editora Fórum; **(xv)** *Revista de Direito Municipal*, editada em Belo Horizonte; **(xvi)** *Revista Jurídica Themis*, promovida pelo glorioso Centro Acadêmico Hugo Simas; **(xvii)** *Revista do Advogado*, coordenada pela Associação dos Advogados de São Paulo.

Na esfera internacional, a maior parte dos artigos por mim redigidos foram publicados nas seguintes revistas: **(xviii)** *Actualidad en el Derecho Público*, durante muitos anos dirigida pelos Professores Jorge Luis Salomoni, Guillermo Andrés Muñoz e Pascual Caiella, ex-presidentes da Asociación Argentina de Derecho Administrativo; **(ix)** *Revista Iberoamericana de Derecho Público y Administrativo*, editada na Costa Rica sob os auspícios da Associação Ibero-Americana de Direito Administrativo; **(xx)** *Ópera Prima de Derecho Administrativo* – Revista da Asociación Internacional de Derecho Administrativo, publicada no México; **(xxi)** *Estudios de Derecho Administrativo*, publicada pela editora La Ley, no Uruguai, dirigida pelo Professor Augusto Durán Martínez; **(xxii)** *Revista Eurolatinoamericana de Derecho Administrativo*, publicada pela Red Docente Eurolatinoamericana de Derecho Administrativo, com sede na Argentina; **(xxiii)** *Revista Argentina del Régimen de la Administración Pública*, sob a responsabilidade da Asociación Argentina de Derecho Administrativo, na qual são recorrentemente publicados os anais do Congresso Argentino de Direito Administrativo; **(xxiv)** *Revista Iberoamericana de Administración Pública*, a cargo do prestigioso Instituto Nacional de Administración Pública da Espanha, em Madrid; entre outras.

(b) Livros escritos

Ao longo de minhas atividades de pesquisa, impõe-se a menção a quatro obras centrais:

(i) *Princípios constitucionais do processo administrativo disciplinar* (São Paulo: Max Limonad, 1998), posteriormente publicada sob o título *Processo administrativo disciplinar* (2ª ed. São Paulo: Max Limonad, 2003; 3ª ed. São Paulo: Saraiva, 2011; 4ª ed. São Paulo: Saraiva, 2013), consiste na minha tese de doutoramento, defendida perante a Universidade Federal do Paraná. Trata-se, sem dúvida, de minha contribuição mais importante ao fenômeno jurídico.

(ii) *Direito Administrativo e o novo Código Civil* (Belo Horizonte: Fórum, 2007) traduz a tese por mim sustentada para a conquista do título de Professor Titular de Direito

Administrativo da Pontifícia Universidade Católica do Paraná, em 2004. Encontra-se em harmoniosa consonância com a linha de pesquisa que desenvolvo no Programa de Pós-Graduação em Direito dessa Universidade.

(iii) *Direito Administrativo* (5ª ed. São Paulo: Saraiva, 2009) consiste em manual que sintetiza as linhas gerais do Direito Administrativo, no qual exponho minhas posições sobre os diversos temas relativos a esse ramo jurídico. Condensa grande parte das lições que reproduzi nas aulas da Graduação da UFPR e da PUCPR, funcionando como um guia para os alunos. Volta-se também aos estudiosos em preparação para concursos públicos.

(iv) *Reflexões sobre Direito Administrativo* (Belo Horizonte: Fórum, 2009) tem a pretensão de retratar uma incursão por temas de grande significação para o Direito Administrativo, buscando elucidar alguns assuntos que, por repousarem em zonas de intensa divergência no âmbito jurisprudencial, merecem aprofundada reflexão da doutrina especializada. Temáticas como a ética na Administração Pública, as alterações no regime jurídico do servidor público, o conjunto normativo aplicável ao contrato administrativo, a relação entre serviço público e os direitos fundamentais, as garantias constitucionais do processo administrativo, o regime jurídico das organizações sociais, as questões polêmicas da responsabilidade civil do Estado, dentre outras, são trabalhadas nesse livro.

(v) *Ato administrativo e procedimento administrativo*, volume 5 do *Tratado de Direito Administrativo*, Coordenação da Professora Maria Sylvia Di Pietro, publicação da Thomson Reuters – RT, obra escrita em parceria com o Professor Ricardo Marcondes Martins, já na 2ª edição.

(c) Livros coordenados e organizados

A redução a termo de discussões promovidas em grupos de pesquisa, encontros e conclaves revela-se, muitas vezes, como uma grande contribuição para o estudo do Direito. Não é por outra razão que, durante o magistério, tive a iniciativa de coordenar obras coletivas, muitas vezes resultado de debates, congressos e núcleos de pesquisa.

(i) *Elementos de Direito Internacional Público* (Barueri: Manole, 2003) reúne artigos redigidos individual e coletivamente por pesquisadores do Núcleo de Pesquisa em Direito Público do Mercosul, da Universidade Federal do Paraná.

(ii) *Direito Administrativo Contemporâneo: estudos em memória ao Professor Manoel de Oliveira Franco Sobrinho* (1ª ed. Belo Horizonte: Fórum, 2004; 2ª ed. Belo Horizonte: Fórum, 2011) consiste em obra dedicada ao saudoso Professor Catedrático de Direito Administrativo da UFPR e compõe-se de artigos de renomadíssimos administrativistas brasileiros.

(iii) *Serviços públicos: estudos dirigidos* (Belo Horizonte: Editora Fórum, 2007), coordenada em conjunto com o Professor Doutor Luiz Alberto Blanchet, foi resultado de estudos promovidos pelo Programa de Pós-Graduação em Direito da PUCPR.

(iv) *Integração regional e desenvolvimento* (Florianópolis: Fundação Boiteux, 2007), organizada em parceria com Welber Barral, é fruto dos estudos desenvolvidos no Convênio PROCAD-CAPES, estabelecido entre a Universidade Federal do Paraná (NUPESUL), a Universidade Federal de Santa Catarina e a Universidade Federal do Rio Grande do Sul, em 2006.

(v) *Direito Administrativo e integração regional* (Belo Horizonte: Fórum, 2010), coordenada em parceria com Guilherme Amintas Pazinato da Silva, condensa as palestras apresentadas no Congresso Sul-Americano de Direito Administrativo e no Congresso da Associação de Direito Público do Mercosul, realizados em Foz do Iguaçu sob minha presidência em 2009.

(vi) *Direito Administrativo e interesse público: estudos em homenagem ao Professor Celso Antônio Bandeira de Mello* (Belo Horizonte: Fórum, 2010), coordenada com Daniel Wunder Hachem, a obra traz uma resposta da Escola Paranaense de Direito Administrativo às críticas elaboradas por alguns publicistas ao princípio da supremacia do interesse público sobre o privado, buscando demonstrar a improcedência delas.

(vii) *Aspectos jurídicos da aproximação dos países com vistas ao desenvolvimento: coalizões, integração regional e multilateralismo* (Curitiba: Íthala, 2010), organizada em parceria com Tatyana Scheila Friedrich, reúne estudos produzidos pelos pesquisadores integrantes do NUPESUL-UFPR.

(viii) *Globalização, direitos fundamentais e Direito Administrativo: novas perspectivas para o desenvolvimento econômico e socioambiental* (Belo Horizonte: Fórum, 2011), coordenada em conjunto com Emerson Gabardo e Daniel Wunder Hachem, trata-se dos Anais do I Congresso da Rede Docente Euro-Latino-Americana de Direito Administrativo, fundada em 2011 na PUCPR por iniciativa do Professor Justo Reyna, da Universidad Nacional del Litoral (Argentina).

(ix) *Direito Público no Mercosul: intervenção estatal, direitos fundamentais e sustentabilidade* (Belo Horizonte: Fórum, 2013), coordenada com Daniel Wunder Hachem, consiste nos Anais dos Congressos Sul-Americano de Direito Administrativo e da Associação de Direito Público do Mercosul, realizados em Foz do Iguaçu sob minha presidência em 2012.

(d) Capítulos de livros

Significativa parcela de minha produção teórica encontra-se publicada em capítulos de livros coordenados e organizados por professores de Direito Administrativo.

Vários deles, sobre os quais já tratei especificamente no tópico sobre as linhas de pesquisa e marcos teóricos, foram publicados em coletâneas promovidas em homenagem a juristas nacionais e estrangeiros, tais como:

1. Jaime Rodríguez-Arana Muñoz; Ernesto Jinesta Lobo (org.). *El Derecho Administrativo en perspectiva: En homenaje al Profesor Dr. José Luis Meilán Gil*. Buenos Aires: RAP, 2014.
2. Flávio Henrique Unes Pereira; Márcio Cammarosano; Marilda de Paula Silveira; Maurício Zockun (org.). *O Direito Administrativo na jurisprudência do STF e do STJ: homenagem ao Professor Celso Antônio Bandeira de Mello*. Belo Horizonte: Fórum, 2014.
3. Romeu Felipe Bacellar Filho; Daniel Wunder Hachem (Org.). *Direito Administrativo e interesse público: estudos em homenagem ao Professor Celso Antônio Bandeira de Mello*. Belo Horizonte: Fórum, 2010.
4. Floriano de Azevedo Marques Neto; Fernando Dias Menezes de Almeida; Irene Patrícia Nohara; Thiago Marrara (org.). *Direito e Administração Pública: estudos em homenagem a Maria Sylvia Zanella Di Pietro*. São Paulo: Atlas, 2013.

5. Alécia Paolucci Nogueira Bicalho; Maria Tereza Fonseca Dias (org.). *Contratações públicas: estudos em homenagem ao Professor Carlos Pinto Coelho Motta*. Belo Horizonte: Fórum, 2013.
6. Fernando Dias Menezes de Almeida; Floriano de Azevedo Marques Neto; Luiz Felipe Hadlich Miguel; Vitor Rhein Schirato (org.). *Direito Público em evolução: estudos em homenagem à Professora Odete Medauar*. Belo Horizonte: Fórum, 2013.
7. Volnei Ivo Carlin (org.). *Grandes temas de direito administrativo: homenagem ao Professor Paulo Henrique Blasi*. Campinas: Conceito Editorial e Millennium Editora, 2009;
8. Cristiana Fortini (org.). *Servidor público: estudos em homenagem ao Professor Pedro Paulo de Almeida Dutra*. Belo Horizonte: Fórum, 2009.
9. Fabrício Motta (org.). *Direito Público atual: estudos em homenagem ao Professor Nélson Figueiredo*. Belo Horizonte: Editora Fórum, 2008.
10. Carlos E. Delpiazzo (org.). *Estudos Jurídicos en Homenaje al Prof. Mariano R. Brito*. Montevidéo: Fundación de Cultura Universitaria, 2008.
11. Marcelo Figueiredo; Valmir Pontes Filho (org.). *Estudos de Direito Público em homenagem a Celso Antônio Bandeira de Mello*. São Paulo: Malheiros, 2006.
12. David Cienfuegos Salgado; Miguel Alejandro López Olvera (org.). *Estudios en homenaje a don Jorge Fernández Ruiz. Responsabilidad, contratos y servicios públicos*. México: Universidad Nacional Autónoma de México, 2005.
13. Luiz Guilherme da Costa Wagner Júnior (org.). *Direito Público: estudos em homenagem ao Professor Adilson Abreu Dallari*. Belo Horizonte: Del Rey, 2004.
14. Romeu Felipe Bacellar Filho (org.). *Direito Administrativo contemporâneo: estudos em memória ao Professor Manoel de Oliveira Franco Sobrinho*. Belo Horizonte: Fórum, 2004.
15. Cármen Lúcia Antunes Rocha (org.). *Constituição e segurança jurídica: direito adquirido, ato jurídico perfeito e coisa julgada. Estudos em homenagem a José Paulo Sepúlveda Pertence*. Belo Horizonte: Editora Fórum, 2004.
16. Luciano Ferraz; Fabrício Motta (org.). *Direito Público moderno: homenagem especial ao Professor Paulo Neves de Carvalho*. Belo Horizonte: Del Rey, 2003.

17. Outros foram publicados em obras internacionais, como produto de debates promovidos em congressos internacionais, realizados principalmente nos países ibero-americanos, a saber:
18. Jaime Rodríguez-Arana Muñoz (org.). *Ius Comparatum – Global Studies in Comparative Law.* Switzerland: Springer International Publishing, 2016.
19. Jaime Rodríguez-Arana Muñoz; Jorge Fernández Ruiz; Luis José Béjar Rivera; María del Carmen Rodríguez Martin-Retortillo (org.). *La responsabilidad patrimonial de la Administración Pública.* México D. F.: Espress, 2014.
20. Romeu Felipe Bacellar Filho; Daniel Wunder Hachem (org.). *Direito Público no Mercosul:* intervenção estatal, direitos fundamentais e sustentabilidade. Belo Horizonte: Fórum, 2013.
21. Jaime Rodríguez-Arana Muñoz *et alli* (org.). *Contratación pública:* doctrina nacional e internacional. Arequipa: Adrus Editores, 2013.
22. Jaime Rodríguez-Arana Muñoz; Miguel Ángel Sendín García; Alejandro Pérez Hualde; Emilio Vázquez Viera; Ismael Farrando (org.). *Derecho Administrativo Iberoamericano:* Anales del IV Congreso Internacional de Derecho Administrativo. Buenos Aires: RAP, 2011.
23. Jaime Rodríguez-Arana Muñoz; José Belarmino Jaime; Miguel Ángel Sendín García; Henry Alexander Mejía; Miguel Ángel Cardoza Ayala (org.). *Congreso Internacional de Derecho Administrativo: Anales.* San Salvador: Corte Suprema de Justicia – Sección de Publicaciones, 2011.
24. José René Olivos Campos (org.). *Derechos Humanos en Ibero-América.* México: Centro de Investigación y Desarollo del Estado de Michoacán, 2010.
25. Jaime Rodríguez-Arana Muñoz; Miguel Ángel Sendín García; Alejandro Pérez Hualde; Ismael Farrando; Julio Pablo Comadira (org.). *Fuentes del derecho administrativo.* Buenos Aires: RAP, 2010.
26. Claudio Martín Viale (org.). *Derecho Común y Derecho Administrativo: diferencias y contactos.* Córdoba: Lerner, 2009.
27. Jaime Rodríguez-Arana Muñoz; Victor Leonel Benavides Pinilla; Javier Ernesto Scheffer Tuñón; Miguel Ángel Sendín García (org.). *El acto administrativo como fuente del Derecho Administrativo en Iberoamérica.* Panamá: Congrex, 2009.

28. Jaime Rodríguez-Arana Muñoz; Victor Leonel Benavides Pinilla; Javier Ernesto Scheffer Tuñón; Miguel Ángel Sendín García (org.). *Derecho Administrativo Iberoamericano (discrecionalidad, justicia administrativa y entes reguladores)*. Panamá: Congrex, 2009.
29. Víctor Hernández-Mendible (org.). *Derecho Administrativo Iberoamericano*. Caracas: Ediciones Paredes, 2007.
30. Jorge Fernández Ruiz; Javier Santiago Sánchez (org.). *Regímen jurídico de la radio, televisión y telecomunicaciones en general: culturas y sistemas jurídicos comparados*. México: Universidad Nacional Autónoma de México, 2007.
31. Germán Cisneros Farías; Jorge Fernández Ruiz; Miguel Alejandro López Olvera (org.). *Control de la Administración Pública*. México: Universidad Nacional Autónoma de México, 2007.
32. Jorge L. Salomoni; Romeu F. Bacellar Filho; Domingo J. Sesin (org.). *Ordenamientos nacionales y ordenamientos administrativos nacionales: jerarquía, impacto y derechos humanos*. Buenos Aires: Ad-Hoc, 2006.
33. Asociación Iberoamericana de Derecho Administrativo (org.). *Cultura y Sistemas Jurídicos Comparados*. México: Universidad Nacional Autónoma de México, 2006.
34. Asociación Iberoamericana de Profesionales en Derecho Público y Administrativo "Jesús González Pérez" (org.). *La responsabilidad del Estado frente a terceros*. Guayaquil: Asociación Iberoamericana de Profesionales en Derecho Público y Administrativo "Jesús González Pérez", 2005.
35. Jorge Fernández Ruiz (org.). *Derecho Administrativo: Memoria del Congreso Internacional de Culturas y Sistemas Jurídicos Comparados*. México: Universidad Nacional Autónoma de México, 2005.
36. Jorge Danós Ordóñez; Eloy Espinosa-Saldaña Barrera (org.). *Derecho Administrativo*. 1ª ed. Lima: Jurista Editores, 2004.
37. Instituto Nacional de Administración Pública (Org.). *La profesionalización de la función pública en Iberoamérica*. Madrid: INAP, 2002.
38. Há ainda os capítulos de livro publicados em obras destinadas a temas específicos, como:
39. Rafael Valim; José Roberto Pimenta Oliveira; Augusto Neves Dal Pozzo (org.). *Tratado sobre o princípio da segurança jurídica no Direito Administrativo*. Belo Horizonte: Fórum, 2013.

40. Adilson de Abreu Dallari; Carlos Valder do Nascimento; Ives Gandra da Silva Martins (org.). *Tratado de Direito Administrativo*. São Paulo: Saraiva, 2013.
41. Altamir Coutinho; Egon Bockmann Moreira; Fábio Marcelo de Rezende Duarte; Luciano Benetti Timm; Romeu Felipe Bacellar Filho (org.). *Concessão de rodovias – Responsabilidade Civil*. São Paulo: Quartier Latin, 2012.
42. Raquel Dias da Silveira; Rodrigo Pironti Aguirre de Castro (org.). *Estudos dirigidos de gestão pública na América Latina*. Belo Horizonte: Fórum, 2011.
43. Martha Lucía Bautista Cely; Raquel Dias da Silveira (org.). *Direito Disciplinário Internacional: estudos sobre a formação, profissionalização, disciplina, transparência, controle e responsabilidade da função pública*. Belo Horizonte: Fórum, 2011.
44. Jefferson Carús Guedes; Juliana Sahione Mayrink Neiva (org.). *Concessão de rodovias*. Brasília: Quartier Latin, 2011.
45. Rodrigo Pironti (org.). *Lei de Responsabilidade Fiscal: ensaios em comemoração aos 10 anos da Lei Complementar nº 101/00*. Belo Horizonte: Fórum, 2010.
46. Cristiana Fortini; Júlio César dos Santos Esteves; Maria Tereza Fonseca Dias (org.). *Políticas públicas: possibilidades e limites*. Belo Horizonte: Editora Fórum, 2008.
47. Luiz Manuel Fonseca Pires; Maurício Zockun; Renata Porto Adri (org.). *Corrupção, ética e moralidade administrativa*. Belo Horizonte: Editora Fórum, 2008.
48. Welber Barral; Luiz Otávio Pimentel; Carlos M. Correa (org.). *Direito, desenvolvimento e sistema multilateral de comércio*. Florianópolis: Fundação Boiteux, 2008.
49. Romeu Felipe Bacellar Filho; Luiz Alberto Blanchet (org.). *serviços públicos: estudos dirigidos*. Belo Horizonte: Editora Fórum, 2007.
50. Carlos Fernando Correa de Castro (org.). *Ética, disciplina e processo*. Florianópolis: Conceito Editorial, 2007.
51. José Eduardo Martins Cardozo; João Eduardo Lopes Queiroz; Márcia Walquíria Batista dos Santos (org.). *Curso de Direito Administrativo Econômico*. São Paulo: Malheiros, 2006, v. I.
52. Juarez Freitas (org.). *Responsabilidade civil do Estado*. São Paulo: Malheiros, 2006.
53. Fabricio Motta (org.). *Concurso público e Constituição*. Belo Horizonte: Editora Fórum, 2005.

54. Paulo Modesto; Oscar Mendonça (org.). *Direito do Estado: novos rumos*. 1 ed. São Paulo: Max Limonad, 2001.
55. Instituto Brasileiro de Estudos Tributários (org.). *Justiça Tributária: direitos do fisco e garantias dos contribuintes nos atos da administração e no processo tributário*. São Paulo: Max Limonad, 1998.

6.2.2 Núcleo de Pesquisa em Direito Público do Mercosul

A criação do Núcleo de Pesquisas em Direito Público do Mercosul foi contemporânea à da Associação de Direito Público do Mercosul, no final de 1997 e início de 1998. Aproveitando a estada em Curitiba dos Professores Guillermo Andrés Muñoz, Jorge Salomoni, Pascual Caiella (Argentina), Mariano Brito, Juan Pablo Cajarville Peluffo e Carlos Delpiazzo (Uruguai), Luiz Enrique Chase Plate (Paraguai), Enrique Silva Cimma (Chile), membros natos da Associação de Direito Público do Mercosul, o Professor Luiz Alberto Machado, dinâmico e realizador, então dirigindo o Programa de Pós-Graduação em Direito da UFPR, resolveu instituir o importante núcleo, designando-me como Coordenador, função que exerci até a minha aposentadoria com a inestimável colaboração da Professora de Direito Internacional da UFPR, Dra. Tatyana Scheila Friedrich, que me sucedeu na direção do grupo. O núcleo, por seus incontáveis colaboradores, já fez publicar diversas obras, sendo um dos esteios da pós-graduação da Faculdade de Direito da UFPR.

Trata-se de um importante centro de minhas pesquisas, especialmente aquelas vinculadas à linha "Perspectivas jurídicas do Mercosul e do Direito Administrativo Ibero-Americano". Ele tem por objetivo o desenvolvimento de atividades de ensino, pesquisa e extensão relativas aos assuntos de interesse jurídico-político do Mercosul.

O NUPESUL é composto por, no mínimo, 10 e, no máximo, 30 participantes, bacharéis ou acadêmicos de Direito ou áreas afins, da UFPR ou outras universidades, escolhidos através de processo público de seleção, mediante edital de convocação.

Na área da pesquisa, o núcleo por mim coordenado produziu uma série de artigos jurídicos. No biênio 2001/2002, os seguintes temas foram estudados pelos pesquisadores do núcleo: Soberania jurídica do Estado, Relações internacionais no direito constitucional do Mercosul, Sistema de solução de controvérsias nos países do Mercosul, Direitos humanos fundamentais no contexto da integração regional e as relações Alca-Mercosul. O resultado das pesquisas foi compilado no já referido livro *Elementos de Direito Internacional Público*, editado pela Manole em 2003.

A agenda 2003/2004 incluiu discussões sobre Segurança jurídica no Mercosul, Governo Lula e Mercosul, meio ambiente, Alca, dentre outras. O NUPESUL planejou uma série de novos convênios, com diversas instituições brasileiras e estrangeiras, com vistas a dar um caráter mais executivo a suas atividades. No ano de 2005, os temas versaram sobre questões trabalhistas, tributárias, institucionais, políticas e ambientais na Integração Regional.

Em 2006, já implantado o Convênio PROCAD-CAPES entre UFPR, UFSC e UFRGS, as pesquisas se concentraram na área de Desenvolvimento, vinculado ao tema da integração regional, da educação e da corrupção, entre outros, estudados a partir, mas não exclusivamente, da obra de Amartya Sen. As discussões transformaram-se no livro publicado em 2007 pela Fundação Boiteux, denominado *Integração regional e desenvolvimento*, que coordenei em conjunto com o Professor Walber Barral.

No ano de 2007, vários temas foram estudados, e dois artigos foram selecionados para o livro editado no âmbito do PROCAD: "A constituição do Parlamento Comum do Mercosul como mecanismo de aperfeiçoamento da integração entre seus países membros",[185] que redigi em coautoria com Guilherme de Salles Gonçalves e Tatyana Scheila Friedrich, além do artigo da Profª Rosicler dos Santos, sobre Democracia e desenvolvimento do Mercosul. No mesmo ano, o núcleo marcou sua participação efetiva no evento "II Seminário Direito, Desenvolvimento e Sistema Multilateral de Comércio" e "III Congresso Latino-Americano da 'European Community Studies Association'", realizados na Universidade Federal de Santa Catarina em Florianópolis (10 a 12.09.2007), no qual vários dos seus pesquisadores proferiram palestras.

As comemorações dos 10 anos do NUPESUL aconteceram no dia 28 de agosto de 2008, com a conferência do Professor da Universidade Nova de Lisboa, Dr. Mário Aroso de Almeida, sobre *Licitações públicas na União Europeia*, além de eventos festivos. Em 2009,

---

[185] BACELLAR FILHO, Romeu Felipe; FRIEDRICH, Tatyana Scheila; GONÇALVES, Guilherme de Salles. A Constituição do Parlamento Comum do Mercosul como mecanismo de aperfeiçoamento da integração entre seus países membros. In: BARRAL, Welber; PIMENTEL, Luiz Otávio; CORREA, Carlos M. (org.). *Direito, desenvolvimento e sistema multilateral de comércio*. Florianópolis: Fundação Boiteux, 2008, p. 387-407.

foram realizados encontros mensais com início em março e término em dezembro, resultando na produção de uma série de palestras que foram transformadas em artigos, sobre temas como "O Tribunal Arbitral do Mercosul e seus laudos arbitrais – importância para o desenvolvimento do bloco"; "O Tratado de Itaipu de 1973 – possibilidade de revisão antecipada?"; "Restrições ambientais ao livre-comércio no Mercosul – o caso dos pneus"; "Cooperação tecnológica e científica entre empresas públicas e privadas no Mercosul"; "A criação de uma instância superior como elemento desenvolvedor do Mercosul"; "O papel do TPR na consolidação das normas do Mercosul e análise comparativa com o método europeu"; "Comércio internacional, integração e desenvolvimento" e "Investimentos estrangeiros e desenvolvimento".

Das parcerias internacionais do NUPESUL, merecem atenção a iniciativa "Universidade Binacional", com a Universidade da República de Montevideo, e o "Programa Internacional para la institución y gestión del Centro Internacional de Excelência, Integración y Desarrollo", firmado entre os governos do Brasil e do Uruguai.

CAPÍTULO 7

ATUAÇÃO EM INSTITUTOS, ASSOCIAÇÕES CIENTÍFICAS E ENTIDADES DE CLASSE

Penso, sem pretender ser presunçoso, que uma das minhas principais atuações como Professor de uma instituição pública foi a de contribuir para a difusão do conhecimento do Direito Administrativo no Estado do Paraná (IPDA), no Brasil (IBDA), no Mercosul (Associação de Direito Público do MERCOSUL) e na Ibero-América (Associação Ibero-Americana de Direito Administrativo), através da realização de congressos, eventos e colóquios, sempre homenageando e prestigiando os nossos consagrados mestres, jamais esquecendo de estimular os jovens talentos.

É com esse propósito que, ao longo de minha atuação, busquei realizar uma série de intercâmbios acadêmicos e científicos, nacional e internacionalmente, como forma de promover uma interação entre o ensino e a pesquisa produzidos na universidade com a comunidade jurídica do exterior.

7.1   Instituto de Direito Romeu Felipe Bacellar

O Instituto de Direito Romeu Felipe Bacellar é uma instituição de ensino criada em homenagem ao meu pai, Professor de Direito, pesquisador, que por muitos anos, a duras penas, manteve a prestigiada revista jurídica *Fórum do Paraná*. Sua criação pode ser retratada como um preito de admiração e reconhecimento a um homem que dedicou sua vida ao Direito, jamais pensando em qualquer retribuição. Daí por que o Instituto revela-se como um ideal de vida e não um meio de vida. Propõe-se a um trabalho de aperfeiçoamento e especialização de profissionais da área do direito (advogados, juízes, membros do Ministério Público, procuradores, etc.) notadamente aqueles cuja atuação é voltada ao Magistério do Direito, pretendendo transformar-se num centro de excelência em pós-graduação *lato sensu*.

A existência do Instituto de Direito Romeu Felipe Bacellar, que nasceu no dia 2 de junho de 2000 como um dos mais modernos e tecnologicamente sofisticados centros de ensino do Estado do Paraná, vem contribuindo para o fomento de novos talentos em todas as áreas de investigação do Direito, mormente na área do Direito Administrativo.

Nesse contexto, um dos escopos primordiais da empreitada é possibilitar aos estudiosos, inclusive àqueles oriundos das camadas mais humildes, mediante a concessão de bolsas de estudos, uma chance de dar sequência à irresistível vocação para a formação acadêmica e ao aperfeiçoamento profissional nos ramos do Direito Público.

Bem se sabe que a construção de um centro de excelência é uma tarefa árdua, que demanda tempo, dedicação e persistência. Todavia, é este o espírito dos professores que integram tanto a coordenação quanto o corpo docente. A busca pelo amadurecimento intelectual dos alunos é realizada através da proximidade entre aluno e professor, mas sempre se optando por um regime de grande seriedade e exigência.

Ademais, dentro do espírito de incentivo ao estudo do Direito, funcionam no Instituto, comissões de estudo temático, que estão incumbidas de refletir questões pertinentes ao cenário jurídico atual e de relevante importância para toda a comunidade, nelas participando nomes de destaque profissional e acadêmico em nosso Estado. No segundo semestre de 2000, foram instaladas duas comissões: uma sobre o projeto de revisão da Constituição Estadual e outra sobre o projeto da lei estadual de processo administrativo.

A partir de então, ambos os temas foram estudados de forma detalhada, resultando os trabalhos na elaboração de relatórios preliminares, que foram apresentados no Simpósio Paranaense de Direito Administrativo, realizado de 18 a 20 de outubro daquele ano. No primeiro semestre de 2003 formaram-se outras duas comissões. Uma para estudar a elaboração de uma Lei de Processo Administrativo para o Município de Curitiba e outra para estudar a reforma do Regimento Interno da Assembleia Legislativa do Estado do Paraná. São formas de colaborar com o setor público a partir do conhecimento produzido na pós-graduação.

Pelo auditório do Instituto – inaugurado com uma conferência magistral proferida pelo Prof. Celso Antônio Bandeira de Mello – já desfilaram os mais consagrados juristas nacionais e estrangeiros, dos diversos Estados da federação brasileira e de países como Argentina (Guillermo Andrés Muñoz, Agustín Gordillo, Juan Carlos Cassagne, Irmgard Lepenies, Jorge Salomoni, Julio Rodolfo Comadira, Pascual Caiella, Roberto Dromi, Carlos Balbin, Justo Reyna, Eduardo Bordas, Pablo Gutiérrez Colantuono, Miriam Mabel Ivanega e Juan Gustavo Corvalán); Uruguai (Mariano Britto, Daniel Hugo Martinez, Juan Pablo Cajarville Peluffo, Augusto Durán Martinez, Carlos Delpiazzo, Felipe Rotondo e Pablo Schiavi); Paraguai (Luiz Enrique Chase Plate, Marco Aurélio Gustavo Maldonado e Miguel Angel Pangracio Ciancio); Venezuela (Allan Brewer-Carias e Victor Hernández-Mendible); Chile (Enrique Silva Cimma e Rolando Pantoja Bauzá); México (Jorge Fernandez Ruiz, Germán Cisneros e Jorge Abdo Francis); Peru (Gustavo Bacacorzo e Jorge Danós Ordoñéz); Bolívia (José Mario Serrate Paz); Colômbia (Consuelo Sarria, Libardo Rodriguez, Jorge Santofimio Gamboa, Luísa López García e Grenfith Sierra Cadena); Costa Rica (Enrique Rojas Franco e Ernesto Jinesta Lobo); Cuba (Andry Matilla Correa); El Salvador (Henry A. Mejía); Estados Unidos (Richard Albert), França (Jacqueline Morand-Deviller, Pierre Bourdon e Marie-Anne Cohendet), Espanha (Eduardo García de Enterría, Jesus González Pérez, José Luiz Meilán Gil, Luciano Parejo Alfonso e Jaime Rodríguez-Arana Muñoz); Itália (Sabino Cassesse), Portugal (Mario Aroso, Fausto de Quadros e Pitta e Cunha), entre tantos outros.

    A principal frente de atuação do Instituto deu-se mediante a oferta, por mais de duas décadas, de Cursos de Especialização – Pós-Graduação *lato sensu* – nas áreas de Direito Processual Civil e Direito Administrativo. O primeiro, coordenado por Teresa Arruda Alvim, Eduardo Talamini e Paulo Osternack Amaral. O segundo, durante os primeiros dez anos, foi coordenado por Emerson Gabardo e Adriana Schier; nos dez anos seguintes, passou a ser coordenado por Daniel Hachem e Felipe Gussoli.

    A Coordenação-Geral do Instituto foi desempenhada, nos primeiros 10 anos, pelo Professor Emerson Gabardo, a quem sou muito grato pelo trabalho de estruturação dos cursos, das coordenações, e, principalmente, pela organização, a fim de atender a todas as exigências do Ministério da Educação para a obtenção de autorização para funcionar como instituição especialmente credenciada. Na primeira década de funcionamento do Instituto, o MEC emitia resolução que autorizava instituições que não eram Faculdades, Centros Universitários ou Universidades a receberem um credenciamento especial para a oferta e certificação autônomas de cursos de pós-graduação *lato sensu*. Os requisitos para a obtenção da autorização eram rigorosíssimos. Logramos essa grande conquista de forma pioneira no Estado do Paraná, mercê do árduo trabalho dos Professores Emerson Gabardo e Adriana Schier (Direito Administrativo), de Teresa Celina de Arruda Alvim e Eduardo Talamini (Processo Civil) e de toda a equipe. Alguns anos depois, o MEC revogou a resolução geral que permitia o credenciamento especial, passando a restringir a prerrogativa de concessão de certificados de Especialização às Faculdades, Centros Universitários e Universidades.

Em 2010, quando foi aprovado nos concursos para Professor de Direito Administrativo da UFPR e da PUCPR, Emerson deixou o cargo de coordenador-geral, que passou a ser exercido pela reconhecida jurista Professora Doutora Regina Maria Macedo Nery Ferrari, nos dez anos seguintes, a quem sou igualmente grato por sua contribuição e alentada dedicação.

A passagem pelo Instituto da Professora Teresa Celina de Arruda Alvim outorgou à Disciplina de Processo Civil um requinte sem precedentes. Além de sua reconhecida capacidade como professora de direito e doutrinadora, suas relações internacionais contribuíram para a vinda ao Instituto de inúmeros doutrinadores de renome, da Itália e, sobretudo, da Alemanha.

Da mesma forma, Eduardo Talamini, que a sucedeu na Coordenação, também pelo respeito e prestígio que conquistou, deu continuidade ao magnífico trabalho até então desenvolvido. Expresso minha gratidão a ambos.

Não há como falar da história do Instituto Bacellar sem mencionar Adélia Berberi, nossa gerente administrativa, que por tantos anos dedicou-se com afinco a essa instituição, vestindo a camisa e cativando alunos e professores com seu jeito paradoxalmente sisudo e carinhoso. E também merece minha especial gratidão Isabelle Bacellar, minha filha, que administrando os setores financeiro e de marketing do Instituto, sempre foi peça imprescindível para o êxito de todas as nossas empreitadas.

Permanecemos inertes durante toda a pandemia. Os custos que enfrentamos para manter a Instituição aberta são inimagináveis. Nessa triste fase que todos nós vivenciamos, proliferaram, no Brasil, os cursos não presenciais, alguns de discutível qualidade e cobrando mensalidades irrisórias. Na volta, lamentavelmente, a procura de vagas não foi a esperada, razão que me leva a – após vinte e dois anos de fulgurante sucesso – encerrar as atividades.

7.2 Instituto Brasileiro de Direito Administrativo

O Instituto Brasileiro de Direito Administrativo, entidade que congrega os mais respeitados administrativistas do país, nasceu em Curitiba no ano de 1975, por ocasião da realização do 1º Congresso Brasileiro de Direito Administrativo. Organizado pelo Professor Manoel de Oliveira Franco Sobrinho, consagrados publicistas participaram do evento, sendo imprescindível citar Themístocles Brandão Cavalcanti, Oswaldo Aranha Bandeira de Mello, Cotrim Neto, Caio Tácito, Hely Lopes Meirelles, Lafayette Pondé, Marcello Caetano, Paulo Neves de Carvalho, Miguel Seabra Fagundes e José Cretella Junior. Embora já reconhecidos como professores, surgiram na oportunidade, para encanto da plateia, Celso Antônio Bandeira de Mello, Geraldo Ataliba, Sérgio Ferraz, Pedro Paulo de Almeida Dutra, Lúcia Valle Figueiredo e Adilson Dallari. Orgulho-me de ser membro fundador dessa importantíssima instituição, que, por generosidade de meus companheiros, presidi por dois mandatos (1995-1998 e 1998-2001).

Sob a minha presidência, contando com uma diretoria de grande expressão, o Instituto realizou seis congressos, todos cercados de grande sucesso. Os temas escolhidos, de indiscutível importância; os participantes, dotados de veemente oratória; os concursos de monografia; o conjunto, enfim, ao tempo em que maravilhava os assistentes, estimulava-os ao aprofundamento no estudo do Direito Administrativo. Por dever de reconhecimento, devo lembrar o apoio e a ajuda recebida, notadamente nos congressos realizados em Foz do Iguaçu, do querido amigo Jorge Miguel Samek, então Presidente da Itaipu Binacional.

Os Presidentes que me sucederam, Pedro Paulo de Almeida Dutra, Valmir Pontes Filho, Márcio Cammarosano, Clóvis Beznos, Juarez Freitas, Fabrício Motta e Maurício Zockun, através de gestões marcadas pela seriedade e dinamismo, acrescentaram modernidade e prestígio ao Instituto. Já no final das narrativas contidas neste trabalho, durante a realização do Congresso anual que sempre realizamos, foi eleita, por aclamação, para presidir nosso Instituto a estimada Professora Cristiana Fortini. Somando-se à sua notável titulação, nossa nova Presidente, dotada de uma personalidade marcante e firmeza de caráter, é advogada combativa e respeitada, reunindo todos os méritos para presidir, como primeira representante feminina, nossa gloriosa Instituição.

7.3 Instituto Paranaense de Direito Administrativo

O Estado do Paraná e, em especial, a cidade de Curitiba, por incrível que possa parecer, notabilizava-se pelo culto à autofagia. Não são poucos os que, com a minha idade, enfrentaram as mais variadas adversidades para alcançar um lugar dentro do cenário jurídico. O quadro necessitava de uma urgente transformação.

Com o apoio do Prof. Manoel de Oliveira Franco Sobrinho, atendendo a uma conclamação que fiz, um grupo de professores decidiu por uma vigorosa reação em todas as áreas do conhecimento jurídico. Criamos, na presença de Miguel Seabra Fagundes (nosso sócio-fundador) e de Manoel de Oliveira Franco Sobrinho (nosso Presidente de Honra), na cidade Foz do Iguaçu, o Instituto Paranaense de Direito Administrativo em 1992. Assumi a Presidência, que exerci até o final de 2009. Realizamos, eu e meus companheiros, dezenas de eventos. Com isso, passamos a nos relacionar com todas as Faculdades de Direito do Estado e, fundamentalmente, a convidar professores do interior para atuarem em bancas e palestras nas instituições de ensino da capital.

A recíproca mostrou-se verdadeira. Os convites aos professores da capital, oriundos, notadamente do norte e do sudoeste do Paraná, que eram muito raros, passaram a ser usuais. A partir do intenso relacionamento, surgiu entre nós um grande respeito, além de indispensável solidariedade e, sobretudo, de sincera afetividade.

Fui sucedido pelo Professor Paulo Roberto Ferreira Motta, que, após o término de seu mandato, passou a Presidência ao Professor Edgar Chiuratto Guimarães, atual Presidente, em seu segundo mandato. Foram gestões de reconhecida qualidade e sucesso, com a implantação de nova mentalidade e a incorporação de novos membros, resultando num trabalho profícuo e participativo. Recentemente, tivemos a oportunidade de eleger a Professora Adriana Schier como Presidente de nosso Instituto. Primeira mulher a ocupar o importante cargo, por seus incontáveis méritos, a Professora Adriana, certamente, fará uma gestão acrescentando qualidade e grandeza a nossa Instituição.

7.4 Associação de Direito Público do Mercosul

Foram várias as tentativas de criação de uma entidade que congregasse professores de Direito Administrativo na América do Sul. A excessiva vaidade de alguns, além de inexplicável sentimento de bairrismo, gerava, sobretudo entre Brasil e Argentina, um imenso fosso. Descontentes com essa realidade, um importante grupo de professores argentinos, uruguaios, chilenos, paraguaios e bolivianos, a que se somou a representação brasileira, reuniu-se na cidade de Buenos Aires com o objetivo de criar uma Associação que fosse efetivamente representativa e que passasse ao largo de eventuais ruídos fronteiriços.

     Restou, então, criada a Associação de Direito Público do Mercosul. A Presidência, pelo fato de o evento estar sendo realizado por iniciativa dos argentinos em sua capital, por ordem natural, caberia a Guillermo Andrés Muñoz, expoente do Direito Administrativo argentino e um ser digno de orgulhar o gênero humano. Por ato de extrema generosidade, somado à importância do Brasil para perpetuação da nova entidade, por unanimidade, fui eleito Presidente, cargo que desempenhei por 15 anos, sendo sucedido por Irmgard Lepenies e Eduardo Bordas, atual Presidente. Realizamos inúmeros congressos e seminários nos diversos países que compõem a nossa entidade, sendo o último realizado no Brasil, na cidade de Foz do Iguaçu/PR. A partir da criação da Associação, incrementou-se um significativo intercâmbio entre juristas e Faculdades de Direito, sendo comum a citação recíproca entre sul-americanos, o que até então era raro. A respeito de Irmgard, desde que a conheci, através de Guillermo Muñoz, tive por ela uma admiração imediata. Guillermo sempre se referia a Irmgard como "La Jefa", a quem devíamos seguir e obedecer. Tinha plena razão. Como disse em discurso que lhe dirigi, Irmgard revela-se uma dessas raras criaturas que, como advogada, e como professora, posicionando-se sempre adiante de seu tempo, elevou-se da altura comum, sem outro apoio senão do seu próprio valor. Já na idade madura, Irmgard desfruta, por certo, do sentimento mais glorioso para qualquer pessoa, que é o de contemplar sua vida alargada no tempo pela multidão de discípulos que difundem suas ideias.

     Como decorrência da grande amizade que me unia aos Mestres argentinos Jorge Salomoni, Guillermo Muñoz, Pascual Caiella e Marcelo Salinas, deliberamos criar em nossos respectivos territórios, uma revista jurídica que pudesse expressar toda a importância que outorgávamos às nossas relações, além de oferecer oportunidade aos juristas de ambos os países de expressarem a suas abalizadas opiniões. Assim é que tendo como Diretores os amigos antes mencionados, no mês de maio de 1995, foi lançada a Revista *AeDP – Actualidad en el Derecho Público*, de cujo Comitê Científico passei a fazer parte. No Brasil, com vinculação ao Instituto de Direito Romeu Felipe Bacellar, criamos a *A&C – Revista de Direito Administrativo e Constitucional*, contratando a Juruá Editora, de propriedade do amigo e Professor Ernani Pacheco, para edições trimestrais objetivando publicar artigos de grande qualidade, produzidos por juristas brasileiros e estrangeiros (notadamente argentinos) e, mais precisamente, voltados à área das pesquisas desenvolvidas no Direito Constitucional e no Direito Administrativo.

De início, os trabalhos de leitura, seleção e preparação da revista a serem encaminhados para a editora eram exercidos por mim, pelo Professor Paulo Motta e pelo Professor Edgar Guimarães. Por serem extremamente dispendiosas, as edições produzidas pela Juruá se estenderam por, aproximadamente, três anos, quando, por acordo, rescindimos o contrato. Na sequência, sem interrupção e contando com o indispensável auxílio do Professor Emerson Gabardo, depois, Daniel Hachem, Editores Acadêmicos, firmamos contrato com a Editora Fórum, do também amigo Luís Cláudio Rodrigues Ferreira, de Belo Horizonte/MG, empresário de visão, que fez de sua empresa uma das mais bem conceituadas do país. Nossa vitoriosa parceria já se estende por mais de 20 anos. Atualmente, além do Daniel, contamos com o prestigioso auxílio da Professora Ana Cláudia Finger e do Professor Felipe Gussoli, Editores Adjuntos. Sempre em evolução, sem esmorecimentos, nossa revista periódica, motivo de orgulho de todos nós, encontra-se classificada no estrato A2 do Sistema Qualis da Capes – Área do Direito, além de estar indexada na *Web of Science e Scopus*, as bases de dados de maior prestígio internacional.

7.5 Associação Ibero-Americana de Direito Administrativo

A princípio, havia certa inquietação entre os membros da Associação de Direito Público do Mercosul com a criação da Associação Ibero-Americana de Direito Administrativo. Contudo, criada a entidade na Costa Rica, a primeira reunião na cidade de Madrid serviu para desfazer qualquer incompreensão. Com objetivos mais alargados, pretendia-se reunir, além de Espanha e Portugal, o México, toda a América Central e a América do Sul. O sucesso era inevitável.

Fui o quarto Presidente dessa entidade. Tive a oportunidade de realizar três congressos, dois em Curitiba e outro na Costa Rica, onde recebi dupla e comovente homenagem. Ao tempo em que criavam o nome de prêmio "Profesor Don Romeu Felipe Bacellar Filho", fui surpreendentemente homenageado com a realização do "Congreso Iberoamericano de Derecho Público y Administrativo en honor al distinguido administrativista brasileño Dr. Romeu Felipe Bacellar Filho".

Esta associação tem prestado um relevante serviço não só ao Direito Administrativo, mas também em defesa das instituições democráticas em todos os continentes onde atua. Uma de suas mais significativas atuações reside na publicação periódica da *Revista Iberoamericana de Derecho Público y Administrativo*, com a qual colaboro com frequência.

Em prestigiada publicação coordenada por German Cisneros (México), Miriam Mabel Ivanega (Argentina) e Felipe Rotondo Tornária (Uruguai), patrocinada pela Universidad Autónoma de Nuevo León – México, intitulada *El Derecho Administrativo en Ibero América – Doctrinarios e Estudiosos* – Tomo I, foram coligidos de forma resumida os principais destaques da obra de inúmeros professores de cada país, merecendo a menção de que, no Brasil, além da minha obra, foram citados os trabalhos dos Professores Celso Antônio Bandeira de Mello, Lúcia Valle Figueiredo e Marçal Justen Filho.

7.6 Outras associações e institutos de Direito Administrativo nacionais e estrangeiros

Participei pela primeira vez de um congresso realizado pela Associação Argentina de Direito Administrativo em substituição ao Professor Manoel de Oliveira Franco Sobrinho, que estava impossibilitado de comparecer. Pela circunstância de ser um desconhecido, é óbvio que fui recebido com reservas. Todavia, graças ao tema e num dia afortunado, jamais deixei de ser convidado para participar do evento que se realiza anualmente. Temos o privilégio, o Professor Celso Antônio Bandeira de Mello e eu, de durante muitos anos proferirmos as conferências especiais desse conclave.

Fui distinguido também pela Associação Peruana e pelo Instituto Chileno de Direito Administrativo como membro integrante dessas importantes entidades. Não com tanta frequência, como no caso argentino, essas associações realizam jornadas memoráveis.

7.7 Conselho Federal da Ordem dos Advogados do Brasil

Embora advogado militante, nunca tinha participado ativamente da entidade de classe. Salvo ter auxiliado na formação e coordenação da Escola da Advocacia e presidido por dois anos a Comissão Estadual de Estágio e Exame de Ordem, mantive-me afastado da OAB.

Após ter defendido um colega processado disciplinarmente, constatando as falhas em toda a liturgia e, sobretudo, indignado com a postura omissa da OAB em relação a temas que considero relevantes, tais como a cordilheira de obstáculos de cunho processual criada ou incentivada pelo Poder Judiciário, a impedir a realização do direito material, além da triste realidade de que nós, advogados, somos os únicos profissionais do Direito a não ter direito a férias, resolvi me candidatar ao Conselho Federal.

Eleito, sem esquecer do papel institucional da OAB, sempre procurei desempenhar minhas funções em defesa das prerrogativas dos advogados. Dentre as várias incumbências que me foram confiadas, fui designado pelo Conselho Federal para ajuizar perante o STF uma proposta de cancelamento da Súmula Vinculante nº 5 (PSV nº 58) e realizar a sustentação oral perante a Corte, além de ter presidido uma Comissão para constatação de viabilidade, em nosso país, das agências reguladoras.

Reeleito para um segundo mandato, tenho como certo que a minha participação na Câmara Recursal, na Turma Disciplinar e no plenário propiciou a aplicação prática das ideias que sempre defendi, sobretudo em relação aos desdobramentos do princípio da presunção de inocência, do devido processo legal como processo adequado ao caso que o julgador tem em mãos, do juiz natural e de outros, conducentes à dignificação da pessoa humana. Procurei sempre demonstrar, em cumprimento aos princípios constitucionais, o objetivo primordial do processo – a busca da verdade material.

CAPÍTULO 8

INCIDENTES CURIOSOS

Passo, neste tópico, a relatar algumas passagens por mim vivenciadas – algumas mais trágicas, outras mais cômicas – durante minha trajetória acadêmica e profissional.

8.1 Primeiro grande congresso internacional de que participei: descumprindo a orientação do mestre

Já diziam os antigos: o andar da carroça acomoda as abóboras! A juventude e o noviciado muitas vezes nos submetem a estranhas situações. Com grande prestígio em toda a América do Sul, notadamente na Argentina, o Professor Manoel foi convidado para proferir conferência em Congresso Internacional da Associação Argentina de Direito Administrativo, comandada na época pelo Professor Miguel Marienhoff. Não podendo comparecer em virtude de uma viagem de férias já programada, o Professor Manoel consultou um professor mais antigo do que eu para substituí-lo. Talvez por sua maior vivência, e por motivos que adiante explicarei, o Professor recusou a oferta. Ao ser consultado, acedi de imediato, sem me importar com o escasso tempo em preparar o conteúdo de minha participação, nem me passar pela cabeça que o convidado era o Professor Manoel, e que na Argentina o costume de indicar substitutos, ainda mais aqueles sem nenhuma expressão, era inadmitido! Naqueles anos, as passagens podiam ser endossadas sem o menor problema. Assim é que as passagens enviadas em nome do Professor Manoel foram para mim transferidas. Elaborada com muito esmero, uma Carta de Apresentação me foi entregue pelo

Professor Manoel, que, na ocasião, me alertou: não se assuste com o modo fidalgo dos argentinos. Vão te alojar no Hotel Alvear, o melhor e mais caro de Buenos Aires! O tratamento será sem dúvida de primeira!

Juntei os poucos recursos que tinha, transformei em pesos (na época valia mais que o nosso dinheiro) e fui (pela segunda vez, a primeira havia sido de carro na lua de mel) para Buenos Aires.

O congresso estava sendo realizado na pomposa sede da Aeronáutica Argentina, numa das esquinas da Calle Florida. Quando cheguei, com uma pequena mala nas mãos, o evento, que já havia iniciado, estava no intervalo para o almoço. Encontrei o Professor Marienhoff numa roda de autoridades e, com muito cuidado, pedi-lhe a atenção e entreguei-lhe a carta do Professor Manoel. De colete, com os dedos nos bolsinhos, me olhou atentamente, demorou em abrir a carta e exclamou: *¿Cómo? ¿No viene Franquito? ¿Vas a hablar vos? ¡Qué chico!* Nenhuma atenção mais me foi conferida. Não tinha sido convidado para o almoço, de modo que fiquei no recinto do congresso aguardando a minha participação, se é que, diante da recepção que tive, me seria dada qualquer oportunidade.

Nervoso, com fome e com alguma raiva pela forma como fui tratado, aguardei ansiosamente o horário de minha participação conforme o programa previa, sobre o tema "Contratos Administrativos", a contar com a participação do Professor Manoel de Oliveira Franco Sobrinho e mais dois juristas de renome. Quando anunciaram a reabertura dos trabalhos, convocaram para a mesa primeiro os dois outros professores e, por último, *"el profesor brasileño que va a reemplazar Manoel de Oliveira Franco Sobrinho"*. Não se dignaram a perguntar meu nome para o prévio anúncio. A irritação tomou conta de meu proceder. Enquanto ouvia as explanações dos meus antecessores, todas alinhadas num repetitivo e ultrapassado entendimento no sentido de que a figura do contrato era típica do Direito Civil e emprestada ao Direito Administrativo, onde tinha que se conformar às exigências do Direito Público e receber em seu teor as chamadas cláusulas exorbitantes, lembrava-me dos conselhos do Professor Manoel: "Quando de sua participação no evento, cuide de tomar todas as cautelas. Não se meta a rabequista! Conheço bem a sua mania de querer mudar o tradicional. Faça isso e eles vão te fritar!"

Não obedeci ao querido Mestre. Talvez em função da fome, da irritação e dos maus-tratos, comecei a minha exposição dizendo em alto e bom som o meu nome, relatei a lamentável situação que estava enfrentando por, desavisadamente, aceitar substituir o grande

Professor Manoel e que, de qualquer modo, pelo que tinha ouvido até então, era enorme a minha decepção! Contrato como instituição típica do Direito Privado? Separação do Direito em duas grandes vertentes? Direito Público e Direito Privado? As considerações feitas soavam como um insulto a tudo que eu vinha estudando e defendendo no sentido de reforçar a impossibilidade da transposição descompromissada de conceitos do Direito Civil para o Direito Administrativo. O incorreto método da *transposição*, tão utilizado pelos não especialistas em Direito Administrativo, consiste em detectar dado instituto no campo do Direito Civil e depois tentar trasladá-lo para a esfera do Direito Administrativo. Isto é, transpor a matriz diferenciada do Direito Privado para a seara do Direito Público, podendo tal atitude conduzir a desastradas consequências. A ideia errônea da referenciabilidade civilística, porque não cabe a nenhum dos setores da Ciência do Direito reivindicar, para seu campo, a prioridade de um dado instituto, quando esse é comum a todos eles, parece fraturar a unicidade do Direito.

Dando, confesso, extremado alarde aos meus argumentos, procurei demonstrar tanto com base no Código Civil brasileiro quanto no Código Civil argentino as inúmeras passagens em que ditos cadernos legais valiam-se de preceitos do Direito Administrativo. Concluí, repisando a unicidade do Direito e oferecendo uma respeitosa crítica aos que pensavam em contrário. Fiquei surpreendido com os aplausos que recebi e com a imensa fila formada para me cumprimentar, que incluía diversos professores presentes, inclusive o Professor Juan Carlos Cassagne, na época auxiliar do Professor Miguel Marienhoff na organização do congresso. Em rápido diálogo, fui questionado se já haviam providenciado a minha inscrição e indicado as acomodações. Rapidamente me entregaram as credenciais e um *voucher* para a estadia durante a realização do evento em um hotel próximo (primo pobre do Hotel Alvear).

Nada mais importava. Eu estava feliz com a minha participação e com a oportunidade de permanecer no Congresso até o seu encerramento! A partir de então, jamais deixei de ser convidado para os grandes eventos que aconteceram na Argentina. Anos mais tarde, quando de uma proveitosa visita do Professor Cassagne a Curitiba, jantando num restaurante espanhol, na Praça da Espanha, em companhia da Professora Adriana Schier, o evento foi lembrado, oportunidade em que relatei ao estimado visitante a forma rude como fui inicialmente tratado. Para surpresa minha, ele recordava cada momento do infeliz incidente, assumindo uma parcela da responsabilidade. Disse-me

Cassagne que havia recebido a notícia de que o Professor Manoel não poderia estar presente no Congresso por um professor da Universidade Federal (justamente o que havia sido convidado antes de mim), que, conhecido do Cassagne, teve o cuidado de telefonar-lhe para expressar a sua indignação com a recomendação de meu nome pelo Professor Manoel. Cassagne me relatou que o tal professor (cujo nome prefiro não revelar) atribuía a indicação à irracionalidade do velho mestre em não perceber que um menino imaturo e cheio de ideias tresloucadas iria envergonhar a doutrina brasileira!

8.2 Livro de Vittorio Emanuele Orlando – Extravio indesejado

Já como professor de Direito, nos idos de 1980, morando em apartamento de diminuta dimensão, encontrei um lugar na garagem da casa de meus sogros para acomodar a pequena, porém valiosa, biblioteca que tinha. Numa manhã, consegui acomodar os meus livros, junto com outros livros escolares e apostilas utilizados por meu cunhado e minha esposa em suas respectivas formações, em uma grande estante, rudimentarmente por mim construída. Minha querida sogra, avessa a guardar velharias (minha mulher tem o mesmo costume), e que, por óbvio, não tinha acompanhado todo o trabalho que tive, uns dias depois, recebendo a visita de um participante da Missão Dom Camilo organizada pela Igreja Católica (pessoas que, puxando carrinhos, recolhiam doações de objetos considerados desnecessários, para serem vendidos e a arrecadação distribuída entre os necessitados), com a melhor das intenções, franqueou ao recolhedor tudo que lhe interessasse.

Um *parêntesis*: fazendo um curso de extensão na Itália, o Professor Jacintho Coutinho e sua esposa (ex-aluna), visitando uma loja de antiguidades, perceberam numa estante uma série de obras literárias, dentre as quais uma das primeiras edições da obra *Principii di Diritto Amministrativo*, da Editora Firenze, 1921. Esta raridade se encontrava dentre aquelas que foram para o carrinho do Don Camilo. É fácil imaginar meu desespero. Andei por cinco horas em busca do carrinheiro. Consegui encontrá-lo na Colônia São Braz, onde ele morava. Depois de uma demorada negociação, consegui convencê-lo de que os livros foram dados por engano e, mediante uma razoável soma, me foram devolvidos. O livro encontra-se na estante de obras raras de meu Instituto.

8.3 1º Congresso Brasileiro de Direito Administrativo em Curitiba – Nascimento do IBDA

Já era Professor da Pontifícia Universidade Católica do Paraná havia dois anos. A amizade próxima com o Professor Manoel de Oliveira Franco Sobrinho me propiciou tomar conhecimento de que, no mês de fevereiro de 1975, haveria de ocorrer em Curitiba, no auditório da Faculdade de Direito da Universidade Federal do Paraná, o 1º Congresso Brasileiro de Direito Administrativo, patrocinado pelo DESP – Departamento Estadual de Serviço Público, posteriormente Secretaria de Recursos Humanos do Paraná, sob a direção do Dr. Orcy Stum.

Na época, pelo menos no Estado do Paraná, no que respeita ao magistério superior e participação em eventos, não havia espaço, nem interesse, na atuação dos mais jovens. Fiz a minha inscrição e me pus à disposição do Professor Manoel, Presidente do Congresso, para prestar algum auxílio. Indescritível a minha alegria ao ser convocado para ciceronear alguns prestigiados professores, dentre os quais, Oswaldo Aranha Bandeira de Mello e Caio Tácito. Uma raríssima oportunidade de conhecer, pessoalmente, os grandes nomes do Direito Administrativo. Pela gentileza destes eminentes mestres fui apresentado aos maiores tratadistas do Direito Administrativo brasileiro. Uma rara oportunidade de poder conversar com a minha biblioteca. Pela condição de guia e motorista, passei a participar de alguns almoços e jantares privativos, não perdendo a chance de conhecer em detalhes, não só a vida, mas a opinião dos ilustres jurisconsultos a respeito de dúvidas que me afligiam e resultantes do noviciado.

Meu saudoso pai, Romeu Felipe Bacellar, como já disse antes, era Professor da Faculdade de Direito da Universidade Federal do Paraná, tendo lecionado as cadeiras de Judiciário Civil (hoje Processo Civil) e Direito Internacional Público. Não foi difícil convencer o Professor Oswaldo Aranha Bandeira de Mello e sua digníssima esposa a visitá-lo, conhecer sua biblioteca e tomar um café em sua companhia. Tornou-se inesquecível a visita, não só pelos assuntos desenrolados, mas sobretudo porque o Professor Oswaldo, notável conhecedor da história do Estado de São Paulo e do Estado de Paraná (antiga 5ª Comarca da Província de São Paulo), acabou revelando um certo parentesco de seu bisavô com os ancestrais de minha mãe, da família Macedo Portugal.

Na cordilheira de acontecimentos que vêm se sucedendo desde a criação do Instituto Brasileiro, em 23 de fevereiro de 1975, ouso dizer que o evento se revestiu de uma significação especial. Especial para mim, especial para o Prof. Manoel de Oliveira Franco Sobrinho e especial para o grupo de professores paranaenses, que, desde o 1º Congresso, realizado na centenária Universidade Federal do Paraná, por uma admirável comunhão de ideais, deliberou criar o Instituto Brasileiro de Direito Administrativo (IBDA).

O fulgor das inteligências que desfilaram em nosso primeiro encontro, e lá já se vão 44 anos – Themístocles Brandão Cavalcanti, Hely Lopes Meirelles, Miguel Seabra Fagundes, Marcello Caetano, Oswaldo Aranha Bandeira de Mello, A. B. Cotrim Neto e Geraldo Ataliba, Manoel de Oliveira Franco Sobrinho, Caio Tácito e Paulo Neves de Carvalho, para citar tão somente alguns daqueles que já não mais se encontram entre nós –, influenciou dezenas de jovens, que, apaixonados pelo Direito Administrativo, passaram a aprimorar os seus conhecimentos tendo por paradigma essas figuras notáveis, cujos nomes merecem sempre a nossa lembrança e cujo viver nos inspira inexcedível saudade.

Celso Antônio Bandeira de Mello, Sergio Ferraz e Cléber Giardino foram os que mais me impressionaram, não só pelo conhecimento e segurança demonstrados em suas exposições, mas também pela oratória impecável e notável didática. Abrindo novas sendas, esses professores, desapegados da velha doutrina, passaram a implementar uma nova visão do Direito Administrativo e Tributário, não mais um Direito do Estado, mas, sobretudo, um direito voltado a garantir os direitos do cidadão. Constituiu raro privilégio ouvir suas exposições e participação intensa nos debates encetados.

Não há como negar: a realização do 1º Congresso Brasileiro de Direito Administrativo e a criação do IBDA, entidade fundada por proposição do Professor Geraldo Ataliba, tendo por Presidente o Professor Manoel de Oliveira Franco Sobrinho e como 1º Secretário o Professor Sérgio D'Andrea Ferreira, foi a mola propulsora para o aparecimento de novos administrativistas, cujas obras fascinam o mundo jurídico pela criatividade e desassombro de opiniões. Cumpre recordar também, com imensa saudade, de Lúcia Valle Figueiredo, uma jovem partícipe do congresso que, posteriormente, tornou-se uma professora de múltiplos talentos, autora consagrada e insigne magistrada. O mesmo se diga de Adilson Abreu Dallari, estudioso, valente e guerreiro, que até os dias de hoje nos contempla com posições timbradas pela sabedoria e vigorosa descendência italiana.

Sem jamais esquecer os que efetivamente foram testemunhas e partícipes do início da belíssima história que acabo de contar, lembro-me, propiciando-me incomparável sentimento de júbilo, de todos os ex-presidentes do IBDA, desde a sua criação: Prof. Manoel de Oliveira Franco Sobrinho, Prof. Caio Tácito, Prof. Paulo Neves de Carvalho, Prof.

Adilson Abreu Dallari, Prof. Valmir Pontes Filho, Prof. Pedro Paulo de Almeida Dutra, Prof. Juarez Freitas, Prof. Marcio Cammarosano, Prof. Clóvis Beznos e Prof. Fabrício Motta –, além de seu atual Presidente, Prof. Maurício Zockun. Tive o honroso privilégio de presidir o nosso Instituto por 9 anos, entre as gestões de Valmir Pontes Filho e Pedro Paulo de Almeida Dutra.

8.4   1º Congresso Internacional de Direito Administrativo em Foz do Iguaçu: do desespero ao sucesso absoluto

Sem ter a necessária experiência na organização e realização de encontros de Direito, resolvi me arriscar numa empreitada que muitos consideravam, antecipadamente, desastrosa. Resolvi, a pretexto de reunir os adeptos do Direito Administrativo e de outros ramos, realizar um grande Congresso Internacional de Direito Administrativo. Consultei o Professor Manoel de Oliveira Franco Sobrinho e recebi o maior incentivo. Optamos por realizar o evento em Foz do Iguaçu, município muito ligado ao Professor Manoel, que havia sufragado seu nome para as eleições à Câmara Federal, circunstância que o possibilitou ser eleito como suplente na Constituinte de 1946 e deputado federal em duas legislaturas (1954 e 1958). Organizada a lista de convidados, os estrangeiros todos indicados pelo Professor Manoel, passamos a emitir os convites.

Para surpresa do velho e querido Professor, a maioria de seus indicados já havia falecido. Os poucos que restaram, Enrique Silva Cimma (Chile), Gustavo Bacacorzo (Peru), Allan Brewer-Carias (Venezuela), Luiz Enrique Chase Plate (Paraguai) e Miguel Marienhoff (Argentina) acederam ao convite, muito embora o professor argentino – pedindo escusas – não tenha comparecido. Do Brasil, além de Caio Tácito, Paulo Neves, Moreira Alves, Carlos Mário Velloso, Celso Antônio Bandeira de Mello, Sérgio Ferraz, Adilson Dallari, Lucia Valle Figueiredo, Alice Gonzalez Borges, dentre os mais conhecidos, procuramos dar uma oportunidade aos jovens cujo brilhantismo já se prenunciava: Regina Maria Macedo Nery Ferrari, Clèmerson Merlin Clève, Paulo Roberto Ferreira Motta e tantos outros.

Não havíamos contratado uma empresa especializada na realização de grandes eventos, o máximo foi estabelecer convênio com uma agência de viagens. Afinal, os recursos eram escassos. Patrocínios? Nem pensar. Uma semana antes do evento não tínhamos 50 inscrições.

Tudo apontava para um estrondoso fracasso e uma crônica da falência anunciada. Eu, quase em estado de desespero, fazia promessa para todos os Santos. O Professor Manoel, com sua calma tradicional (o que não aplacava o meu nervosismo), dizia: não se preocupe tanto, tudo vai dar certo! No dia anterior ao início do Congresso começamos a perceber uma movimentação gigantesca na portaria do hotel. Pensávamos que se tratava de uma grande excursão e que o hotel, ao perceber a possibilidade de ter apartamentos ociosos pelo diminuto número de inscrições, havia tomado um novo rumo.

Qual não foi a nossa surpresa ao perceber que a multidão tinha vindo para assistir ao conclave. Instalamos diversas mesas para receber as inscrições, que eram tantas que nem dávamos conta. Minha mulher, Elizabeth, Dona Maria Helena, esposa do Professor Manoel, o Tobias, genro e esposa, minha filha Isabelle, todos passaram a preencher o nome dos inscritos e receber a taxa de inscrição. Outros hotéis ao redor ficaram, igualmente, lotados. Eu não podia acreditar: 1.200 (mil e duzentos) inscritos proporcionaram uma arrecadação tão significativa, que além de pagar todas as despesas (inclusive o empréstimo que eu havia feito), fez sobrar uma quantidade inimaginável de dinheiro.

O evento revestiu-se de um sucesso incrível! As exposições até hoje são lembradas, notadamente a do Ministro José Carlos Moreira Alves, que, escalado para a conferência inaugural do Congresso, diante de um público amante do Direito Administrativo – e para a perplexidade do Professor Celso Antônio –, iniciou sua exposição afirmando, *verbis*: "O Direito Civil é a base de todo o Ordenamento Jurídico. O resto é Perfumaria!". Todos os expositores foram incríveis, cuidando de temas novos e complexos. Nosso Congresso foi brilhantemente encerrado com uma magistral conferência do Professor Celso Antônio Bandeira de Mello. Cumpri as promessas feitas. Distribuí o significativo numerário que sobrou para instituições de caridade de Foz do Iguaçu e Curitiba.

8.5 Congresso Anual do IBDA, primeiro realizado sob a minha presidência

Recém-eleito Presidente do IBDA, resolvi, com o assentimento de toda a Diretoria, realizar o primeiro Congresso sob minha gestão nesta querida Curitiba, no período compreendido entre 8 a 12 de setembro de 1996. No evento, prestei homenagem aos grandes administrativistas brasileiros, então, ainda vivos. Com a ajuda do Professor Paulo Neves de Carvalho, de Minas Gerais, logrei conseguir a presença de todos, com a exceção do Professor Lafayette Pondé, que se encontrava adoentado, mas dirigiu-me uma linda carta, que foi lida por sua ex-aluna e sucessora, Professora Alice Gonzalez Borges. Os demais homenageados, Miguel Seabra Fagundes, Aderson Dutra, Almiro do Couto e Silva, Carlos Mário Velloso, Jorge Chaib, José Cretella Junior, Paulo Henrique Blasi e, claro, Paulo Neves de Carvalho, para a imensa alegria de seus admiradores, estiveram presentes. O Professor Paulo Neves de Carvalho foi incumbido de falar em nome dos homenageados, proferindo uma belíssima oração que comoveu o público presente. O evento foi realizado no Salão Nobre da Reitoria da Universidade Federal do Paraná, previamente decorado com grandes pôsteres fotográficos de eventos anteriores, contando com um público que lotou as restritas dependências (mais de 700 inscritos). Houvesse mais espaço, teríamos, por certo, o maior público já registrado em nossos conclaves.

8.6   I Jornada de Direito Público do Mercosul

Realizada em Foz do Iguaçu sob minha presidência em 1999, a primeira Jornada de Direito Público do Mercosul revestiu-se do brilho e interesse de um grande evento internacional. Professores da Argentina, Bolívia, Brasil, Chile, Paraguai e Uruguai, reconhecendo a importância do evento, compareceram em peso. Objetivando outorgar maior legitimidade ao evento, convidamos também todos os representantes consulares dos países integrantes do Bloco. Não só pela autoridade de seu pronunciamento, mas também pela intensa relação que o Professor Manoel de Oliveira Franco Sobrinho mantinha com alguns dos países-partes do Mercosul, me pareceu importante que a Conferência de abertura fosse por ele proferida. Após alguma relutância, o estimado Professor acedeu ao convite. Qual não foi a nossa surpresa que, ao assumir a tribuna, já no início da exposição, o estimado Mestre, lançasse a seguinte afirmação: "O Mercosul retrata mais uma tentativa de unir interesses econômicos e sociais na América do Sul destinada ao fracasso. Diferenças inconciliáveis e rancores não cicatrizados impedem a concretização dessa união continental de esforços!"

Guillermo Muñoz, que compunha a mesa diretora dos trabalhos e que ouvia atentamente a exposição, não se conteve e me disse em voz baixa: "Meu prezado Romeu, vamos embora, o evento acabou!"

É claro que o prenúncio do Guillermo não se concretizou. O evento se revestiu do brilho e interesse que buscávamos. Participações extraordinárias, de todos quantos proferiram as conferências e atuaram nos painéis, foram fundamentais para o sucesso da empreitada.

8.7 1º Congresso da Associação de Direito Público do Mercosul e II Jornadas de Direito Administrativo nos Países do Mercosul

Conforme resumidamente relatei, por generosidade de meu grande amigo e excepcional mestre argentino, Guillermo Muñoz, com a presença de Sabino Cassese, Professor da Universidade La Sapienza de Roma e Conselheiro do Mercado Comum Europeu, na cidade de Buenos Aires, em 1997, quando da fundação da entidade, fui eleito Presidente da Associação de Direito Público do Mercosul. Dando sequência a minha compulsão por realizar congressos, organizamos, com o inestimável apoio da Bidding – empresa organizadora de eventos dirigida por Miriam Guimarães (esposa do Edgar Guimarães) –, um grande conclave em Curitiba, cuja abertura – com magistral conferência do Professor Sabino Cassese, como não podia deixar de ser, deu-se no prédio histórico da Sociedade Giuseppe Garibaldi, em Curitiba, seguida de um coquetel que ofereceu ao público presente uma seleção de vinhos italianos.

A continuidade do evento ocorreu no Salão de Conferências do Hotel Bourbon, onde hospedamos todos os convidados. Intervenções inesquecíveis dos representantes da Argentina, Chile, Uruguai, Paraguai e Bolívia, além dos brasileiros. Desfilaram pela tribuna: Guillermo Andrés Muñoz, Irmgard Lepenies, Agustin Gordillo, Jorge Salomoni, Pascual Caiella e Claudio Vialle (Argentina); Enrique Silva Cimma e Rolando Pantoja Bauzá (Chile); Mariano Britto, Juan Pablo Cajarville Peluffo, Augusto Duran Martinez, Carlos Delpiazzo e Felipe Rotondo (Uruguai); Luiz Enrique Chase Plate e Miguel Angel Pangracio (Paraguai); e José Mário Serrate Paz (Bolívia). Pelo Brasil, tivemos a oportunidade de ouvir: Celso Antônio Bandeira de Mello, Adilson Abreu Dallari, Lúcia Valle Figueiredo, Márcio Cammarosano, Clóvis Beznos, Carlos Ari Sundfeld, Paulo Henrique Blasi, Valmir Pontes Filho, Juarez Freitas, Yara Stroppa, Marçal Justen Filho, Clèmerson Merlin Clève, Regina Macedo Ferrari, Paulo Roberto Motta, Marga Tessler, Ney Freitas e Luiz Alberto Machado.

8.8 Congresso Hispano-Brasileiro de Direito Público: "Quem não publica, não existe" – Uma lição de García de Enterría

Tendo conhecido o nosso país, e, em especial, a cidade de Curitiba, o Professor espanhol Javier Salas Hernandez se encantou à primeira vista. Visitou-nos várias vezes atendendo a convites que lhe dirigi para atuar em nossos congressos de cunho internacional. O Professor Javier, que me foi apresentado pelo Prof. Sebastião Antunes Furtado, era Decano da Universidade Complutense de Madrid, tendo sido magistrado do Tribunal Constitucional Espanhol, com mandato de 8 anos. Tornou-se um amigo muito querido. Impressionado com o público em nossos eventos, resolveu realizar em Madrid uma continuação do Congresso Internacional que realizamos em Foz do Iguaçu, delegando-me a incumbência da formulação dos convites a cinco Professores brasileiros. Pediu-me que, em função da presença e participação de quatro Ministros colegas seus na Corte, que eu estendesse os convites a Ministros de nosso Supremo Tribunal Federal e ao Presidente do Superior Tribunal de Justiça. Fiel à determinação, conversei (naquela época era possível) com os Ministros Moreira Alves, Carlos Mário Velloso e Paulo Brossard, do Supremo Tribunal Federal, e Antonio Torreão Braz, do Superior Tribunal de Justiça, que, imediatamente, acederam à convocação. Convidei a Professora Maria Sylvia Zanella Di Pietro, que havia conhecido o Javier em Curitiba, fechando comigo o número de participantes brasileiros.

A organização do congresso foi estupenda. Além da oportunidade de conhecer e conviver com os grandes tratadistas espanhóis, tais como Eduardo García de Enterría e Tomás-Ramón Fernandez, entre outros, pudemos visitar o Ilustre Colégio de Abogados de Madrid, com 77.000 filiados, fundado por Felipe II, Rei de Espanha, em 15 de junho de 1596, onde fomos recebidos pelo Decano Luiz Martí Mingarro, que, além de nos contar a belíssima história da instituição e destacar o quão difícil era lograr a inscrição, nos presenteou com belíssimos relógios de mesa com as insígnias da Espanha e do Colégio.

Com surpresa e estupefação, tomei conhecimento que o Professor Javier, por amizade e consideração, me escalou para proferir a conferência de abertura, onde tive a oportunidade de abordar temas complexos do Direito Administrativo e expor minha concordância e/ou irresignação com a doutrina espanhola. Tratei, entre outros temas polêmicos, do contencioso administrativo, afirmando que a Espanha, ao contrário do que afirmavam os livros de doutrina, não tinha um sistema que sequer podia se comparar ao sistema francês, mas uma espécie de justiça administrativa especializada. Ao final de minha participação, fui cumprimentado pelo Professor García de Enterría, que, dizendo-se interessado nas opiniões que emiti, indagou-me onde poderia adquirir minhas obras. Ao responder-lhe que até então só havia escrito artigos jurídicos e pequenas dissertações, com publicação restrita, ele, mostrando indignação exclamou: ¡*Quien no escribe y no publica, no existe! ¡Tiene que salir a la luz!* Foram palavras que eu jamais esqueci! A partir desse momento, passei a escrever e a publicar com grande constância.

Da Espanha, ainda que sem qualquer agenda de compromissos, visitamos a Itália e a França. Na Itália, ciceroneados pelo Doutor Pierangelo Catalano, Professor de Direito Romano da Universidade La Sapienza, além de conhecer a Universidade e estar com seus professores, recebemos um passe especial para visitar, adentrando os alambrados, as ruínas da Roma antiga, inclusive a via Ápia, o Fórum Romano, o Palácio das Virgens Vestais, o Arco de Constantino, o Panteão, o Palatino e o Coliseu. Como profundo conhecedor do Direito Romano e da história antiga, o Ministro Moreira Alves, durante o percurso, constantemente discordava de nosso guia, o Professor Catalano, que obviamente não se sentia confortável.

Em passeio isolado, o Ministro Carlos Mário Velloso e eu resolvemos conhecer o *Pallazzo de la Consulta*, onde funciona o Tribunal Constitucional da República Italiana. Não obstante o Ministro tivesse apresentado as suas credenciais e a nossa insistência, não conseguimos passar do saguão. Essa circunstância fez o Ministro, com voz grave, exclamar: "Professor Bacellar, fora de nosso território valemos menos que a sola dos nossos sapatos!"

Na França, por extrema gentileza de Carlos Mário, tive a oportunidade de conhecer o Professor Georges Vedel, Catedrático da Sorbonne e autor de uma magnífica obra intitulada *Droit Administratif*. No caminho para a Sorbonne foi possível constatar a imensa admiração e respeito que os franceses em geral, e mais ainda o vetusto Professor, têm pelo sistema de justiça administrativa. Com efeito, passamos por diversos prédios importantes sem que houvesse dele qualquer menção. No entanto, quando passamos na frente do prédio que abriga o Conselho de Estado francês, o velho Professor exclamou em tom solene: "Neste espaço, atua uma entidade da maior importância para a França. Sua missão é aconselhar, julgar e administrar".

Nós já conhecíamos, é óbvio, não só a história, mas a abrangência da atuação do órgão, como conselheiro do governo na preparação de projetos de lei, de *ordonnances* e de alguns decretos. Também a sua função de emitir pareceres, a pedido do governo, sobre questões jurídicas e realizar, sob requisição governamental ou por iniciativa própria, estudos sobre questões administrativas ou políticas públicas. Só para relembrar: o Conselho de Estado é também o órgão de cúpula da jurisdição administrativa. Julga em última instância as atividades do Poder Executivo, das coletividades territoriais, das autoridades independentes e dos estabelecimentos públicos administrativos ou dos organismos que dispõem de prerrogativas de poder público. Por sua dupla função, jurisdicional e consultiva, o Conselho de Estado assegura a submissão efetiva da administração francesa ao Direito. Constitui, portanto, um dos mecanismos essenciais do Estado francês. O Conselho de Estado é o administrador geral de todos os tribunais administrativos e das cortes administrativas de apelação. Foi importante ouvir o Professor Vedel a respeito de tudo isso.

Após o falecimento do Professor Vedel, assumiu a cátedra a Professora Jacqueline Morand-Deviller, que, por bondosa intercessão de minha estimada amiga Odete Medauar, já esteve várias vezes em Curitiba, tornando-se uma valiosa parceira e correspondente de meu Instituto de Direito.

8.9 Viagens pela Argentina

Conheço praticamente todo o território argentino. Além da Capital Federal – Buenos Aires, já andei pelas Províncias de Catamarca, Chaco, Chubut, Córdova, Corrientes, Entre Ríos, Formosa, Jujuy, La Pampa, La Rioja, Mendoza, Misiones, Neuquén, Río Negro, Salta, San Juan, San Luis, Santa Cruz, Santa Fe, Santiago del Estero e Tucumán.

Em cada viagem uma história a ser contada. Claro, não vou relatar todas as aventuras vividas, mas tão só aquelas que ficaram marcadas em minhas lembranças.

8.9.1 Viagem a El Calafate

Uma das mais felizes viagens foi a que fizemos a El Calafate, uma pequena cidade situada na província de Santa Cruz, na Argentina, próxima à fronteira com o Chile. Com cerca de 21.132 habitantes, é nela que se localiza o Glaciar Perito Moreno, maior geleira em extensão horizontal do mundo.

Fomos para o Congresso anual da Associação Argentina de Direito Administrativo, o Professor Celso Antônio Bandeira de Mello, Weida, Elizabeth e eu. Recebidos de forma magistral por Jorge Salomoni e Pascual Caiella, tivemos a oportunidade de conviver dias maravilhosos com Irmgard Lepenies, Agustin Gordillo, Juan Cassagne, Julio Rodolpho Comadira, Claudio Viale, Mirta Sotelo de Andreau, Pablo Gutiérrez Colantuono, Benigno Ildarraz, Fernando Garcia Pullés, José Said, Ismael Farrando, Ismael Mata, Isaac Damsky, Juan Domingo Sesín e outros tantos amigos. Nestor Kirchner acabava de ser eleito Presidente da República, o que motivou os organizadores a convidá-lo, bem como sua esposa Cristina Kirchner, para compor a mesa, na cerimônia de instalação do evento.

No discurso que pronunciou na abertura do conclave, o então Governador de Santa Cruz, do Partido Justicialista, fez severas críticas a alguns dos mais importantes administrativistas argentinos – que se encontravam na plateia – pelo incentivo às políticas neoliberais que incrementavam. Em sinal de protesto, os professores nominalmente mencionados se retiraram do recinto, causando um clima de apreensão e desconforto. No mais, o congresso realizado em um salão inflável com aquecimento à base de aquecedores gigantes transcorreu normalmente, sendo oportuno lembrar que a temperatura exterior era de 8º graus abaixo de zero.

Nos horários de descanso do evento, tivemos a oportunidade de conhecer os lugares pitorescos da região, inclusive as espetaculares geleiras de Perito Moreno e Upsala. Na ida de barco para Upsala, cujo acesso é restrito por lei, nosso grupo (Celso Antônio e Weida, eu e Elizabeth, Jorge Salomoni e Pascual Caiella) foi acompanhado do Ministro do Turismo da Argentina, e, com rara exclusividade, pudemos presenciar nas montanhas que cercam o imenso lago, ninhos de Condor vigiados pela fêmea atenta e grupos de animais (cavalos e vacas) que, segundo nosso importante guia, foram abandonados por imigrantes austríacos e suíços que tentaram colonizar a inóspita região, no século XVIII. Curiosamente, os animais que não morreram se adaptaram ao ambiente, ganharam pelagem abundante, assemelhando-se a animais pré-históricos.

8.9.2 Viagem a La Rioja

Acompanhado do querido amigo e Professor Benigno Ildarraz fui atender a um honroso convite da direção da Faculdade de Direito da Universidade de La Rioja. Os voos da Aerolineas Argentinas estavam suspensos, de modo que tivemos de empreender uma interminável viagem de ônibus. Como não conseguimos lugar em ônibus-leito, a alternativa foi buscar um ônibus comum, que, lamentavelmente, não havíamos constatado previamente, sempre lotado, ia parando em todas as cidades do percurso. Crianças chorando e passageiros passando mal durante o longo percurso. Foram muitas e muitas horas de desagradável lembrança. As novas instalações da Universidade, construídas na gestão de Carlos Menem, impressionam ao primeiro bater de olhos.

Quando adentramos as suas dependências, não pude deixar de dizer ao Professor Benigno que estávamos diante de um novo Taj Mahal! Com efeito, o luxo e a sofisticação eram marcantes. Dezenas de anfiteatros, laboratórios e centros de pesquisa, equipados com a mais moderna tecnologia evidenciavam a intenção de torná-la a mais equipada de toda a América do Sul. Na parte esportiva, além de ginásio de inegável conforto, conhecemos um estádio de futebol com moderníssima iluminação, que abrigava 30.000 espectadores. Dois dias marcados pelo deslumbramento e pela atenção dos alunos, contrastaram com as dificuldades da volta, muito semelhantes aos percalços da ida.

8.9.3 Viagem a Neuquén e Villa La Angostura: a perda de um grande amigo

No ano de 2006, Jorge Salomoni e sua esposa Ana, eu e Pablo Gutiérrez Colantuono viajamos de automóvel, desde Buenos Aires, à cidade de Neuquén para proferir palestras na Pós-Graduação da Universidad Nacional del Comahue, onde discorremos sobre os temas "Ordenamientos internacionales y ordenamientos administrativos nacionales: jerarquía, impacto, derechos humanos". Foi um evento dos mais concorridos e com debates extremamente produtivos, que fez gerar uma obra compilando as participações do Jorge Salomoni, a minha e a de Pablo Colantuono.

De Neuquén fomos à Villa La Angostura, uma pequena e aprazível cidade, parecida com Bariloche, lagos de águas límpidas, com aconchegantes pousadas e estação de esqui. Nos hospedamos numa cabana ao pé da montanha. Na chegada, nosso anfitrião, velho amigo do Pablo, embora o frio e a neve fina, assou – ao ar livre – um cordeiro patagônico temperado com ervas e acompanhado de *grappa* (aguardente de uva) que estava uma delícia. Foram dois dias intensos e de muita alegria.

A viagem pode ser definida como feliz durante toda a sua longa trajetória e extremamente triste por uma grave e funesta constatação na volta. Jorge, ainda em Neuquén, queixava-se de dorzinha de cabeça, que, embora não fosse muito forte, era constante. Como integrante do grupo da cefaleia, ofereci-lhe, por várias vezes, uma companheira inseparável: a neosaldina. Ele dizia que preferia ficar com a aspirina, que era mais fraca. Apesar da insistência da Ana Bezzi, sua prestimosa companheira, para que consultasse um médico, ele argumentava que logo iria melhorar. Quando voltamos da longa viagem, enfrentando frio intenso, no carro com os vidros fechados, fui deixado no Aeroporto de Ezeiza em Buenos Aires, eis que meu voo havia sido marcado para poucas horas da chegada.

Já em Curitiba, recebi um recado urgente do Pablo Gutiérrez Colantuono, de que o Jorge tinha sido acometido de meningite meningocócica e que, pela falta de tratamento adequado, havia sido fatal. Instava que eu me submetesse a exame urgente e guardasse uma quarentena, para, caso estivesse contaminado, não fosse um agente transmissor. Graças a Deus, eu e nenhum dos demais companheiros de viagem contraímos a grave moléstia.

O lamentável episódio evidencia que, nós, os copartícipes dessa funesta ocorrência, apoiados na certeza do saber, em decorrência dos títulos conquistados na área do Direito, recebemos do modo mais trágico uma duríssima lição, que ceifou a vida de um amigo leal, portador de uma mente privilegiada, no fulgor de sua existência, com muito a revelar.

8.10 Congresso Goiano de Direito Administrativo: o sumiço de Romeu

Eleito Presidente do Instituto de Direito Administrativo de Goiás, nosso companheiro Fabrício Motta deliberou realizar o primeiro Congresso de sua magnífica gestão, no ano de 2006, na belíssima Goiânia. A cidade que já havia abrigado – no meu mandato como Presidente do IBDA – um prestigiadíssimo Congresso levado a efeito sob presidência de Nelson Figueiredo confirmou a todos, não só pela impecável organização, mas pela estrutura de seu recém-inaugurado Centro de Convenções, o apreço pelo Direito Administrativo.

Como sempre, estive presente em quase todos os painéis e palestras, com exceção – pela primeira vez – da cerimônia de encerramento, coroada com uma monumental conferência do Professor Celso Antônio Bandeira de Mello.

A explicação era simples: tendo sido advogado, por algum tempo, da Associação Nacional de Notários e Registradores, logrei conquistar uma estupenda vitória no STF, eliminando a aposentadoria compulsória desses agentes delegados. Por essa razão fui insistentemente procurado pela Associação Goiana, que necessitava de um parecer com alguma urgência. A reunião marcada para as 10h não me impediria de estar presente na última etapa do Congresso, razão que me levou a aceder ao convite e a não me preocupar em avisar ninguém. Todavia, ao contrário do que havia pensado, o encontro arrastou-se até as 12h.

Como já havia perdido a oportunidade de ir ao Centro de Convenções e chegar a tempo, aceitei o convite para almoçar com a Diretoria da Associação, circunstância que me fez retornar ao Hotel, por volta das 15h.

Quando adentrei o saguão, a balbúrdia foi enorme. Parecia que um morto-vivo havia chegado para assombrar os presentes. Minha prima Regina Ferrari me recebeu furiosa, desferindo tapas em meus braços e indagando:

Onde você estava? Deixou a todos muito preocupados. O Professor Celso Antônio lembrou que você jamais havia deixado de assistir qualquer conferência, principalmente a dele. O Juarez Freitas nos aconselhou e chamamos até a Polícia, que mandou expedir fotos suas para todas as seccionais e afixar, inclusive, no Aeroporto. Ligamos para a Elizabeth e perguntamos se ela sabia de alguma coisa.

Chegamos a entrar no seu quarto para verificar se você não tinha retornado às pressas para Curitiba e constatamos que a sua bagagem estava lá. A mãe do Fabrício consultou um vidente que afirmou que você havia sido sequestrado e que tínhamos que aguardar o preço do resgate. Alguns partícipes do Congresso que estavam no Hotel disseram que viram quando você saiu acompanhado de dois homens fortes e de alta estatura. Outros afirmaram que você saiu em companhia de uma mulher loira...

A narrativa é fidedigna e não contém nenhum exagero. A verdade é que, todos, ao invés de ficarem aliviados com o meu não desaparecimento, parece que foram tomados de intensa irritação contra mim. O Valmir Pontes Filho, sarcástico, ao ser informado de que não me encontravam, disse que, malgrado toda a preocupação, sem mim, o Congresso estaria bem melhor! Uma querida amiga professora e seu marido, durante o trajeto de ônibus para o jantar, evitaram falar comigo. Durante o jantar, minha querida amiga e prima Regina Macedo Ferrari, tal qual uma curandeira espiritual, com um charuto aceso na mão, simulou passes que evitariam quaisquer transtornos futuros que pudessem me atormentar.

De qualquer sorte, até hoje a minha explicação parece não ter convencido. Uma boa parte dos "amigos" continua pensando que meu sumiço deveu-se a uma aventura com a loira fantasma. De nada adiantou – dias depois de encerrado o Congresso – que eu mandasse aos "maledicentes" uma cópia do parecer que emiti em favor dos notários e registradores de Goiás.

8.11 Viagem a Cartagena de Las Indias: na praia com o Direito Administrativo

Nosso primeiro grupo de estudos idealizado por Julio Rodolfo Comadira e que depois foi transformado na Asociación Iberoamericana de Derecho Administrativo, recebeu honroso convite para participar de evento de quase uma semana em Cartagena, Colômbia, cidade fundada no século XVI, com praças, ruas de paralelepípedos e coloridos prédios coloniais. Na delegação, pelo Uruguai, foram convidados os Professores Mariano Britto, Daniel Hugo Martinez, Juan Pablo Cajarville Peluffo e Carlos Delpiazzo; pela Argentina, Julio Rodolfo Comadira e Jorge Luís Salomoni; pelo Paraguai, Luiz Enrique Chase Plate; pela Espanha, Jaime Rodriguez-Arana Muñoz e, eu, pelo Brasil.

Além dos debates jurídicos, foi organizada uma intensa agenda de visitas a igrejas, mercados e museus, onde tomamos conhecimento real de toda a história da pirataria no Mar do Caribe, Golfo do México e Antilhas, dos instrumentos de tortura – provavelmente idealizados por Tomás de Torquemada ou, apenas, Torquemada, o Grande-Geral espanhol, descendente de conversos dos reinos de Castela e Aragão no século XV e confessor da rainha Isabel, a Católica, que acumulava as funções de acusador e julgador. A esses instrumentos timbrados pela crueldade eram submetidos todos os que supostamente praticavam bruxaria. Uma experiência incrível e assustadora. Não me furto de mencionar que a visitação aos locais religiosos foi sugerida pelos companheiros, que, em grande número, eram membros da *Opus Dei*. Jorge Salomoni, Chase Plate e eu, meros cristãos, estávamos mais interessados – além dos temas jurídicos que seriam tratados – em visitas menos ecumênicas.

Assim é que, além da piscina do maravilhoso hotel em que nos hospedamos, frequentamos a praia defronte ao hotel onde morenas cartaginesas ofereciam serviços de massagem com loções mágicas, inclusive para bronzeamento. Numa das ocasiões em que estávamos recebendo as preciosas e eficazes massagens, fomos surpreendidos com um dos membros do grupo, vestido com um calção dos anos 1920 e camiseta, que se dirigia ao mar para exercitar a sua natação. Ao nos ver deitados, seminus, nas bancas, recebendo as massagens, não conseguiu ocultar a sua indignação, afirmando, em tom grave, que aquele sem dúvida não era um procedimento correto para homens casados e cristãos!

8.12 O que é IGG? Um curioso caso de concessão de rodovias

Os juízes, no sistema de jurisdição única que adotamos no Brasil, muitas vezes são instados a decidir questões eminentemente técnicas de real complexidade. Lembro-me de uma questão muito séria debatida em medida intentada contra a aplicação de reiteradas multas pelo DER-PR à Concessionária de Rodovias. A questão, de extrema complexidade, envolvia um instituto de meu total desconhecimento. Refiro-me ao IGG, conforme constava do contrato, "Índice de Gravidade Global (IGG) de Rodovia, avaliado de acordo com a norma DNER/PRO 08/78, IGUAL OU INFERIOR a 40, para os mesmos segmentos de comportamento homogêneo retro-referidos".

Fui ao Tribunal Regional Federal da 4ª Região necessitando do provimento a cargo de uma excepcional e respeitada magistrada, Desembargadora Luíza Dias Cassalles, hoje aposentada, encontrando na sala de espera meu ex-adverso, Procurador-Geral do DER-PR, Dr. Maurício Ferrante, uma das pessoas que mais entendia do assunto (Concessão de Rodovias) e por quem sempre tive grande respeito e admiração. Fomos recebidos, por determinação da relatora, em conjunto. Ao adentrarmos o gabinete, de forma direta, como era de seu feitio, a Dra. Luíza exclamou: "Dr. Maurício, Dr. Bacellar: o que é IGG? Ninguém sabe o que é isso. Existem definições do DNER, posteriormente do DER, mas, afinal, do que estamos a tratar? Os senhores querem que eu decida em três dias, que conceda ou negue uma liminar envolvendo um tema que há mais de um ano está sendo discutido e que ninguém chega a conclusão alguma? Tenham a Santa paciência!".

Aprendemos, Dr. Maurício e eu, uma preciosa lição. Era realmente desumano exigir do Tribunal uma decisão de urgência em assunto notoriamente complexo. Temos que ter uma visão clara disso. Ou nós lutamos por um melhor preparo de nossos agentes públicos, para que questões como essa sejam bem explicadas e resolvidas na via administrativa, seguramente apoiadas em marcos regulatórios ou marcos normativos definidos, ou vamos continuar com esse tipo de problema.

Buscando explicação normativa e técnica, acabamos descobrindo que o "Índice de Gravidade Global (IGG), avaliado de acordo com a norma DNER/PRO 08/78, é IGUAL OU INFERIOR a 40, para os mesmos segmentos de comportamento homogêneo retro-referidos".

Por ocasião da explicação, o técnico que nos auxiliou indulgente com a nossa ignorância, resumiu: "Portanto, da conjugação das normas, verifica-se que é aplicável o parâmetro de pavimentação representado pelo IGG inferior a 40, mas somente nos trabalhos ao longo da concessão, nos quais está compreendida a restauração dos pavimentos, a qual não ocorre na etapa anterior, da recuperação inicial. Consequentemente, o requisito referente ao nível de IGG aplica-se a todos os pavimentos, inclusive os novos, como um parâmetro a ser seguido nos trabalhos ao longo da concessão e não nos serviços de recuperação inicial. Em primeiro lugar, porque não é um parâmetro contratualmente definido para a fase de recuperação inicial, e, em segundo lugar, pela ausência de lógica de se medir o IGG em trabalhos que contemplam basicamente consertos localizados (remendos)".

Até hoje, sigo sem entender, com alguma clareza, o que é o IGG!

8.13 Conferência seguida de consulta pública em Porto Alegre

Fui convidado pelo Dr. Rogério Favretto, então Procurador-Geral do Município de Porto Alegre/RS, na gestão do eminente Prefeito Tarso Genro, em Encontro de Municípios, para proferir conferência sobre o tema Participação Popular na Administração Pública, razão de ser do conclave. Após o evento, acompanhado do Procurador-Geral, participei de uma Consulta Pública a ser realizada num dos bairros mais afastados da capital, com o intuito de ouvir os moradores a propósito de obras prioritárias a serem levadas a efeito na região. Embora houvesse escassa produção legislativa a respeito do tema, sabia-se que o princípio da participação popular na Administração Pública, assim como os instrumentos de controle dos atos do Administrador, ganhou status constitucional na Carta de 1988, precisa e respectivamente, nos arts. 10, 187, 194, 194, VII, 198, III, 204, II, 206, VI, e 216,§1º; e, no art. 5º, XXXIII, LXXI e LXXIII, e no art. 74, §2º.

Em resumo, trata-se de uma reunião organizada pelo Poder Público, em que a comunidade discute seus problemas e apresenta suas propostas e sugestões aos órgãos públicos, assegurando a participação popular na garantia do interesse público. Todo cidadão pode participar, pois os eventos sempre tratam de assuntos que interessam e afetam a todos. É importante a participação também de representantes de entidades, conselhos municipais, movimentos sociais, organizações não governamentais, igrejas, sindicatos, clubes de serviços, associações de moradores, de comunidades e demais segmentos da sociedade civil organizada.

Hoje, a Lei nº 9.784/1999, em seu art. 31, §§1º e 2º, expressamente, ao cuidar da *consulta pública*, determina a sua utilização quando o tema relacionar-se com o interesse geral e propõe-se a auscultar a manifestação de terceiros, desde que não haja prejuízo para a parte interessada, antes da decisão do pedido. A consulta pública, embora espécie de audiência pública objetiva por seu turno, no interesse da Administração Pública, consultar a opinião pública através da manifestação firmada através de *peças formais*, devidamente escritas, a serem juntadas no processo administrativo.

O Rio Grande do Sul sempre foi timbrado pelo pioneirismo em determinadas atitudes governamentais ou não, circunstância esta já destacada quando, anteriormente, aludi ao Juizado de Pequenas Causas.

Cuidávamos, então, de uma experiência a ser realizada sem a obrigação de atender a qualquer prescrição legal, ainda previstas em sede constitucional. Uma experiência prática do que haveria (no futuro) de ser regulamentado. Aberta a Consulta com a presença de inúmeros moradores, o Secretário de Obras do Município, após fazer um relato das carências do Bairro (esgoto a céu aberto e ruas sem pavimentação) e das dificuldades orçamentárias e financeiras da Pasta, indicou que a verba disponível só permitia atender um dos reclamos da população local. O manilhamento do esgoto, evitando a presença de detritos que propiciavam a proliferação de larvas e mosquitos que infestavam a região; ou, o asfaltamento da via principal muito utilizada por todos, notadamente para as compras e acesso ao transporte coletivo.

Submetidas as alternativas à votação, venceu, por larga margem, a opção do asfaltamento da via principal. Malgrado todas as explicações fornecidas a respeito da importância da preservação da saúde, os argumentos de que as vias enlameadas haviam sido responsáveis pela perda de calçados e outros infortúnios acabaram prevalecendo.

Desnecessário ressaltar a frustração de que fomos tomados, Dr. Favretto e eu, que tínhamos a certeza de que a opção que privilegiava a saúde fosse a vencedora.

8.14 Explicação de um conceito através de uma parábola: o camundongo e o interesse público

Em 2010, em conjunto com o Prof. Daniel Wunder Hachem, fui responsável pela obra *Direito administrativo e interesse público*, editado pela Fórum, em homenagem ao Prof. Celso Antônio Bandeira de Mello, e defendendo a sua conhecida posição sobre a supremacia do interesse público. Nesta obra escrevi sobre "A noção jurídica de interesse público no Direito Administrativo brasileiro", ocasião em que oferecemos respeitosa discordância em relação a alguns textos que vinham sendo publicados, notadamente, dos prestigiados autores Humberto Ávila, Daniel Sarmento e Paulo Schier.

Iniciei a tratativa do tema contando uma parábola, pequena narrativa que usa alegorias para transmitir uma lição moral, que adaptei para demonstrar a importância do interesse público, da ideia de que pode haver um interesse público subjacente em qualquer atitude que se possa tomar.

No caso específico, a narrativa é a seguinte: viviam numa pequena propriedade rural, um fazendeiro e sua mulher. Ambos com idade provecta, só tinham um ao outro. Exploravam a terra e conseguiram reunir uma pequena criação: uma vaca, um porco e uma galinha. No paiol, há muitos anos, vivia um camundongo, cuja presença incomodava sobremaneira a esposa do fazendeiro. Indignada com os danos causados à pequena produção armazenada, a senhora resolveu instalar uma ratoeira no paiol, embaixo de uma prateleira de gêneros alimentícios. Horrorizado, o camundongo requereu o auxílio da vaca para ajudá-lo a destruir a armadilha. A vaca, cujo tamanho lhe tornava infensa a qualquer ofensa física, sem muita conversa, declinou do pleito, sob a justificava de que o problema não lhe afetava, e, portanto, não era de seu interesse. Diante da recusa, o camundongo resolveu procurar o porco. Este, da mesma forma, alegou que vivendo no chiqueiro nenhuma relação poderia ter com a ratoeira, de sorte que o assunto não lhe interessava, e também se esquivou de prestar auxílio ao apavorado bichinho.

Como derradeira alternativa, restou ao camundongo encarecer a galinha que lhe ajudasse na espinhosa missão. A resposta não foi diferente: o problema não a atingia, sequer minimamente, sendo alheio ao seu interesse. Eis que um fato inusitado ocorreu. Uma serpente altamente venenosa adentrou o paiol e, descuidada, acabou presa na ratoeira. Ao ouvir o barulho e pensando ter apanhado o camundongo, a senhora, ao tentar apanhar a ratoeira, foi picada pela cobra. Desesperada, chamou o marido que a encaminhou ao médico local. Após o primeiro atendimento, a senhora, para aflição do marido e dos vizinhos que lhe estimavam, começou a passar muito mal. Após intenso tratamento, iniciada a recuperação, o médico, preocupado em hidratá-la e fortalecê-la, indicou, como alimentação, uma canja de galinha. A única galinha precisava, pois, ser sacrificada.

Um pouco mais recuperada, mas necessitando ainda de proteína, o médico entendeu que era hora de uma alimentação mais substanciosa, recomendando carne de porco. O indigitado porco, então, seguiu o triste destino da galinha. Terminada a dieta alimentar, plenamente restabelecida, foi tamanha a alegria do marido que ele resolveu festejar com a vizinhança promovendo uma grande churrascada. Era a vez da vaca de prestar a sua colaboração e, assim, ela também foi sacrificada. O camundongo, embora preocupado, persiste em suas andanças pelo paiol.

Esta pequena narrativa permite demonstrar que o interesse público não se confunde, necessariamente, com o interesse da maioria. Por vezes, ele pode estar presente num interesse que, a princípio, parece individualizado. Se à primeira vista o interesse de dar cabo à ratoeira aparentava constituir mero interesse individual do camundongo, sem qualquer relação com os interesses da coletividade dos animais, ao final demonstrou-se ser efetivamente um interesse público, uma vez que todos foram afetados pela armadilha.

Procurei demonstrar que não houve a percepção de que não se cuidava de um interesse primário, exclusivo do camundongo, mas, na verdade, de um interesse geral, não compreendido pelos que lhe negaram auxílio. Muitas vezes, no curso de nossas vidas, embora defendendo um interesse primário, é curial verificar se o interesse público está presente. Atos que, teoricamente, são vistos como atos isolados, individualizados, podem afetar o interesse geral. Nossa vida em sociedade, a nossa existência em comum, faz com que haja essa correlação de interesses. Daí a defesa da preponderância de interesse público sobre o interesse individualmente considerado, a avalizar integralmente a posição do Professor Celso Antônio Bandeira de Mello, evidenciando discordância em relação à doutrina minoritária que pensa de modo diverso.

8.15 Discurso de homenagem ao professor argentino (desconhecido) falecido

Em evento promovido pela Associação Argentina de Direito Administrativo, o Professor Jorge Salomoni, então Presidente, a propósito de homenagear um dos professores da entidade, recentemente falecido, designou o Professor José Luis Said para ler uma extensa (e íntima) carta que foi escrita pelo filho do Professor, e a mim, que jamais havia tido qualquer contato com o extinto mestre, para falar de sua trajetória como advogado e professor. Quando fui chamado à tribuna do auditório, superlotado, quase fui acometido de um enfarte.

A vida – principalmente de advogado, professor e dirigente associativo – nos reserva essas surpresas. Em fração de segundos, puxei pela memória o último discurso que havia feito em memória de alguém, acentuando que ao saudoso Professor a vida nada havia negado: uma esposa amantíssima e companheira, filhos que só lhe deram orgulho e satisfação. Uma advocacia combativa e bem-sucedida, aliada ao exercício do magistério de modo exemplar... e, por aí afora.

Quando terminei o discurso, fiquei consternado ao perceber que a viúva, que estava em lágrimas, vindo me abraçar exclamou: "Que maravilha de discurso, ninguém conhecia o meu marido como você!". Esse episódio farsante, relembrado por anos, em nossos encontros associativos, retrata, tanto de minha parte, quanto do José Said (que leu a Carta aos prantos), uma inclinação para o Teatro.

8.16 Incidente curioso em debate que gerou a publicação de um artigo

Em férias, resolvi visitar um cunhado que morava em São Paulo, capital. Diante das ligações que mantinha com a Faculdade de Direito da PUC-SP, ao visitar a Escola, acompanhado de um ex-aluno, hoje conceituado Professor, James Marins, fui indagado pela Diretora da Faculdade se estava disposto a participar de um debate que seria levado a efeito para discutir um tema muito rumoroso e que envolvia o trabalho apresentado por uma jovem professora em sua dissertação de mestrado (Nulidades da sentença de mérito), em Direito Processual Civil. A dissertação fora aprovada com nota máxima pela banca examinadora. Embora tivesse muito pouco a ver com o trabalho, deliberei por comentar, de modo aligeirado, a proliferação, na época, de alguns escritos incitando a aplicação do Uso Alternativo do Direito, produzidos por juristas de significativa projeção. Lamentavelmente, não me fiz entender pela jovem mestre, que encarou o meu pronunciamento como uma crítica à sua dissertação. E, o que foi pior: disse em alto e bom som que eu "não passava de mais um gaiato defensor do Direito Alternativo".

Na condição de convidado, não pretendendo prolongar a polêmica, com dificuldade, retomei a palavra e, contendo a indignação, mas enérgica e resumidamente, dissertei sobre os aspectos atuais e contemporâneos da aplicação do Direito, título que, posteriormente, para sanar qualquer dúvida, transformei em artigo. Disse, então, que não há ineditismo nas pregações de conceituados juristas brasileiros a respeito do chamado "Uso Alternativo do Direito".

Desde Max Gmür, notável professor da Universidade de Berna, que revelava discreta oposição aos que definiam a jurisdição como a mecânica aplicação da lei ao caso concreto, por entender que a lei, por abstrata que possa ser, está sempre a cuidar de interesses relacionados com o bem-estar humano, até Clèmerson Merlin Clève, constitucionalista que honra o Estado do Paraná pela lucidez de seus argumentos, o Direito tem demonstrado preocupação com a efetiva realização da justiça, da aplicação da lei de forma justa, reincorporando essa problemática que parece ter sido esquecida após o advento do positivismo jurídico.

Os movimentos que, em períodos cíclicos, pugnaram pelo "Direito Justo" tiveram por escopo fundamental abrandar o rigor da concepção positiva. Adotando diversos rótulos, tais como, "A Livre Indagação" na França, "Livre Pesquisa do Direito", na Suíça, Áustria e Alemanha e, finalmente, "Direito Livre" em outros países, tais movimentos, verdadeiras escolas, admitiam que o juiz criasse um dispositivo específico, desde que a análise dos comandos normativos não fosse de modo a alvitrar uma solução clara e justa para o conflito de interesses.

François Gény, Eugen Ehrlich, Rudolf Stammler e, de modo mais incisivo e arrojado, Armínio Kantorowicz eram autores que mereciam atenção. O bom juiz Magnaud, em sua Jurisprudência Sentimental, levava em conta na apreciação das causas a classe social, a convicção religiosa ou critérios políticos das partes cujas questões lhe eram submetidas, mostrando-se clemente e atencioso para com os fracos e humildes, enérgico e severo com os opulentos e poderosos. Opondo-se frontal e energicamente ao uso alternativo do Direito, a dogmática do positivismo encontra em Hans Kelsen, seu principal apóstolo.

Expliquei, então, que a minha posição sempre foi contrária à radicalização do Direito. Essa prática é sempre nociva. A fixação de teorias extremadas, ora defendendo a aplicação inconsiderada da lei, ora propondo, em certos casos, o irrefletido descumprimento desta, o mais que faz é prestar um desserviço à causa do Direito e da Justiça.

Alertei que o confronto entre o Direito e a Justiça, desafio constante de filósofos e juristas, encontra na hipótese da lei injusta um fértil campo para a fixação de posições e o desnudamento de opiniões, propiciando um formidável debate tendo por objetivo a sedimentação de uma nova consciência jurídica. Santo Agostinho e Santo Tomás de Aquino consideravam a justiça o objetivo preponderante do Direito, culminando por afirmar que à lei injusta "falta o atributo de lei".

Lembrei que aos magistrados, no Brasil, se reconhece a prerrogativa do livre convencimento. O ordenamento jurídico nacional protege e incentiva esse poder, propiciando em certas oportunidades, além da decisão *praeter legem* como se possibilita em sede de mandado de injunção e na hipótese agasalhada pelo art. 4º da Lei de Introdução ao Direito Brasileiro, a própria declaração de inconstitucionalidade *incidenter tantum* da lei. Estes exemplos aos quais se poderiam somar outros tantos se prestam a demonstrar a insensatez de uma descomprometida e irresponsável pregação da jurisprudência *contra legem*.

Se a isonomia assegura a igualdade de todos perante a lei, é correto deduzir que, em princípio a lei injusta haverá de afrontar esse princípio, na medida em que beneficiará alguns em detrimento de outros. A ordem constitucional é toda construída para a edição de leis justas que objetivem o bem-estar coletivo (art. 3º, III da CF) e não descurem do postulado isonômico entre os indivíduos que compõem a coletividade organizada. Seguindo a linha do raciocínio antes exposta, é possível concluir que, em princípio, a lei injusta é inconstitucional.

Dessa forma e, finalizando, exaltei que, diante de uma lei cujo conteúdo se apresente estigmatizado pela injustiça, o juiz, seja lançando mão da equidade, seja obedecendo as preciosas prescrições dos artigos 4º e 5º da Lei de Introdução ao Direito Brasileiro, seja, finalmente, declarando a inconstitucionalidade da norma, poderá, manejando os mecanismos do sistema jurídico-positivo, realizar a justiça, sem afrontar nem desrespeitar o equilíbrio, a harmonia e a independência entre os Poderes constituídos do Estado.

Não sei se logrei convencer alguém, mas, de toda a forma, a minha indignação com a postura destemperada de que fui alvo foi aplacada.

8.17 Prestígio não comprovado

O Professor Luiz Edson Fachin, Diretor da Faculdade de Direito da UFPR, pretendendo organizar um grande evento jurídico, convidou-me para uma reunião em seu gabinete para discutir a programação. Disse o Fachin: "Romeu, você que tem grande prestígio com o Professor Miguel Reale é a pessoa indicada para convidá-lo a fazer a conferência de abertura do conclave". Discutia-se o anteprojeto do Código Civil. Claro, havia uma explicação: eu tinha participado de dois eventos recentes com o afamado Professor, um dos quais na cidade de Londrina, ocasião em que convivemos por quase três dias, seja no auditório da Seccional da OAB, seja nas refeições que fazíamos no mesmo hotel. Com o respeitado mestre que tinha uma sobrinha vivendo em Curitiba e, que, por coincidência, era casada com um primo do meu pai, tive longas conversas (eu, mais como ouvinte) sobre o Direito Administrativo, que, segundo ele, era um dos ramos de sua preferência. Forneceu-me seu telefone pessoal para que, quando eu necessitasse de algum esclarecimento, pudesse contatá-lo. Foram dias gloriosos.

Quando retornei a Curitiba, comentei com alguns colegas professores o que havia sucedido. Daí, a solicitação do Professor Fachin. Devido à urgência em concluir a programação, prontamente, fiz a chamada telefônica. "Alô, Professor Miguel Reale? É o Professor Romeu Bacellar, de Curitiba. Estivemos juntos em Londrina. O Senhor me passou seu telefone". Fez-se uma pausa e ele respondeu: "Escute bem, Professor, se for para me convidar para fazer conferência, palestra, ou debater o novo Código Civil, esqueça! Eu não suporto mais! Só hoje, antes do senhor, três convites me foram formulados e eu rejeitei a todos, enfaticamente!" Absolutamente desarmado e perplexo, só me restou dizer: "Não, Professor, a minha ligação só tinha por objetivo saber do senhor e da sua saúde!". Penso que ele ficou um pouco desconcertado, ao responder: "Desculpe, é que eu ando muito irritado com a insistência dessa gente. Obrigado pela ligação". Não preciso dizer que nunca mais tive coragem para lhe ligar.

8.18 Ocorrências em sala de aula

Todo professor que, como eu, cumpriu mais de quarenta anos de magistério superior sempre tem um cabedal de ocorrências engraçadas ou desconfortáveis em sala de aula. Para não cansar os leitores, deliberei contar duas passagens que se revelaram burlescas. A primeira delas ocorreu por ocasião de uma aula para a turma da manhã da PUCPR, durante a exposição do tema improbidade administrativa. Após discorrer sobre a parte técnica, me propus a exemplificar as condutas, utilizando-me de um fato, então recente, envolvendo um grande e conhecido empreiteiro. Tomei a cautela de não mencionar o nome do envolvido, embora a questão fosse momentosa e amplamente noticiada. Em certa parte da narrativa, fui interrompido por uma aluna que, com a voz embargada, exclamou: "Professor, este empresário é meu tio!". Por puro reflexo respondi-lhe: "Não se preocupe, minha filha, você não tem nenhuma culpa em ser sobrinha dele!".

O prédio histórico da Universidade Federal do Paraná, na Praça Santos Andrade, em Curitiba, foi o cenário da segunda ocorrência. Como se sabe, suas dependências já abrigaram, além da Faculdade de Direito, alguns setores da Faculdade de Medicina e da Faculdade de Odontologia.

Para cumprimento da grade horária, alguns professores, com eu, se propunham a dar aulas suplementares de habilitação específica aos sábados de manhã. Os alunos que se matriculavam, normalmente, eram oriundos de outras turmas, razão pela qual só os conhecia por ocasião da primeira aula. O tema da habilitação era Responsabilidade Civil do Estado e, por uma conspiração de circunstâncias, coincidentemente, os julgados coligidos para apreciação naquela aula diziam respeito a erro médico. Após desenvolver resumidamente os tópicos a serem estudados, adentrei a parte processual do tema. Fui indagado por um aluno: "Professor, não é que haja desinteresse, mas porque alunos da faculdade de Medicina precisam aprender sobre processo?". Aí eu me dei conta da confusão. Estava na Sala M3 (Medicina) e não na Sala D3 (Direito). Costumava fazer a chamada ao final e o Professor de Medicina encarregado da aula havia faltado, daí acontecer o imbróglio. Pedindo mil desculpas, deixei a sala extremamente envergonhado.

CAPÍTULO 9

CONCLUSÕES E ALGUNS NÃO SOLICITADOS ACONSELHAMENTOS

Sempre almejei ser professor. Aprendi com Paulo Freire, excepcional educador, a sagrada missão do professor na formação da consciência de seus discípulos. Dada a grande influência que pode exercer sobre seus alunos, notadamente *como agente transformador*, revela-se como imprescindível para, descartando o autoritarismo, por meio do estímulo à proteção e à diversidade cultural, tornar a sociedade mais humana, mais justa, ou seja, com menor desigualdade social, preconceitos, intolerância e desrespeito aos diferentes modos de vida.

Quem pensa em estudar Direito e, na sequência exercer o magistério, quase sempre tem uma primeira inclinação para o Direito Penal. Embora não tenha sido uma exceção, acabei sendo seduzido pelo Direito Administrativo. Como já narrei o Professor José Munhoz de Melo, em cujo escritório trabalhei e que, posteriormente, foi meu professor de Direito Constitucional, em tom solene, me fez a seguinte recomendação: "Você quer ser advogado? Vá pensando no Direito Administrativo. O Direito Administrativo é o direito do futuro." Ele advogava muito na área, embora naquela época, talvez os mais novos não saibam, a disciplina do Direito Administrativo era lecionada junto com o Direito Financeiro, que incluía a tributação. Posteriormente ocorreram as devidas separações. Na disciplina, estudava-se o Código de Contabilidade Pública da União, toda a parte financeira, orçamento e finanças do Estado. Os demais desdobramentos internos possibilitaram a criação do Direito Tributário e do Direito Econômico, por exemplo.

Os autores mais conhecidos eram Themístocles Brandão Cavalcanti, Mário Masagão, Tito Prates da Fonseca e Cretella Junior.

Interessante que o Professor Cretella Junior também escrevia sobre a Gramática Portuguesa e História Geral. Seus livros eram editados pela FDT, ligada aos colégios Maristas. Quando eu o conheci, por ocasião de uma Banca na USP, tive a oportunidade de lhe contar que, no Ginásio, eu havia estudado através de seus livros, extremamente didáticos.

É imperioso que se reconheça que a doutrina daquela época – e eu faço essa crítica de forma muito respeitosa – se apropriava muito da doutrina estrangeira. Com pai professor, munido de uma biblioteca muito boa, inclusive em relação ao Direito Administrativo, me era possibilitado perceber, através das leituras, que os mesmos pensamentos, talvez com alguma tautologia, estavam presentes em alguns autores brasileiros. Nossa doutrina administrativista era fortemente influenciada por autores europeus, notadamente os franceses e alemães.

Considerei um grande avanço o compêndio em dois volumes escrito de forma magnífica e com propostas inovadoras pelo professor Barros Junior, da Universidade de São Paulo. É uma obra magnífica, de leitura obrigatória, que eu adorava.

Não posso deixar de mencionar o fabuloso Hely Lopes Meirelles. Quando acadêmico de Direito, tive o privilégio de conhecê-lo, no início da década de 1970. Posteriormente, por ocasião do 1º Congresso Brasileiro de Direito Administrativo, para honra minha, estreitamos nossas relações, a ponto de me permitir afirmar que me considerava seu amigo.

Bondoso, generoso, humilde, atencioso e íntegro, o Professor Hely personificava um dos mais significativos exemplos de excelência da espécie humana. Guardo com carinho os exemplares de seu *Direito Administrativo brasileiro*, na época, a mais completa e prestigiada obra editada sobre a matéria, que me era enviada, a cada nova edição, com enternecedoras dedicatórias. Os ensinamentos do Professor Hely, fundamentados no direito local e inovadores em relação a conceitos tradicionalmente incorporados da doutrina estrangeira, serviam de valioso subsídio, não só para trabalhos de estudantes de direito, mas também orientavam decisões judiciais, inclusive do Supremo Tribunal Federal. A mais singela pesquisa haverá de encontrar, no repertório de súmulas do mais alto Tribunal da República, verbetes extraídos da prodigiosa obra do inesquecível doutrinador. Conhecer e me relacionar com o Professor Hely foi mais um sonho que logrei concretizar.

A distribuição da justiça, lamentavelmente, já não é mais a mesma. Alguns magistrados se deixam influenciar – o que não se verificava nos velhos tempos – por questões políticas, jornalísticas ou por acontecimentos rumorosos. Está muito difícil de advogar. Eu tenho muita apreensão com esses jovens que estão iniciando a advocacia. Digo, sem qualquer reserva, anos atrás era muito mais fácil e prazeroso o exercício da profissão. Era possível manter diálogo com o Ministério Público e, sobretudo, com o magistrado. Hoje em dia, são raríssimos aqueles magistrados que recebem advogados. Isso sem falar em Desembargadores e Ministros de Tribunais Superiores. Quando ia a Brasília sempre era recebido por Ministros do Supremo Tribunal Federal. Que saudades dos Ministros Moreira Alves, Néri da Silveira, Décio Miranda, Carlos Mário Vellozo, Sidney Sanches, Luiz Octávio Gallotti, Sepúlveda Pertence, Celso de Mello, Marco Aurélio de Mello e Teori Albino Zavascki, entre outros, com quem mantive intenso contato profissional. Atualmente não é possível conversar com alguns dos Ministros, nem pelo telefone. Ao contrário. Ingressa-se numa fila interminável para marcar uma entrevista, não raras vezes, pelo sistema de videoconferência. Em razão dessas circunstâncias, eu estou deixando, paulatinamente, a advocacia. Não consigo me estruturar dentro desse novo quadro. Não tenho mais paciência para proferir uma sustentação oral, equilibrada, sem dizer o que penso, quando vejo descaso, vejo desimportância, vejo falta de respeito para com o advogado. Não consigo me conter diante disso. Já passa da hora de alterar nossa Constituição Federal, estipulando, nos moldes do que sucede em vários países europeus, um mandato para Ministros do Supremo Tribunal.

Apesar de muitas frustrações, sempre recordo que a busca de um sonho que, muitas vezes, parece inatingível requer perseverança e resignação. Parafraseando Paulo Coelho: "Não tenha medo do sofrimento, pois nenhum coração jamais sofreu quando foi em busca dos seus sonhos".

Incentivado por uma força de vontade inquebrantável, alicercei minhas bases nas responsabilidades que, desde cedo, assumi. Não só em razão da idade que ostentava quando comecei a trabalhar, mas também pelo casamento aos vinte anos e a chegada dos filhos. É evidente que, nos dias de hoje, com todas as restrições impostas ao trabalho na adolescência, seria praticamente impossível seguir o meu exemplo. A verdade, e eu já havia dito anteriormente, é que a atividade laboral precoce nenhum mal me causou.

A intuição muitas vezes falha, mas não deve ser desprezada. Muitas das minhas conquistas foram resultantes de reações intuitivas. Quando aconselhado pelo Professor Manoel de Oliveira Franco

Sobrinho a não prestar o concurso na Faculdade de Direito da Universidade Federal, enfrentando uma banca hostil, segui minha intuição e logrei conseguir meu objetivo. O mesmo se passou, de forma parecida, com o concurso para Assessor Jurídico do Tribunal de Justiça. Em ambas as ocasiões meu sentimento bateu forte no sentido de lutar um bom combate.

Quando me vi atraiçoado pela Presidência do Tribunal de Justiça, no episódio da greve, minha intuição indicava situação de extremo desgaste e inconciliável permanência, motivadora de imediata saída do cargo e, consequente, aposentadoria.

Sem jamais deixar de exercer o magistério, após um rápido intervalo nas atividades ligadas ao foro, cresceu minha intuição no sentido de iniciar o mais rapidamente possível minha atuação na advocacia. Tinha tanta certeza de que me daria bem, que um dia, perante minha mulher e filhos, de quem invoco o testemunho, fiz a seguinte afirmação: "Hoje começo a advogar exclusivamente em minha área, o Direito Administrativo. Se, em cinco anos, eu não conquistar um patrimônio que garanta a estabilidade da família é porque, diferentemente do que eu sempre pensei, vou admitir que sou um fracassado!"

Com a ajuda de Deus, que nunca me faltou, cumpri minha promessa, logrando conseguir muito mais do que esperava. Mais um sonho cumprido!

As demais aspirações eram relacionadas com a aquisição de escritório próprio e de um apartamento mais espaçoso onde os filhos pudessem ter seus respectivos quartos. Os ventos sopraram a favor e novos sonhos foram concretizados. Contando com o auxílio de valorosos companheiros de escritório, alguns dos quais até hoje me acompanham, as vitórias foram se acumulando e, em decorrência, o patrimônio crescendo. A ajuda divina jamais me faltou.

Repito agora o que sempre procurei expressar: sou um homem simples, como foi meu pai, de quem sinto infinita saudade. Tal como ele, prefiro a linguagem do coração ao palavreado rebuscado e quase sempre desprovido de sentimento. Sou um homem feliz, como foi a minha mãe, de quem só recebi lições de humildade e infinita bondade. Com meu querido sogro, Airton Pacheco do Nascimento, aprendi lições de vida e de generosidade infinita. Minha sogra, Hélia Silveira do Nascimento, cujas qualidades sempre exaltei, era uma mulher modelo, de mãe e de avó.

Tendo casado cedo, na forja de meu caráter e na conquista de meus eventuais sucessos, jamais me faltou o apoio firme e decidido de uma mulher notável: minha querida Elizabeth e de meus filhos, Isabelle, Marcello e Michelle, razão de meus esforços, compensação de qualquer sacrifício. Hoje, meus netos inundam de alegria minha vida e a de minha mulher.

Ao longo de minha existência tive a felicidade de contar com o apoio e a consideração de amigos muito queridos, dentre os quais destaco Luiz Fernando Moscalewski (Gerente do Banco do Brasil), João Geraldo Push Mercer (médico), Dante Luiz Franceschi (empresário) e Alcibíades de Almeida Faria Neto (advogado).

A vida cobra um preço muito caro para aqueles que se dedicam ao trabalho integralmente, como ocorreu no meu caso. A educação dos filhos e o atendimento de suas naturais necessidades e preocupações sempre estiveram a cargo da Elizabeth, minha esposa. Afastar-me-ia da seriedade deste relato, se afirmasse que fui um pai presente. De um instante para outro, parece que meus filhos se tornaram adultos. Quando a Isabelle completou 15 anos, eu, com trinta e seis, emocionado, não acreditava em vê-la tão moça e bonita, por ocasião do baile de debutantes. O mesmo sentimento me acometeu quando o Marcello e a Michelle adentraram a idade juvenil. Inobstante a deficiência decorrente dessa confissão, sempre procurei – na medida do possível – ser um bom pai.

Considero-me um socialdemocrata. Defendo e pratico a distribuição da riqueza. Seja no escritório de advocacia, seja no Instituto de Direito, a distribuição dos ganhos sempre se subordinou à valorização do empenho de cada partícipe. Nutro uma verdadeira aversão àqueles cujo discurso não se coaduna com as atitudes do cotidiano. Pregam doutrinas que não professam! Alguns pseudossocialistas que defendem a distribuição da renda, mas não a praticam! Acumulam riquezas que não aceitam dividir, pagando estipêndios miseráveis aos empregados e colaboradores.

Busco sempre ver com otimismo os episódios que a vida nos reserva. Trata-se de qualidade ou deficiência de que não me arrependo. Rejeito com veemência o pessimismo daqueles que invariavelmente surgem como arautos da tragédia e da destruição, seja do mundo que nos cerca, seja das instituições, seja dos valores éticos e morais.

Shakespeare, na primeira cena da tragédia Timon de Atenas, narra o seguinte diálogo: "Há muito tempo que não te vejo. Como vai o mundo?" – perguntam ao poeta. E ele responde: "Destrói-se, mas continua crescendo!"

Efetivamente, destrói-se a semente que, não germinando, impede a produção de alimentos, flores, frutos e árvores, e, na quebra desse ciclo, deixamos de ter pessoas sadias, paisagens, perfumes, sombras e abrigos, trabalho e lazer, poesia e amor. Todos esses acontecimentos desastrosos, contudo, não são suficientes para deter a energia inquebrantável da vida e como a desmentir os visionários do apocalipse, exsurge uma tremenda e sobranceira força para revitalizar os componentes de nosso ambiente, absorvendo qualquer malefício produzido.

Lutar, acreditar, ter ideias e defendê-las com decisão e amor, vale qualquer sacrifício.

A crença no governo da lei contra o governo do arbítrio, a luta pela valorização do homem e pela diminuição das desigualdades, na essência da ordem e no equilíbrio das sociedades, acabam por cinzelar um arcabouço de ideias, contribuindo para que a nossa existência seja um instrumento para a realização da justiça e harmonia sociais, cujo desiderato preponderante é a busca do bem-estar coletivo.

Esta a minha luta, a nossa luta.

Nesta aparente constelação de pessimismo, nos dá conforto a sensação de cumprimento do dever, no sentido de fazer o Direito cumprir o seu papel como instrumento de reconstrução dos valores éticos e morais de nossa sociedade, revelando, principalmente à nossa juventude, o quanto vale a atuação desassombrada e o aprimoramento intelectual, o quanto vale a pena ser digno, o quanto vale a pena ser honesto, o quanto vale ser justo.

Ao semearmos o pedestal de nossa comunhão de interesses, na essência da ordem e no equilíbrio das sociedades, germinou em nossas mentes e em nossos corações, com força inquebrantável e avassaladora, o amor pela pátria e pelo respeito à ordem jurídica.

É imperioso incrementar o estudo e as atividades intelectuais do Direito, fomentando o aparecimento de novos talentos, que atuem como um instrumento de transformação para a realização da ordem e harmonia sociais, cujo objetivo preponderante é a busca do bem-estar coletivo.

Isso posto, haveremos de perceber, com maior clareza, que a nação brasileira, seu maravilhoso território, sua gente amiga em todos os Estados brasileiros, acima dos interesses mesquinhos daqueles que não a respeitam, não pode e nem deve ser confundida com as Administrações nefastas e incompetentes, cuja atuação deixa um rastro de sofrimento e infortúnio que todos nós somos obrigados a suportar. A existência do Estado e, por consequência, da Administração Pública deve ter por objetivo principal a criação de condições que tornem possível, facilitem ou melhorem a realização das legítimas aspirações de cada um.

Aristóteles já dizia que o único objetivo a ser perseguido pelo Estado, através da Administração, é o de propiciar felicidade ao povo. O alcance da felicidade constitui uma somatória de diversos ingredientes, sem os quais o homem não se pode considerar feliz. A saúde, a segurança, o amparo familiar, o amor, o pleno emprego, a educação e o crescimento intelectual, o fomento às atividades artísticas, científicas e empresariais, o meio ambiente equilibrado, a ética dos governantes e dos governados, dentre outros, são ingredientes indispensáveis para tornar um povo feliz.

Jamais devemos aceitar a cômoda posição de espectador silente da destruição e da miséria. Temos que demonstrar o nosso comprometimento direto com esse estado de coisas. Nada de privilégios e favorecimentos. Às nulidades, aos mal-intencionados, aos incompetentes, não o triunfo imerecido, mas o papel que lhes cabe na ordem subalterna. Corremos o risco da incompreensão. Porque não somos indiferentes! Acreditamos que a força de nosso entusiasmo haverá de soprar sobre o nosso país e, tal como um ciclone devastador, varrerá a desordem, o desgoverno, os baixos interesses, devolvendo a credibilidade a nossos Poderes, de nossas instituições, eliminando a crise de autoridade. Somente com o emprego – nessa cruzada cívica – das mais caras reservas afetivas e morais que possamos dispor é que haveremos de construir uma sociedade mais justa e igualitária, uma sociedade sedimentada num renovar de esperanças, numa formalização de promessas e, sobretudo, numa presunção de certezas.

Segundo Carlos Cossio, mestre argentino, autor da *Teoria egológica do Direito*, só se pode pensar em justiça como ordem, segurança, poder, paz, cooperação e solidariedade, elementos que compõem um plexo de valores jurídicos integrados.

Muito se discutiu, e certamente ainda muito se discutirá, qual o maior dos bens – se a vida, se a liberdade. Mas quando se considera quantos se expõem a perder suas vidas pela liberdade, grandes exemplos históricos de ontem e de hoje continuam a demonstrar o que sucedeu e continua a suceder em todo o mundo, nos levando a concluir que a grandeza do homem reside nessa opção. Por que, pois, sacrificar a liberdade pela segurança? "Todo aquele que não hesita em sacrificar a liberdade para obter uma segurança temporária não merece nem a liberdade nem a segurança", como proclamou Benjamin Franklin.

Para encerrar como comecei, vale referir que a história de cada um de nós é construída por nós mesmos, cabendo lembrar o mestre e filósofo Rosala Garzuze:

> Somos todos passageiros desse navio fantasma do infinito, que é a terra. Quando a lâmpada da existência se apaga, o passageiro abandona o navio para singrar outros mares. Aqueles que nada fizeram, a lápide do esquecimento baixa para sempre sobre a sua memória. Aqueles que abriram clareiras de amor na selva dantesca do primitivismo humano, à custa do sacrifício dos prazeres efêmeros e dos bens materiais, esses deixam atrás de si uma saudade aninhada em cada coração agradecido.

ANEXO I

PRÊMIOS, TÍTULOS E HOMENAGENS

2019 – Homenagem do XVIII Foro Iberoamericano de Derecho Administrativo.

2016 – Ordem Estadual do Pinheiro, Estado do Paraná.

2016 – Comenda do Mérito, Amapar – Associação dos Magistrados do Paraná.

2016 – Miembro Honorario, Centro de Investigaciones en Derecho Administrativo de la Universidad Nacional del Rosario.

2015 – Huésped de Honor, Universidad Nacional del Litoral (Santa Fe, Argentina).

2015 – VII Congreso de la Asociación de Derecho Público del Mercosur – Homenaje a Romeu Felipe Bacellar Filho, Asociación de Derecho Público del Mercosur.

2015 – Homenagem do Centro Acadêmico Hugo Simas – Universidade Federal do Paraná, por ocasião de sua aposentadoria no cargo de Professor Titular de Direito Administrativo da UFPR.

2015 – Homenagem pelos 30 anos de profícuo magistério, Pontifícia Universidade Católica do Paraná.

2014 – Profesor "Ad Honorem", Pontifícia Universidad Católica del Uruguay.

2014 – Seminário "Estado, Economia e Políticas Públicas" – Homenagem ao Professor Romeu Felipe Bacellar Filho, Programa de Pós-Graduação em Direito da PUCPR.

2014 – Reconhecimento da história e comprometimento com a Advocacia, Ordem dos Advogados do Brasil – Seccional Paraná.

2014 – Livro *"Estado, Direito e Políticas Públicas – Homenagem ao Professor Romeu Felipe Bacellar Filho"*, Programa de Pós-Graduação em Direito da PUCPR.

2013 – Visitante Distinguido, Municipalidad Provincial de Arequipa (Peru).

2013 – Reconocimiento, Gobierno del Estado de Veracruz (México).

2013 – Diploma de Reconocimiento, Universidad Allas Peruanas (Peru).

2013 – Homenagem do XXVII Congresso Brasileiro de Direito Administrativo, Instituto Brasileiro de Direito Administrativo.

2013 – Professor Homenageado – II Virada Acadêmica, Pontifícia Universidade Católica do Paraná.

2012 – Reconhecimento Público por sua gestão 2007, 2009 e 2010/2012 como Conselheiro Federal, Ordem dos Advogados do Brasil.

2011 – Miembro del Consejo Directivo, Red Docente Eurolatinoamericana de Derecho Administrativo.

2011 – Profesor Fundador, Red Docente Eurolatinoamericana de Derecho Administrativo.

2011 – Diretor Acadêmico, NINC – Núcleo de Investigações Constitucionais da UFPR.

2010 – II Semana Acadêmica Temática da Faculdade de Direito UTP – Homenagem ao Professor Romeu Felipe Bacellar Filho, Universidade Tuiuti do Paraná – Escola da Magistratura do Paraná.

2010 – Voto de Louvor e Congratulações, Câmara Municipal de Curitiba.

2010 – XI Congresso Paranaense de Direito Administrativo – Homenagem ao Prof. Romeu Felipe Bacellar Filho, Instituto Paranaense de Direito Administrativo.

2010 – Nome de Turma, Turma de Formandos da Faculdade de Direito da PUCPR.

2010 – Professor Homenageado, Turma de Formandos da Faculdade de Direito da PUCPR.

2010 – Professor Titular de Direito Administrativo, Universidade Federal do Paraná.

2009 – Nome de Turma, Turma de Formandos da Faculdade de Direito da UFPR.

2009 – Nome de Prêmio – "Profesor Don Romeu Felipe Bacellar Filho", Asociación Iberoamericana de Derecho Público y Administrativo.

2009 – Congreso Iberoamericano de Derecho Público y Administrativo en honor al distinguido administrativista brasileño Dr. Romeu Felipe Bacellar Filho, Asociación Iberoamericana de Derecho Público y Administrativo/Colegio de Abogados de Costa Rica.

2008 – Homenageado do II Congresso Catarinense de Direito Administrativo, Instituto de Direito Administrativo de Santa Catarina (IDASC).

2007 – Mérito Institucional, Instituto Brasileiro de Direito Administrativo.

2007 – Professor Homenageado, Turma de Formandos da Faculdade de Direito da UFPR.

2007 – Reconocimiento, Centro de Investigación y Desarrollo del Estado de Michoacán.

2007 – Conselheiro Federal, Ordem dos Advogados do Brasil.

2007 – Homenageado da *Revista Iberoamericana de Derecho Público y Administrativo* nº 8, Asociación e Instituto Iberoamericano de Derecho Público y Administrativo Prof. Jesús González Pérez.

2007 – 1º Vice-Presidente do Instituto Brasileiro de Direito Administrativo, Instituto Brasileiro de Direito Administrativo.

2007 – Homenagem do V Congresso Mineiro de Direito Administrativo, Instituto Mineiro de Direito Administrativo.

2006 – Homenagem, Instituto Brasileiro de Direito Administrativo.

2006 – Presidente da Asociación Iberoamericana de Derecho Administrativo, Asociación Iberoamericana de Derecho Administrativo.

2005 – Homenagem – III Congresso Brasileiro de Direito Internacional, NUPESUL – UFPR.

2005 – Patrono do Instituto de Direito Administrativo de Santa Catarina, Instituto de Direito Administrativo de Santa Catarina (IDASC).

2005 – Professor Homenageado, Turma de Formandos da Faculdade de Direito da UFPR.

2004 – Professor Titular da Faculdade de Direito, Pontifícia Universidade Católica do Paraná.

2004 – Presidente de Honra, Instituto Brasileiro de Direito Político.

2004 – Homenagem, Instituto de Direito Administrativo do Rio Grande do Sul (IDARGS).

2004 – Membro Honorário, Asociación Peruana de Derecho Administrativo.

2004 – Profesor Extraordinario Visitante de la Universidad Católica de Salta, República Argentina.

2004 – Delegado Permanente do Conselho de Colégios e Ordens de Advogados do MERCOSUL, Conselho Federal da Ordem dos Advogados do Brasil.

2003 – Menção Honrosa, Centro Acadêmico Sobral Pinto.

2003 – Doutor *Honoris Causa*, Faculdades Campo Real.

2003 – Membro Fundador, Academia Paranaense de Letras Jurídicas.

2003 – Homenagem, ANOREG – Associação dos Notários e Registradores.

2003 – Personalidade de Destaque, Instituto Editorial III Milênio.

2003 – Sócio Honorário nº 1 do Instituto de Direito Administrativo de Goiás, IDAG.

2003 – Membro do Instituto Iberoamericano de Derecho Constitucional, Instituto Iberoamericano de Derecho Constitucional.

2002 – Membro do Conselho de Honra, Instituto de Procedimento e Processo Tributário do Brasil.

2002 – Diploma e medalha de Honra ao Mérito, Complexo de Ensino Superior do Brasil – Faculdades de Ciências Sociais e Aplicadas do Brasil.

2002 – Vocal del Consejo Académico para Asuntos Iberoamericanos, Instituto Nacional de Administración Pública (Espanha).

2002 – Homenagem – IV Congresso Brasileiro de Notários e Registradores, ANOREG – Associação dos Notários e Registradores.

2002 – Homenagem, Instituto Brasileiro de Direito Administrativo.

2002 – Homenagem, Centro Internacional de Comércio e Desenvolvimento de Rivera – Uruguai / NUPESUL-UFPR.

2002 – Honra ao Mérito, Complexo de Ensino Superior do Brasil.

2002 – Reconhecimento à dedicação aos alunos, Centro Acadêmico Sobral Pinto (CASP-PUCPR).

2002 – Miembro activo, Asociación de Derecho Administrativo Iberoamericano.

2001 – Membro Extraordinário do Instituto Chileno de Direito Administrativo, Instituto Chileno de Direito Administrativo.

2001 – Membro Honorário da Asociación Iberoamericana del Ombudsman – Defensor del Pueblo, AIO – Capítulo Paraguai.

2001 – Membro Honorário do Instituto de Investigações Históricas "Doutor José Gaspar Rodrigues de Francia", IIH – República do Paraguai.

2001 – Homenagem, Asociación Argentina de Derecho Administrativo.

2001 – Menção Honrosa, Missão El Shaddai – Ministério de Amparo à Criança e ao Adolescente.

2000 – Membro Honorário da Associação Argentina de Direito Administrativo, Associação Argentina de Direito Administrativo.

2000 – Medalha da Ordem do Mérito Advocatício, OAB/PA.

2000 – Vice-Presidente da Asociación Iberoamericana de Derecho Administrativo, Asociación Iberoamericana de Derecho Administrativo.

1999 – Nome de Turma, Turma de Formandos da Faculdade de Direito da PUCPR.

1999 – Homenagem da II Conferência dos Advogados do Estado do Paraná, OAB/PR.

1999 – Homenagem – III Jornada de Estudos Jurídicos – Reforma Administrativa, Universidade do Oeste do Paraná (UNOPAR).

1998 – Professor Homenageado, Turma de Formandos da Faculdade de Direito da PUCPR.

1998 – Patrono, Turma de Formandos da Faculdade de Direito da UFPR.

1998 – Membro do Conselho Científico, Sociedade Brasileira de Direito Público.

1998 – Presidente do Instituto Brasileiro de Direito Administrativo, Instituto Brasileiro de Direito Administrativo.

1997 – Presidente de Honra – XI Congresso Brasileiro de Direito Administrativo, Instituto Brasileiro de Direito Administrativo.

1997 – Presidente da Asociación de Derecho Público del Mercosur, Asociación de Derecho Público del Mercosur.

1997 – Voto de Louvor, Reitoria da Pontifícia Universidade Católica do Paraná.

1996 – Vulto Emérito de Curitiba, Câmara Municipal de Curitiba.

1996 – Professor Homenageado, Turma de Formandos da Faculdade de Direito da PUCPR.

1995 – Professor Homenageado, Turma de Formandos da Faculdade de Direito da UFPR.

1995 – Presidente do Instituto Brasileiro de Direito Administrativo, Instituto Brasileiro de Direito Administrativo.

1994 – Professor Homenageado, Turma de Formandos da Faculdade de Direito da UFPR.

1994 – Professor Homenageado, Turma de Formandos da Faculdade de Direito da PUCPR.

1993 – Homenagem do Povo Ponta-grossense, Prefeitura Municipal de Ponta Grossa – PR.

1993 – Professor Homenageado, Turma de Formandos da Faculdade de Direito da PUCPR.

1992 – Presidente do Instituto Paranaense de Direito Administrativo, Instituto Paranaense de Direito Administrativo.

1990 – Nome de Turma, Turma de Formandos da Faculdade de Direito da PUCPR.

1990 – Paraninfo, Turma de Formandos da Faculdade de Direito de Curitiba.

1989 – Homenagem da 1ª Semana de Atualização em Processo Civil, UFPR / CAHS / OAB.

1989 – Professor Homenageado, Turma de Formandos da Faculdade de Direito de Curitiba.

1989 – Associado honorário, Centro Acadêmico Sobral Pinto – Direito – PUCPR.

1988 – Professor Homenageado, Turma de Formandos da Faculdade de Direito de Curitiba.

1987 – Homenagem dos Servidores do Poder Judiciário, Tribunal de Justiça do Estado do Paraná.

1987 – Professor Homenageado, Turma de Formandos da Faculdade de Direito de Curitiba.

1987 – Patrono, Turma de Formandos da Faculdade de Direito de Curitiba.

1986 – Professor Homenageado, Turma de Formandos da Faculdade de Direito da PUCPR.

1985 – Professor Homenageado, Turma de Formandos da Faculdade de Direito de Curitiba.

1983 – Nome de Turma, Turma de Formandos da Faculdade de Direito de Curitiba.

ANEXO II

ARTIGOS COMPLETOS PUBLICADOS EM PERIÓDICOS

1. BACELLAR FILHO, Romeu Felipe. A distinção entre processo e procedimento administrativo: consequências quanto o regime jurídico e às garantias do processo disciplinar. *Revista Brasileira de Direito Municipal*, v. 18, p. 113-148, 2017.

2. BACELLAR FILHO, Romeu Felipe. A ética pública e o Estado Democrático de Direito. *Estudios Jurídicos. Publicación de la Facultad de Derecho de la Universidad Católica del Uruguay*, v. 12, p. 213-222, 2015.

3. BACELLAR FILHO, Romeu Felipe. A Administração Pública entre o direito público e o direito privado. *Revista de Direito Civil Contemporâneo*, v. 3, p. 31-53, 2015.

4. BACELLAR FILHO, Romeu Felipe. Controle de constitucionalidade da lei no Brasil: processo, procedimento e Constituição à luz do Direito brasileiro. *Estudios de Derecho Administrativo*, v. 12, p. 5-58, 2015.

5. BACELLAR FILHO, Romeu Felipe; HACHEM, Daniel Wunder. Equilíbrio econômico-financeiro dos contratos administrativos e a possibilidade de alteração de valores na contratação pública pelo Sistema de Registro de Preços. *Fórum Administrativo*, v. 157, p. 9-13, 2014.

6. BACELLAR FILHO, Romeu Felipe. O Direito Administrativo, a arbitragem e a mediação. *Revista da Academia Paranaense de Letras Jurídicas*, v. 3, p. 169-191, 2014.

7. BACELLAR FILHO, Romeu Felipe. Reflexos da constitucionalização do Direito Administrativo: pessoa humana, processo e contrato administrativo. *Revista da Escola da Magistratura do TRF da 4ª Região*, v. 1, p. 67-85, 2014.

8. BACELLAR FILHO, Romeu Felipe; PIVETTA, Saulo Lindorfer. O regime jurídico do processo administrativo na Lei nº 9.784/99. *A&C – Revista de Direito Administrativo & Constitucional*, n. 58, p. 11-47, 2014.

9. BACELLAR FILHO, Romeu Felipe; FRIEDRICH, Tatyana Scheila; BENEDETTI, A. R. M. A recepção no Brasil das decisões da Corte Interamericana de Direitos Humanos: desafios ao Estado brasileiro. *Revista Iberoamericana de Derecho Público y Administrativo*, v. 14, p. 52-62, 2014.

10. BACELLAR FILHO, Romeu Felipe. Aspectos controvertidos do contrato administrativo no Brasil. *Revista Argentina del Régimen de la Administración Pública*, v. 429, p. 223-237, 2014.

11. BACELLAR FILHO, Romeu Felipe. Reflexos da constitucionalização do Direito Administrativo: pessoa, processo, procedimento e contrato administrativo. *Revista Argentina del Régimen de la Administración Pública*, v. XXXV, p. 171-186, 2013.

12. BACELLAR FILHO, Romeu Felipe. Reflexos da constitucionalização do direito administrativo: pessoa humana, processo e contrato administrativo. *Interesse Público*, n. 81, p. 15-30, 2013.

13. BACELLAR FILHO, Romeu Felipe. O contrato administrativo como categoria jurídica. *Fórum de Contratação e Gestão Pública*, v. 136, p. 47-55, 2013.

14. BACELLAR FILHO, Romeu Felipe; HACHEM, Daniel Wunder. A defesa do Prefeito Municipal em ações de ressarcimento ao erário por prejuízos econômicos oriundos de convênios. *Fórum Municipal & Gestão das Cidades*, v. 2, p. 5-20, 2013.

15. BACELLAR FILHO, Romeu Felipe. O mensalão e a propalada independência das instâncias. *Revista dos Tribunais*, v. 102, p. 445-454, 2013.

16. BACELLAR FILHO, Romeu Felipe. Contrato administrativo e princípios constitucionais do Direito Administrativo. *Estudios de Derecho Administrativo*, v. 8, p. 5-20, 2013.

17. BACELLAR FILHO, Romeu Felipe. Governo, políticas públicas e o cidadão. *Revista Argentina del Régimen de la Administración Pública*, v. 408, p. 97-101, 2012.

18. BACELLAR FILHO, Romeu Felipe. O Direito Administrativo, a arbitragem e a mediação. *Revista de Arbitragem e Mediação*, v. 32, p. 33-59, 2012.

19. BACELLAR FILHO, Romeu Felipe. Das parcerias público-privadas no âmbito da Administração Pública brasileira. *Estudios de Derecho Administrativo*, v. 6, p. 33-46, 2012.

20. BACELLAR FILHO, Romeu Felipe. El procedimiento y el proceso administrativo en el sistema jurídico brasileño. *Revista Argentina del Régimen de la Administración Pública*, v. 406, p. 75-91, 2012.

21. BACELLAR FILHO, Romeu Felipe. A noção jurídica de interesse público no Direito Administrativo brasileiro. *Revista Argentina del Régimen de la Administración Pública*, v. 396, p. 223-252, 2012.

22. BACELLAR FILHO, Romeu Felipe. A aversão ao nepotismo não autoriza o desrespeito às garantias fundamentais. *Revista dos Tribunais*, v. 101, p. 429-451, 2012.

23. BACELLAR FILHO, Romeu Felipe; SCHIO, Adriana Cavalcante de Souza. Novos aspectos da responsabilidade civil das empresas estatais no Brasil. *Sequência (UFSC)*, v. 62, p. 261-298, 2011.

24. BACELLAR FILHO, Romeu Felipe; HACHEM, Daniel Wunder. As relações entre os Poderes da República no Estado brasileiro contemporâneo: transformações autorizadas e não autorizadas. *Interesse Público*, n. 70, p. 37-73, 2011.

25. BACELLAR FILHO, Romeu Felipe; HACHEM, Daniel Wunder. Variações econômicas como fundamento para a alteração de valores na contratação pública pelo sistema de registro de preços. *Revista Zênite de Licitações e Contratos-ILC*, v. 217, p. 1149-1153, 2011.

26. BACELLAR FILHO, Romeu Felipe. Responsabilidade civil extracontratual do Estado no Brasil. *Estudios de Derecho Administrativo*, v. 4, p. 369-419, 2011.

27. BACELLAR FILHO, Romeu Felipe; HACHEM, Daniel Wunder. Transformações contemporâneas nas relações entre os Poderes Executivo, Legislativo e Judiciário na República Federativa do Brasil. *Ópera Prima de Derecho Administrativo – Revista de la Asociación Internacional de Derecho Administrativo*, v. 10, p. 59-114, 2011.

28. BACELLAR FILHO, Romeu Felipe. A Administração Pública entre o Direito Público e o Direito Privado. *Revista da Procuradoria-Geral do Município de Belo Horizonte*, v. 8, p. 203-226, 2011.

29. BACELLAR FILHO, Romeu Felipe; HACHEM, Daniel Wunder. A necessidade de defesa técnica no processo administrativo disciplinar e a inconstitucionalidade da Súmula Vinculante nº 5 do STF. *A&C – Revista de Direito Administrativo & Constitucional*, n. 39, p. 27-64, 2010.

30. BACELLAR FILHO, Romeu Felipe; HACHEM, Daniel Wunder. Transferências voluntárias na Lei de Responsabilidade Fiscal: limites à responsabilização pessoal do ordenador de despesas por danos decorrentes da execução de convênio. *Interesse Público*, n. 60, p. 25-62, 2010.

31. BACELLAR FILHO, Romeu Felipe. O direito fundamental à presunção de inocência no processo administrativo disciplinar. *Res Publica Argentina*, v. 1-2, p. 225-262, 2010.

32. BACELLAR FILHO, Romeu Felipe. Procedimento e processo administrativo a partir da experiência brasileira no plano global. *Revista argentina del régimen de la administración pública*, v. 383, p. 359-394, 2010.

33. BACELLAR FILHO, Romeu Felipe. A potestade sancionatória da Administração Pública no Brasil. *Estudios de Derecho Administrativo*, v. 2, p. 25-47, 2010.

34. BACELLAR FILHO, Romeu Felipe. A estabilidade do ato administrativo criador de direitos à luz dos princípios da moralidade, da segurança jurídica e da boa-fé. *A&C – Revista de Direito Administrativo & Constitucional*, n. 40, p. 291-313, 2010.

35. BACELLAR FILHO, Romeu Felipe. O regime jurídico das organizações sociais e a sua contratação pelo poder público mediante dispensa de licitação. *Fórum de Contratação e Gestão Pública*, v. 103, p. 13-22, 2010.

36. BACELLAR FILHO, Romeu Felipe. Contrato administrativo e princípios constitucionais do Direito Administrativo Sancionador: prescritibilidade da pretensão punitiva, retroação da lei mais benéfica e tipicidade. *Revista do Instituto dos Advogados Brasileiros*, v. 97, p. 259-294, 2009.

37. BACELLAR FILHO, Romeu Felipe. O contrato administrativo no Brasil. *Revista do Advogado*, v. 107, p. 155-167, 2009.

38. BACELLAR FILHO, Romeu Felipe. Dignidade da pessoa humana, garantia dos direitos fundamentais, direito civil, direitos humanos e tratados internacionais. *Revista Iberoamericana de Derecho Público y Administrativo*, v. 9, p. 154-157, 2009.

39. BACELLAR FILHO, Romeu Felipe. Dignidad de la persona humana, garantía de los derechos fundamentales, derecho civil, derechos humanos y tratados internacionales. *Revista Iberoamericana de Derecho Público y Administrativo*, v. 9, p. 150-153, 2009.

40. BACELLAR FILHO, Romeu Felipe. O direito fundamental à presunção de inocência no processo administrativo disciplinar. *A&C – Revista de Direito Administrativo & Constitucional*, n. 37, p. 11-55, 2009.

41. BACELLAR FILHO, Romeu Felipe. O regime jurídico das organizações sociais e a sua contratação pelo Poder Público mediante dispensa de licitação. *Interesse Público*, n. 58, p. 11-30, 2009.

42. BACELLAR FILHO, Romeu Felipe. A responsabilidade civil extracontratual do Estado. Responsabilidade das pessoas jurídicas de direito privado prestadoras de serviço público. *Revista argentina del régimen de la administración pública*, v. 370, p. 331-354, 2009.

43. BACELLAR FILHO, Romeu Felipe. Direito Público x Direito Privado: panorama atual da doutrina, possibilidades de diferenciação e estabelecimento de pontos de contato. *Revista Jurídica Themis*, v. Ed.Esp, p. 185-199, 2008.

44. BACELLAR FILHO, Romeu Felipe. Contrato administrativo. A natureza contratual das concessões e permissões de serviço público no Brasil. Das parcerias público-privadas no âmbito da administração pública. Consórcios e convênios administrativos. *Revista argentina del régimen de la administración pública*, v. 361, p. 159-172, 2008.

45. BACELLAR FILHO, Romeu Felipe. Bens públicos e função social da propriedade. *Fórum de Contratação e Gestão Pública*, v. 65, p. 12-13, 2007.

46. BACELLAR FILHO, Romeu Felipe. Direito Público e Direito Privado: panorama atual da doutrina, possibilidades de diferenciação e estabelecimento de ponto de contato. *Revista argentina del régimen de la administración pública*, v. 348, p. 331-349, 2007.

47. BACELLAR FILHO, Romeu Felipe. Reflexões a propósito do regime disciplinar do servidor público. *A&C – Revista de Direito Administrativo & Constitucional*, n. 30, p. 11-27, 2007.

48. BACELLAR FILHO, Romeu Felipe. Reflexões a propósito do regime disciplinar do servidor público. *Interesse Público*, n. 46, p. 13-29, 2007.

49. BACELLAR FILHO, Romeu Felipe. Marco constitucional do Direito Administrativo no Brasil. *Revista Iberoamericana de Derecho Público y Administrativo*, v. 7, p. 35-46, 2007.

50. BACELLAR FILHO, Romeu Felipe. Responsabilidade civil do Estado por omissão. *Revista argentina del régimen de la administración pública*, v. 326, p. 45-52, 2006.

51. BACELLAR FILHO, Romeu Felipe. Profissionalização da função pública: a experiência brasileira. *Synthesis*, v. 38, p. 156-158, 2004.

52. BACELLAR FILHO, Romeu Felipe. Profissionalização da função pública: a experiência brasileira. *Revista de Direito Municipal*, v. 11, p. 87-96, 2004.

53. BACELLAR FILHO, Romeu Felipe. Responsabilidade civil extracontratual das pessoas jurídicas de direito privado prestadoras de serviço público. *Fórum Administrativo – Direito Público*, Belo Horizonte, v. 25, p. 1993-2014, 2003.

54. BACELLAR FILHO, Romeu Felipe. Profissionalização da função pública: a experiência brasileira. *Revista de Direito Administrativo*, v. 232, p. 1-9, 2003.

55. BACELLAR FILHO, Romeu Felipe. A integração regional: perspectivas e aspirações. *A&C – Revista de Direito Administrativo & Constitucional*, n. 11, p. 37-41, 2003.

56. BACELLAR FILHO, Romeu Felipe. Profissionalização da função pública no Brasil. *A&C – Revista de Direito Administrativo & Constitucional*, n. 12, p. 9-17, 2003.

57. BACELLAR FILHO, Romeu Felipe. Considerações críticas sobre as licitações e contratos administrativos. *A&C – Revista de Direito Administrativo & Constitucional*, n. 14, p. 77-85, 2003.

58. BACELLAR FILHO, Romeu Felipe. Ética pública e Estado Democrático de Direito. *Revista Iberoamericana de Derecho Público y Administrativo*, v. 3, p. 57-62, 2003.

59. BACELLAR FILHO, Romeu Felipe. O poder normativo dos entes reguladores e a participação dos cidadãos nesta atividade. Serviços públicos e direitos fundamentais: os desafios da regulação na experiência brasileira. *Revista Iberoamericana de Administración Pública*, Madri, v. 9, p. 53-64, 2002.

60. BACELLAR FILHO, Romeu Felipe. O poder normativo dos entes reguladores e a participação dos cidadãos nesta atividade. Serviços públicos e direitos fundamentais: os desafios da regulação na experiência brasileira. *Interesse Público*, Porto Alegre, n. 16, p. 13-22, 2002.

61. BACELLAR FILHO, Romeu Felipe. Profissionalização da função pública: a experiência brasileira. *Cadernos da Escola de Direito e Relações Internacionais (UniBrasil)*, v. 1, p. 17-26, 2002.

62. BACELLAR FILHO, Romeu Felipe. O poder normativo dos entes reguladores e a participação dos cidadãos nesta atividade. Serviços públicos e direitos fundamentais: os desafios da regulação na experiência brasileira. *Revista de Direito Administrativo*, v. 230, p. 153-162, 2002.

63. BACELLAR FILHO, Romeu Felipe. O poder normativo dos entes reguladores e a participação dos cidadãos nesta atividade. Serviços públicos e direitos fundamentais: os desafios da regulação na experiência brasileira. *Actualidad en el Derecho Público*, v. 18-20, p. 61-73, 2002.

64. BACELLAR FILHO, Romeu Felipe. Responsabilidade civil extracontratual das pessoas jurídicas de direito privado prestadoras de serviço público. *A&C – Revista de Direito Administrativo & Constitucional*, n. 9, p. 13-59, 2002.

65. BACELLAR FILHO, Romeu Felipe. O poder disciplinar da Ordem dos Advogados do Brasil exercido através do Tribunal de Ética. Natureza jurídica do tribunal. Aspectos polêmicos de sua atividade. *Revista do Instituto dos Advogados do Paraná*, v. 32, p. 21-53, 2002.

66. BACELLAR FILHO, Romeu Felipe. Responsabilidade civil extracontratual das pessoas jurídicas de direito privado prestadoras de serviços públicos. *Interesse Público*, Porto Alegre, n. 6, p. 11-47, 2000.

67. BACELLAR FILHO, Romeu Felipe. A natureza contratual das concessões e permissões de serviço público. *Revista do Instituto dos Advogados Brasileiros*, v. 34, p. 53-62, 2000.

68. BACELLAR FILHO, Romeu Felipe. O Direito Comunitário Emergente: a importância da sua discussão. *Revista da Faculdade de Direito. Universidade Federal do Paraná*, Porto Alegre, v. 31, p. 155-159, 1999.

69. BACELLAR FILHO, Romeu Felipe. Breves reflexões sobre a jurisdição administrativa: uma perspectiva de direito comparado. *Revista de Direito Administrativo*, v. 211, p. 65-77, 1998.

70. BACELLAR FILHO, Romeu Felipe. El Mercosur y la importancia del derecho comunitario emergente. *Actualidad en el Derecho Público*, v. 07, p. 31-39, 1998.

71. BACELLAR FILHO, Romeu Felipe. O Mercosul e a importância do direito comunitário emergente. *Revista de Direito Administrativo*, v. 210, p. 117-122, 1997.

72. BACELLAR FILHO, Romeu Felipe. O anteprojeto da lei de licitações: considerações críticas. *Revista argentina del régimen de la administración pública*, v. 14, p. 663-664, 1997.

73. BACELLAR FILHO, Romeu Felipe. A Nova Lei de Concessões – Lei nº 8.987/1995. *Revista de Direito Administrativo Aplicado*, v. 05, p. 339-344, 1995.

74. BACELLAR FILHO, Romeu Felipe. Aspectos históricos e contemporâneos da aplicação do direito. *Jurisprudência Brasileira*, v. 167, p. 49-52, 1992.

75. BACELLAR FILHO, Romeu Felipe. Aspectos históricos e contemporâneos da aplicação do direito. *Revista Jurídica*, v. 8, p. 65-70, 1992.

76. SPONHOLZ, Oto Luiz; BACELLAR FILHO, Romeu Felipe. Responsabilidade civil do Estado. *Jurisprudência Brasileira*, v. 151, p. 13-22, 1989.

ANEXO III

LIVROS PUBLICADOS E COORDENADOS

1. BACELLAR FILHO, Romeu Felipe; MARTINS, Ricardo Marcondes. *Ato administrativo e procedimento administrativo.* 3. ed. São Paulo: Thomson Reuters/Revista dos Tribunais, 2022. v. 5. 790p.

2. BACELLAR FILHO, Romeu Felipe; MARTINS, Ricardo Marcondes. *Ato administrativo e procedimento administrativo.* 2. ed. São Paulo: Thomson Reuters/Revista dos Tribunais, 2019. v. 5. 816p.

3. BACELLAR FILHO, Romeu Felipe; MARTINS, Ricardo Marcondes. *Ato administrativo e procedimento administrativo.* São Paulo: Thomson Reuters/Revista dos Tribunais, 2014. v. 1. 734p.

4. BACELLAR FILHO, Romeu Felipe. *Processo Administrativo Disciplinar.* 4. ed. São Paulo: Saraiva, 2013. 492p.

5. BACELLAR FILHO, Romeu Felipe; HACHEM, Daniel Wunder (coord.). *Direito Público no Mercosul:* intervenção estatal, direitos fundamentais e sustentabilidade. Belo Horizonte: Fórum, 2013. 557p.

6. BACELLAR FILHO, Romeu Felipe; GABARDO, Emerson; HACHEM, Daniel Wunder (coord.). *Globalização, Direitos Fundamentais e Direito Administrativo:* Novas Perspectivas para o Desenvolvimento Econômico e Socioambiental – Anais do I Congresso da Rede Docente Eurolatinoamericana de Direito Administrativo. Belo Horizonte: Fórum, 2011. 443p.

7. BACELLAR FILHO, Romeu Felipe. *Direito Administrativo Contemporâneo*: estudos em memória ao Professor Manoel de Oliveira Franco Sobrinho. 2. ed. Belo Horizonte: Fórum, 2011. 343p.

8. BACELLAR FILHO, Romeu Felipe. *Processo Administrativo Disciplinar*. 3. ed. São Paulo: Saraiva, 2011. 486p.

9. BACELLAR FILHO, Romeu Felipe; SILVA, Guilherme Amintas Pazinato da (coord.). *Direito Administrativo e Integração Regional*. Belo Horizonte: Fórum, 2010. 315p.

10. BACELLAR FILHO, Romeu Felipe; HACHEM, Daniel Wunder (coord.). *Direito Administrativo e Interesse Público*: estudos em homenagem ao Professor Celso Antônio Bandeira de Mello. Belo Horizonte: Fórum, 2010. 410p.

11. BACELLAR FILHO, Romeu Felipe; FRIEDRICH, Tatyana Scheila (coord.). *Aspectos jurídicos da aproximação dos países com vistas ao desenvolvimento*: coalizões, integração regional e multilateralismo. 1. ed. Curitiba: Íthala, 2010. 359p.

12. BACELLAR FILHO, Romeu Felipe. *Reflexões sobre Direito Administrativo*. Belo Horizonte: Editora Fórum, 2009. 333p.

13. BACELLAR FILHO, Romeu Felipe. *Direito Administrativo*. 5. ed. São Paulo: Saraiva, 2009. 155p.

14. BACELLAR FILHO, Romeu Felipe. *Direito Administrativo*. 4. ed. São Paulo: Saraiva, 2008. v. 1. 241p.

15. BACELLAR FILHO, Romeu Felipe. *Direito Administrativo e o Novo Código Civil*. Belo Horizonte: Fórum, 2007. 276p.

16. BACELLAR FILHO, Romeu Felipe; BARRAL, Welber (coord.). *Integração Regional e Desenvolvimento*. Florianópolis: Fundação Boiteux, 2007. 360p.

17. BACELLAR FILHO, Romeu Felipe; BLANCHET, Luiz Alberto (coord.). *Serviços Públicos*: estudos Dirigidos. Belo Horizonte: Fórum, 2007. 299p.

18. SALOMONI, Jorge Luis; BACELLAR FILHO, Romeu Felipe; SESIN, Domingo Juan. *Ordenamientos Internacionales y Ordenamientos Administrativos Nacionales:* jerarquía, impacto y derechos humanos. Buenos Aires: AD-Hoc, 2006. 119p.

19. BACELLAR FILHO, Romeu Felipe. *Direito Administrativo.* 3. ed. São Paulo: Saraiva, 2006. 241p.

20. BACELLAR FILHO, Romeu Felipe. *Direito Administrativo.* 2. ed. São Paulo: Saraiva, 2005. v. 1. 227p.

21. BACELLAR FILHO, Romeu Felipe. *Direito Administrativo.* 1. ed. São Paulo: Saraiva, 2005. v. 1. 219p.

22. BACELLAR FILHO, Romeu Felipe. *Direito Administrativo Contemporâneo*: estudos em memória ao Professor Manoel de Oliveira Franco Sobrinho. 1. ed. Belo Horizonte: Fórum, 2004. 384p.

23. BACELLAR FILHO, Romeu Felipe. *Processo Administrativo Disciplinar.* 2. ed. São Paulo: Max Limonad, 2003. 405p.

24. BACELLAR FILHO, Romeu Felipe. *Elementos de Direito Internacional Público.* 1. ed. Barueri: Manole, 2003. 217p.

25. BACELLAR FILHO, Romeu Felipe. *Princípios Constitucionais do Processo Administrativo Disciplinar.* 1. ed. São Paulo: Max Limonad, 1998. 356p.

CAPÍTULOS DE LIVROS PUBLICADOS

1. BACELLAR FILHO, Romeu Felipe Bacellar; FRIEDRICH, Tatyana Scheila. Foreign Administrative Acts in Brazil. In: RODRÍGUEZ-ARANA MUÑOZ, Jaime (org.). Ius Comparatum – Global Studies in Comparative Law. Switzerland: Springer International Publishing, 2016, p. 91-101.

2. BACELLAR FILHO, Romeu Felipe. Profissionalização na Administração Pública: a experiência brasileira. A ética na Administração Pública. In: FORTINI, Cristiana (org.). Servidor Público: estudos em homenagem ao Professor Pedro Paulo de Almeida Dutra. 2ed.Belo Horizonte: Fórum, 2014, v. 1, p. 413-424.

3. BACELLAR FILHO, Romeu Felipe; HACHEM, Daniel Wunder. A necessidade de defesa técnica por advogado no processo administrativo disciplinar e a inconstitucionalidade da Súmula Vinculante nº 5 do STF. In: PEREIRA, Flávio Henrique Unes; CAMMAROSANO, Márcio; Marilda de Paula Silveira; ZOCKUN, Maurício (org.). O Direito Administrativo na jurisprudência do STF e do STJ: homenagem ao Professor Celso Antônio Bandeira de Mello. Belo Horizonte: Fórum, 2014, v. 1, p. 503-532.

4. BACELLAR FILHO, Romeu Felipe. O regime jurídico-constitucional da responsabilidade civil do Estado no Brasil. In: RODRÍGUEZ-ARANA MUÑOZ, Jaime; FERNÁNDEZ RUIZ, Jorge; BÉJAR RIVERA, Luis José; RODRÍGUEZ MARTIN-RETORTILLO, María del Carmen (org.). La responsabilidad patrimonial de la Administración Pública. México D. F.: Espress, 2014, v. II, p. 283-335.

5. BACELLAR FILHO, Romeu Felipe. A incidência do Direito Civil nos contratos administrativos. *In:* RODRÍGUEZ-ARANA MUÑOZ, Jaime; LOBO, Ernesto Jinesta (org.). *El Derecho Administrativo en perspectiva:* en homenaje al Profesor Dr. José Luis Meilán Gil. Buenos Aires: RAP, 2014, v. 1, p. 242-262.

6. BACELLAR FILHO, Romeu Felipe. Contrato administrativo e princípios constitucionais do Direito Administrativo Sancionador: prescritibilidade da pretensão punitiva, retroação da lei mais benéfica e tipicidade. *In:* MARQUES NETO, Floriano de Azevedo; ALMEIDA, Fernando Dias Menezes de; NOHARA, Irene Patrícia; MARRARA, Thiago (org.). *Direito e Administração Pública:* estudos em homenagem a Maria Sylvia Zanella Di Pietro. São Paulo: Atlas, 2013, p. 945-975.

7. BACELLAR FILHO, Romeu Felipe; SCHIER, Adriana da Costa Ricardo. Direito à informação e a aplicação da Lei nº 12.527/11 às organizações sociais. *In:* BACELLAR FILHO, Romeu Felipe; HACHEM, Daniel Wunder (org.). *Direito Público no Mercosul:* intervenção estatal, direitos fundamentais e sustentabilidade. Belo Horizonte: Fórum, 2013, p. 303-318.

8. BACELLAR FILHO, Romeu Felipe. Prescrição no processo administrativo disciplinar e segurança jurídica. *In:* VALIM, Rafael; OLIVEIRA, José Roberto Pimenta; DAL POZZO, Augusto Neves (org.). *Tratado sobre o princípio da segurança jurídica no Direito Administrativo.* Belo Horizonte: Fórum, 2013, p. 237-259.

9. BACELLAR FILHO, Romeu Felipe. O contrato administrativo como categoria jurídica. *In:* BICALHO, Alécia Paolucci Nogueira; DIAS, Maria Tereza Fonseca (org.). *Contratações públicas:* estudos em homenagem ao Professor Carlos Pinto Coelho Motta. Belo Horizonte: Fórum, 2013, p. 115-131.

10. BACELLAR FILHO, Romeu Felipe. A distinção entre processo e procedimento administrativo: consequências quanto ao regime jurídico e às garantias do processo disciplinar. *In:* ALMEIDA, Fernando Dias Menezes de; MARQUES NETO, Floriano de Azevedo; MIGUEL, Luiz Felipe Hadlich; SCHIRATO, Vitor Rhein (org.). *Direito Público em evolução:* estudos em homenagem à Professora Odete Medauar. Belo Horizonte: Fórum, 2013, p. 345-373.

11. BACELLAR FILHO, Romeu Felipe. Contrato administrativo e princípios constitucionais do Direito Administrativo Sancionador: prescritibilidade da pretensão punitiva, retroação da lei mais benéfica e tipicidade. *In:* RODRÍGUEZ-ARANA MUÑOZ, Jaime *et alli* (org.). *Contratación Pública:* doctrina nacional e internacional. Arequipa: Adrus Editores, 2013, v. I, p. 335-370.

12. BACELLAR FILHO, Romeu Felipe. Processo administrativo disciplinar. *In:* DALLARI, Adilson de Abreu; NASCIMENTO, Carlos Valder do; SILVA MARTINS, Ives Gandra da (org.). *Tratado de Direito Administrativo.* São Paulo: Saraiva, 2013, v. 1, p. 578-623.

13. BACELLAR FILHO, Romeu Felipe. Aspectos polêmicos das concessões. *In:* COUTINHO, Altamir; MOREIRA, Egon Bockmann; DUARTE, Fábio Marcelo de Rezende; TIMM, Luciano Benetti; BACELLAR FILHO, Romeu Felipe (org.). *Concessão de Rodovias:* responsabilidade civil (Foz do Iguaçu/PR). São Paulo: Quartier Latin, 2012, p. 37-63.

14. BACELLAR FILHO, Romeu Felipe. Profissionalização da função pública: a experiência brasileira. *In:* SILVEIRA, Raquel Dias da; CASTRO, Rodrigo Pironti Aguirre de (org.). *Estudos dirigidos de gestão pública na América Latina.* Belo Horizonte: Fórum, 2011, v. 1, p. 339-349.

15. BACELLAR FILHO, Romeu Felipe. Aspectos polêmicos das concessões. *In:* COUTINHO, Altamir; AMARAL, Antônio Carlos Cintra do; PEREIRA, Cesar A. Guimarães; MOREIRA, Egon Bockmann; DUARTE, Fábio Marcelo de Rezende; TIMM, Luciano Benetti; BACELLAR FILHO, Romeu Felipe (org.). *Concessão de Rodovias:* responsabilidade Civil (Maringá/PR). São Paulo: Quartier Latin, 2011, p. 25-54.

16. BACELLAR FILHO, Romeu Felipe. Processo administrativo como instrumento do Direito Disciplinar. *In:* CELY, Martha Lucía Bautista; SILVEIRA, Raquel Dias da (org.). *Direito Disciplinário Internacional*: estudos sobre a formação, profissionalização, disciplina, transparência, controle e responsabilidade da função pública. Belo Horizonte: Fórum, 2011, v. 1, p. 435-445.

17. BACELLAR FILHO, Romeu Felipe. O contrato administrativo no Brasil. *In:* RODRÍGUEZ-ARANA MUÑOZ, Jaime; SENDÍN GARCÍA, Miguel Ángel; HUALDE, Alejandro Pérez; VÁZQUEZ VIERA, Emilio; FARRANDO, Ismael (org.). *Derecho Administrativo Iberoamericano*: Anales del IV Congreso Internacional de Derecho Administrativo. Buenos Aires: RAP, 2011, p. 89-102.

18. BACELLAR FILHO, Romeu Felipe. Função pública profissional, institucionalidade democrática e estabilidade política: alcances e perspectivas. *In:* RODRÍGUEZ-ARANA MUÑOZ, Jaime; BELARMINO JAIME, José; SENDÍN GARCÍA, Miguel Ángel; MEJÍA; Henry Alexander CARDOZA AYALA, Miguel Ángel (org.). *Congreso Internacional de Derecho Administrativo*: Anales. San Salvador: Corte Suprema de Justicia – Sección de Publicaciones, 2011, p. 153-170.

19. BACELLAR FILHO, Romeu Felipe. Utilização das faixas de domínio das rodovias concedidas – Possibilidade de cobrança por quem as explora. *In:* GUEDES, Jefferson Carús; NEIVA, Juliana Sahione Mayrink (org.). *Concessão de Rodovias*. Brasília: Quartier Latin, 2011, p. 115-135.

20. BACELLAR FILHO, Romeu Felipe. Contrato administrativo. *In:* BACELLAR FILHO, Romeu Felipe (org.). *Direito Administrativo Contemporâneo*: estudos em memória ao Professor Manoel de Oliveira Franco Sobrinho. 2. ed. Belo Horizonte: Fórum, 2011, p. 269-284.

21. BACELLAR FILHO, Romeu Felipe. O direito fundamental à presunção de inocência no processo administrativo disciplinar. *In:* OLIVOS CAMPOS, José René (org.). *Derechos Humanos en Ibero-América*. México: Centro de Investigación y Desarollo del Estado de Michoacán, 2010, p. 55-104.

22. BACELLAR FILHO, Romeu Felipe. Tratados – Integração regional: Mercosul – Perspectivas e desenvolvimento. *In:* RODRÍGUEZ-ARANA MUÑOZ, Jaime; SENDÍN GARCÍA, Miguel Ángel; PÉREZ HUALDE, Alejandro; FARRANDO, Ismael; COMADIRA, Julio Pablo (org.). *Fuentes del derecho administrativo*. Buenos Aires: RAP, 2010, p. 121-126.

23. BACELLAR FILHO, Romeu Felipe. Ética pública, o Estado Democrático de Direito e os princípios consectários. *In:* DURÁN MARTÍNEZ, Augusto (org.). *Estudios de Derecho Administrativo*. Montevideo: La Ley Uruguay, 2010, v. 1, p. 3-20.

24. BACELLAR FILHO, Romeu Felipe; HACHEM, Daniel Wunder. Transferências voluntárias na Lei de Responsabilidade Fiscal: limites à responsabilização pessoal do ordenador de despesas por danos decorrentes da execução de convênio. *In:* PIRONTI, Rodrigo (org.). *Lei de Responsabilidade Fiscal:* ensaios em comemoração aos 10 anos da Lei Complementar nº 101/00. Belo Horizonte: Fórum, 2010, p. 341-378.

25. BACELLAR FILHO, Romeu Felipe. O contrato administrativo no Brasil. *In:* CARLIN, Volnei Ivo (org.). *Grandes temas de direito administrativo:* homenagem ao Professor Paulo Henrique Blasi. Campinas: Conceito Editorial e Millennium Editora, 2009, p. 767-783.

26. BACELLAR FILHO, Romeu Felipe. Profissionalização da função pública: a experiência brasileira. A ética na Administração Pública. *In:* FORTINI, Cristiana (org.). *Servidor público:* estudos em homenagem ao Professor Pedro Paulo de Almeida Dutra. Belo Horizonte: Fórum, 2009, p. 451-465.

27. BACELLAR FILHO, Romeu Felipe. Direito Público e Direito Privado: panorama atual da doutrina, possibilidades de diferenciação e estabelecimento de pontos de contato. *In:* MARTÍN VIALE, Claudio (org.). *Derecho Común y Derecho Administrativo:* diferencias y contactos. Córdoba: Lerner, 2009, p. 35-60.

28. BACELLAR FILHO, Romeu Felipe. A estabilidade do ato administrativo criador de direitos à luz dos princípios da moralidade, da segurança jurídica e da boa fé. *In:* RODRÍGUEZ-ARANA MUÑOZ, Jaime; BENAVIDES PINILLA, Victor Leonel; SCHEFFER TUÑÓN, Javier Ernesto; SENDÍN GARCÍA, Miguel Ángel (org.). *El acto administrativo como fuente del Derecho Administrativo en Iberoamérica.* Panamá: Congrex, 2009, p. 137-156.

29. BACELLAR FILHO, Romeu Felipe. Medidas de intervenção das autoridades reguladoras como forma de intervenção: os desafios da regulação na experiência brasileira. *In:* RODRÍGUEZ-ARANA MUÑOZ, Jaime; BENAVIDES PINILLA, Victor Leonel; SCHEFFER TUÑÓN, Javier Ernesto; SENDÍN GARCÍA, Miguel Ángel (org.). *Derecho Administrativo Iberoamericano (discrecionalidad, justicia administrativa y entes reguladores).* Panamá: Congrex, 2009, v. I, p. 151-162.

30. BACELLAR FILHO, Romeu Felipe. Dignidade da pessoa humana, garantia dos direitos fundamentais, direito civil, direitos humanos e tratados internacionais. *In:* INSTITUTO de Direito Administrativo de Goiás (IDAG); MOTTA, Fabrício (org.). *Direito Público Atual:* estudos em homenagem ao Professor Nélson Figueiredo. Belo Horizonte: Fórum, 2008, p. 317-323.

31. BACELLAR FILHO, Romeu Felipe. O serviço público. *In:* DELPIAZZO, Carlos E. (org.). *Estudos Jurídicos en Homenaje al Prof. Mariano R. Brito.* Montevidéo: Fundación de Cultura Universitaria, 2008, p. 603-608.

32. BACELLAR FILHO, Romeu Felipe. Direito público e direito privado: panorama atual da doutrina, possibilidades de diferenciação e estabelecimento de pontos de contato. *In:* FORTINI, Cristiana; ESTEVES, Júlio César dos Santos; DIAS, Maria Tereza Fonseca (org.). *Políticas públicas:* possibilidades e limites. Belo Horizonte: Fórum, 2008, p. 345-368.

33. BACELLAR FILHO, Romeu Felipe. Ética pública, o Estado Democrático de Direito e os princípios consectários. *In:* PIRES, Luiz Manuel Fonseca; ZOCKUN, Maurício; ADRI, Renata Porto (org.). *Corrupção, ética e moralidade administrativa.* Belo Horizonte: Fórum, 2008, p. 351-365.

34. BACELLAR FILHO, Romeu Felipe; FRIEDRICH, Tatyana Scheila; GONCALVES, Guilherme de Salles. A Constituição do Parlamento Comum do Mercosul como mecanismo de aperfeiçoamento da integração entre seus países membros. *In:* BARRAL, Welber; PIMENTEL, Luiz Otávio; CORREA, Carlos M. (org.). *Direito, desenvolvimento e sistema multilateral de comércio.* Florianópolis: Fundação Boiteux, 2008, p. 387-407.

35. BACELLAR FILHO, Romeu Felipe. A natureza contratual das concessões e permissões de serviço público no Brasil. *In:* BACELLAR FILHO, Romeu Felipe; BLANCHET, Luiz Alberto (org.). *Serviços públicos*: estudos Dirigidos. Belo Horizonte: Fórum, 2007, p. 11-46.

36. BACELLAR FILHO, Romeu Felipe. O poder disciplinar da Ordem dos Advogados do Brasil exercido através do Tribunal de Ética. Natureza jurídica do Tribunal. Aspectos polêmicos de sua atividade. *In:* CASTRO, Carlos Fernando Correa de (org.). *Ética, disciplina e processo.* Florianópolis: Conceito Editorial, 2007, p. 25-76.

37. BACELLAR FILHO, Romeu Felipe. A natureza contratual das concessões e permissões de serviço público no Brasil. *In:* HERNÁNDEZ-MENDIBLE, Víctor (org.). *Derecho Administrativo Iberoamericano.* Caracas: Ediciones Paredes, 2007, v. 3, p. 2125-2144.

38. BACELLAR FILHO, Romeu Felipe. Concessão de radiodifusão de sons e imagens no Brasil. *In:* FERNÁNDEZ RUIZ, Jorge; SANTIAGO SÁNCHEZ, Javier (org.). *Regímen jurídico de la radio, televisión y telecomunicaciones en general:* culturas y sistemas jurídicos comparados. México: Universidad Nacional Autónoma de México, 2007, p. 19-34.

39. BACELLAR FILHO, Romeu Felipe. O controle da Administração Pública. *In:* CISNEROS FARÍAS, Germán; FERNÁNDEZ RUIZ, Jorge; LÓPEZ OLVERA, Migul Alejandro (org.). *Control de la Administración Pública.* México: Universidad Nacional Autónoma de México, 2007, p. 33-49.

40. BACELLAR FILHO, Romeu Felipe. Princípio do juiz natural no processo administrativo disciplinar. *In:* FIGUEIREDO, Marcelo; PONTES FILHO, Valmir (org.). *Estudos de Direito Público em homenagem a Celso Antônio Bandeira de Mello.* São Paulo: Malheiros, 2006, p. 706-763.

41. BACELLAR FILHO, Romeu Felipe. As concessões, permissões e autorizações de serviço público. *In:* CARDOZO, José Eduardo Martins; QUEIROZ, João Eduardo Lopes; SANTOS, Márcia Walquíria Batista dos (org.). *Curso de Direito Administrativo Econômico.* São Paulo: Malheiros, 2006, v. I, p. 408-437.

42. BACELLAR FILHO, Romeu Felipe. Responsabilidade civil da Administração Pública: aspectos relevantes. A Constituição Federal de 1988. A questão da omissão. Uma visão a partir da doutrina e da jurisprudência brasileiras. *In:* FREITAS, Juarez (org.). *Responsabilidade Civil do Estado.* São Paulo: Malheiros, 2006, p. 293-336.

43. BACELLAR FILHO, Romeu Felipe. El procedimiento y el proceso administrativo en el sistema jurídico brasileño. *In:* SALOMONI, Jorge L.; BACELLAR FILHO, Romeu F.; SESIN, Domingo J. (org.). *Ordenamientos nacionales y ordenamientos administrativos nacionales: jerarquía, impacto y derechos humanos.* Buenos Aires: Ad-Hoc, 2006, p. 33-55.

44. BACELLAR FILHO, Romeu Felipe. Responsabilidade civil extracontratual das pessoas jurídicas de direito privado prestadoras de serviço público no Brasil. *In:* ASOCIACIÓN Iberoamericana de Derecho Administrativo (org.). *Cultura y Sistemas Jurídicos Comparados.* México: Universidad Nacional Autónoma de México, 2006, p. 15-60.

45. BACELLAR FILHO, Romeu Felipe. O concurso público e o processo administrativo. *In:* MOTTA, Fabricio (org.). *Concurso Público e Constituição.* Belo Horizonte: Fórum, 2005, v. 1, p. 73-89.

46. BACELLAR FILHO, Romeu Felipe. Responsabilidade civil do Estado por atos judiciais: uma visão a partir da doutrina e jurisprudência brasileiras. *In:* ASOCIACIÓN Iberoamericana de Profesionales en Derecho Público y Administrativo "Jesús González Pérez" (org.). *La responsabilidad del Estado frente a terceros.* Guayaquil: Asociación Iberoamericana de Profesionales en Derecho Público y Administrativo"Jesús González Pérez", 2005, p. 113-127.

47. BACELLAR FILHO, Romeu Felipe. A natureza contratual das concessões e permissões de serviço público. Serviços públicos na Constituição Federal de 1988. *In:* FERNÁNDEZ RUIZ, Jorge (org.). *Derecho Administrativo:* memoria del Congreso Internacional de Culturas y Sistemas Jurídicos Comparados. México: Universidad Nacional Autónoma de México, 2005, p. 3-27.

48. BACELLAR FILHO, Romeu Felipe. Profissionalizacão da função pública: a experiência brasileira. A ética na administração pública. *In:* CIENFUEGOS SALGADO, David; LÓPEZ OLVERA, Miguel Alejandro (org.). *Estudios en homenaje a don Jorge Fernández Ruiz.* Responsabilidad, contratos y servicios públicos. México: Universidad Nacional Autónoma de México, 2005, p. 21-36.

49. BACELLAR FILHO, Romeu Felipe. A responsabilidade disciplinar dos funcionários público no Brasil. *In:* ORGANIZACIÓN administrativa, función pública y dominio público. Buenos Aires: RAP, 2005, p. 17-30.

50. BACELLAR FILHO, Romeu Felipe. Contratación Administrativa. *In:* DANÓS ORDÓÑEZ, Jorge; ESPINOSA-SALDAÑA BARRERA, Eloy (org.). *Derecho Administrativo.* Lima: Jurista Editores, 2004, v. 1, p. 623-646.

51. BACELLAR FILHO, Romeu Felipe. A segurança jurídica e as alterações no regime jurídico do servidor público. *In:* ROCHA, Cármen Lúcia Antunes (org.). *Constituição e Segurança Jurídica:* direito adquirido, ato jurídico perfeito e coisa julgada. Estudos em homenagem a José Paulo Sepúlveda Pertence. Belo Horizonte: Fórum, 2004, p. 193-201.

52. BACELLAR FILHO, Romeu Felipe. Aspectos polêmicos do regime disciplinar do servidor público. *In:* WAGNER JÚNIOR, Luiz Guilherme da Costa (org.). *Direito Público:* estudos em homenagem ao Professor Adilson Abreu Dallari. Belo Horizonte: Del Rey, 2004, p. 697-712.

53. BACELLAR FILHO, Romeu Felipe. Contrato Administrativo. *In:* BACELLAR FILHO, Romeu Felipe (org.). *Direito Administrativo Contemporâneo:* estudos em memória ao Professor Manoel de Oliveira Franco Sobrinho. Belo Horizonte: Fórum, 2004, p. 307-326.

54. BACELLAR FILHO, Romeu Felipe. Do regime jurídico dos notários e registradores. *In:* FERRAZ, Luciano; MOTTA, Fabrício (org.). *Direito Público Moderno:* homenagem especial ao Professor Paulo Neves de Carvalho. Belo Horizonte: Del Rey, 2003, p. 457-475.

55. BACELLAR FILHO, Romeu Felipe. Profissionalização da função pública: a experiência brasileira. *In: La profesionalización de la función pública en Iberoamérica.* Madrid: INAP, 2002, p. 91-102.

56. BACELLAR FILHO, Romeu Felipe. Aspectos polêmicos do regime disciplinar do servidor público. *In:* MODESTO, Paulo; MENDONÇA, Oscar (org.). *Direito do Estado:* novos rumos. São Paulo: Max Limonad, 2001, v. 2, p. 89-106.

57. BACELLAR FILHO, Romeu Felipe. Princípios de direito administrativo e tributação: fronteiras e implicações. *In:* INSTITUTO Brasileiro de Estudos Tributários (org.). *Justiça Tributária:* direitos do fisco e garantias dos contribuintes nos atos da administração e no processo tributário. São Paulo: Max Limonad, 1998, p. 763-771.

ANEXO V

CONFERÊNCIAS E PALESTRAS MINISTRADAS

1. BACELLAR FILHO, Romeu Felipe. *Combate à corrupção em nível municipal: as cidades e os problemas éticos dos atos e contratos locais. In:* II Seminário Internacional Eficiência e Ética na Administração Pública (IPDA; IBDU; IDRFB; PUCPR; NINC; UNIBRASIL). Curitiba. 2017.. 2017.

2. BACELLAR FILHO, Romeu Felipe. *Regulação e Liberdade Econômica. In:* XII Simpósio Nacional de Direito Constitucional (Academia Brasileira de Direito Constitucional). Curitiba. 2016.. 2016.

3. BACELLAR FILHO, Romeu Felipe. *El proceso administrativo disciplinario. In:* II Seminario Ineternacional de Derecho Público (Banco Central del Paraguay). Asunción. 2016. 2016.

4. BACELLAR FILHO, Romeu Felipe. *Obrigatoriedade da atuação do advogado público nos processos envolvendo parceria público-privada (PPP), licitação e no contexto da Lei Anticorrupção. In:* III Congresso Nacional da ABRAP (Associação Brasileira de Advogados Públicos). Foz do Iguaçu. 2015.

5. BACELLAR FILHO, Romeu Felipe. *Os desafios da Administração Pública contemporânea. In:* MBA Gestão Pública – Ênfase em controle externo (Tribunal de Contas do Estado do Paraná e FAE Business School). Curitiba. 2014.

6. BACELLAR FILHO, Romeu Felipe. *Presunção de inocência dos agentes administrativos e seus desdobramentos*. In: VI Congresso Catarinense de Direito Administrativo (Tribunal de Contas do Estado de Santa Catarina/ Instituto Catarinense de Direito Administrativo). Florianópolis. 2014.

7. BACELLAR FILHO, Romeu Felipe. *Os novos desafios do Direito Administrativo brasileiro*. In: Instituto Cearense de Direito Administrativo/ Unichristus. Fortaleza. 2014.

8. BACELLAR FILHO, Romeu Felipe. *O regime jurídico administrativo e seus desdobramentos*. In: XV Congresso Paranaense de Direito Administrativo. Curitiba. 2014.

9. BACELLAR FILHO, Romeu Felipe. *Reflexões sobre o princípio da eficiência da Administração Pública*. In: XIII Congresso Goiano de Direito Administrativo. Goiânia. 2014.

10. BACELLAR FILHO, Romeu Felipe. *O papel do Estado contemporâneo*. In: XL Jornadas Nacionales de Derecho Administrativo & X Congreso Internacional de Derecho Administrativo (Asociación Argentina de Derecho Administrativo). Mar del Plata (Argentina). 2014.

11. BACELLAR FILHO, Romeu Felipe. *Grandes questões da advocacia e o Poder Judiciário contemporâneo*. In: Seminário de Integração do PPGD-PUCPR: Estado, Economia e Políticas Públicas (PUCPR). Curitiba. 2014.

12. BACELLAR FILHO, Romeu Felipe. *A tarifa zero no transporte coletivo urbano*. XXVIII Congresso Brasileiro de Direito Administrativo (Instituto Brasileiro de Direito Administrativo). Foz do Iguaçu. 2014.

13. BACELLAR FILHO, Romeu Felipe. *Reformas das instâncias superiores: escolha dos ministros, aumento do número de ministros e mandato*. In: V Conferência Estadual dos Advogados (OAB/PR). Curitiba. 2014.

14. BACELLAR FILHO, Romeu Felipe. *A dignidade da pessoa humana e a Administração Pública*. In: Pontifícia Universidad Católca del Uruguay. Montevideo. 2014.

15. BACELLAR FILHO, Romeu Felipe. *Derecho, Estado y Políticas Públicas*. In: Jornadas Argentino-Brasileñas de Derecho y Políticas Públicas (Legislatura de la Provincia de Neuquén). Villa La Angostura (Argentina). 2014.

16. BACELLAR FILHO, Romeu Felipe. *Direito Administrativo: desafios atuais*. In: Escola da Magistratura do TRF da 4ª Região. Porto Alegre. 2014.

17. BACELLAR FILHO, Romeu Felipe. *Contrato administrativo e princípios constitucionais do Direito Administrativo Sancionador: prescritibilidade da pretensão punitiva, retroação da lei mais benéfica e tipicidade*. In: XII Congreso Internacional de Derecho Administrativo (Asociación Peruana de Derecho Administrativo). Arequipa – Peru. 2013.

18. BACELLAR FILHO, Romeu Felipe. *Los desafíos contemporáneos de la contratación pública*. In: XII Foro Iberoamericano de Derecho Administrativo. Arequipa – Peru. 2013.

19. BACELLAR FILHO, Romeu Felipe. *Aspectos controvertidos do contrato administrativo*. In: XXXIX Jornadas Nacionales y IX Congreso Internacional de Derecho Administrativo (Asociación Argentina de Derecho Administrativo). Formosa – Argentina. 2013.

20. BACELLAR FILHO, Romeu Felipe. *El contrato administrativo como categoría jurídica*. In: IV Seminario Internacional de Derecho Administrativo (Thomson Reuteurs/La Ley Uruguaya). Montevideo – Uruguai. 2013.

21. BACELLAR FILHO, Romeu Felipe. *A constitucionalização do Direito Administrativo no Brasil*. In: Congreso Internacional de Derecho Administrativo (Asociación Internacional de Derecho Administrativo). Boca del Río – México. 2013.

22. BACELLAR FILHO, Romeu Felipe. *Administração consensual e desenvolvimento nacional*. In: 2º Congresso Paulista de Direito Administrativo: Infraestrutura e Desenvolvimento Nacional (Instituto de Direito Administrativo Paulista). São Paulo. 2013.

23. BACELLAR FILHO, Romeu Felipe. *Valorização da mulher nos escritórios de advocacia: análise de um advogado sócio*. In: III Semana do Advogado e Feira Jurídica (OAB/PR). Curitiba. 2013.

24. BACELLAR FILHO, Romeu Felipe. *Enfrentamentos da Administração Pública*. In: 8ª Semana Jurídica do Centro Acadêmico Seis de Dezembro (CASD). Londrina. 2013.

25. BACELLAR FILHO, Romeu Felipe. *Desafios da Administração Pública contemporânea. In:* Aula Magna do Curso de Direito da UniBrasil (UniBrasil). Curitiba. 2013.

26. BACELLAR FILHO, Romeu Felipe. *Direito adquirido na Administração Pública. In:* V Congresso de Direito da UFSC (Universidade Federal de Santa Catarina). Florianópolis. 2013.

27. BACELLAR FILHO, Romeu Felipe. *O controle das políticas públicas pelos Tribunais de Contas. In:* Congresso Comemorativo dos 30 anos dos Tribunais de Contas do Estado de Rondônia (Tribunal de Contas do Estado de Rondônia). Porto Velho. 2013.

28. BACELLAR FILHO, Romeu Felipe. *Direitos fundamentais e processo administrativo disciplinar. In:* II Virada Acadêmica: Direitos fundamentais, desenvolvimento e sustentabilidade (PUCPR). Curitiba. 2013.

29. BACELLAR FILHO, Romeu Felipe. *Diálogo entre Direito Público e Direito Privado. In:* Instituto Brasiliense de Direito Aplicado. Brasília. 2013.

30. BACELLAR FILHO, Romeu Felipe. *Processo administrativo disciplinar: segurança jurídica e a súmula vinculante nº 05 do Supremo Tribunal Federal. In:* XXVII Congresso Brasileiro de Direito Administrativo (Instituto Brasileiro de Direito Administrativo). Fortaleza. 2013.

31. BACELLAR FILHO, Romeu Felipe. *Perspectivas para a efetivação do direito ao processo administrativo e sua razoável duração. In:* XII Congresso Goiano de Direito Administrativo (Instituto Goiano de Direito Administrativo). Goiânia. 2013.

32. BACELLAR FILHO, Romeu Felipe. *Atualidades da Administração Pública. In:* Escola de Governo Professor Paulo Neves de Carvalho. Belo Horizonte. 2013.

33. BACELLAR FILHO, Romeu Felipe. *Legalidade, Administração Pública e poder regulamentar. In:* X Curso de Formação em Direito do Estado (Escola da Advocacia-Geral da União). São Paulo. 2013.

34. BACELLAR FILHO, Romeu Felipe. *Processo administrativo. In:* III Seminário de Altos Estudos sobre Administração Pública (Fundação Instituto Delmiro Gouveia para o Desenvolvimento). Fortaleza.. 2013.

35. BACELLAR FILHO, Romeu Felipe. *Temas Atuais de Direito Administrativo. In:* Faculdade de Direito da USP (Centro de Estudos de Direito Administrativo, Ambiental e Urbanístico). São Paulo. 2013.

36. BACELLAR FILHO, Romeu Felipe. *Aspectos conflitivos do processo administrativo disciplinar. In:* A defesa técnica no Processo de Contas. Porto Alegre. 2012.

37. BACELLAR FILHO, Romeu Felipe. *Problemas atuais da Administração Pública brasileira. In:* Aula Magna da Faculdade de Direito da UFPR. Curitiba. 2012.

38. BACELLAR FILHO, Romeu Felipe. *As relações entre os três poderes: transformações. In:* Semana de Palestras Constituição 22 (PUC/SP). São Paulo. 2012.

39. BACELLAR FILHO, Romeu Felipe. *Delegação do poder de polícia no âmbito das concessões. In:* XI Seminário Jurídico do Instituto ABRADEE. São Luís. 2012.

40. BACELLAR FILHO, Romeu Felipe. *Segurança jurídica. In:* XXVI Congresso Brasileiro de Direito Administrativo. Vitória. 2012.

41. BACELLAR FILHO, Romeu Felipe. *Aspectos constitucionais da responsabilidade civil do Poder Público. In:* Escola da Magistratura do TRF da 4ª Região. Curitiba. 2012.

42. BACELLAR FILHO, Romeu Felipe. *A importância da instância administrativa para satisfação dos conflitos como fator de racionalização do acesso à justiça. In:* XIII Congresso Paranaense de Direito Administrativo. Curitiba. 2012.

43. BACELLAR FILHO, Romeu Felipe. *O Mercosul: realidade ou ficção? In:* IV Fórum Latino-Americano de Gestão Pública. Curitiba. 2012.

44. BACELLAR FILHO, Romeu Felipe. *Peculiaridades do Processo Administrativo. In:* Faculdade Dom Bosco. Curitiba. 2012.

45. BACELLAR FILHO, Romeu Felipe. *Aspectos polêmicos da responsabilidade civil do Estado. In:* Faculdade Dom Bosco. Curitiba. 2012.

46. BACELLAR FILHO, Romeu Felipe. *Regime jurídico administrativo: reflexão sobre o sentido atual das prerrogativas e restrições*. In: XI Congresso Goiano de Direito Administrativo. Goiânia. 2012.

47. BACELLAR FILHO, Romeu Felipe. *Advocacia Pública e Administração Pública*. In: I Congresso Nacional da ABRAP. São Paulo. 2012.

48. BACELLAR FILHO, Romeu Felipe. *Contratos administrativos*. In: Semana do Advogado e Feira Jurídica (OAB/PR). Curitiba. 2012.

49. BACELLAR FILHO, Romeu Felipe. *Sindicância e Processo Administrativo*. In: Secretaria de Estado da Educação – Paraná. Curitiba. 2012.

50. BACELLAR FILHO, Romeu Felipe. *A dignidade da pessoa humana no Direito Administrativo Global*. In: II Congreso de la Red Docente Eurolatinoamericana de Derecho Administrativo. Santa Fe – Argentina. 2012.

51. BACELLAR FILHO, Romeu Felipe. *As parcerias público-privadas no âmbito da Administração Pública brasileira*. In: Tercer Seminario Internacional de Derecho Administrativo. Montevideo – Uruguai. 2012.

52. BACELLAR FILHO, Romeu Felipe. *Pessoa, procedimento, processo e contratos administrativos*. In: XXXVIII Jornadas Nacionales y VIII Congreso Internacional de Derecho Administrativo (Asociación Argentina de Derecho Administrativo). Córdoba – Argentina. 2012.

53. BACELLAR FILHO, Romeu Felipe. *20 Anos do Mercosul e os Rumos da Integração Latino-americana*. In: Aula Magna – Escola de Relações Internacionais da UniBrasil. Curitiba. 2011.

54. BACELLAR FILHO, Romeu Felipe. *Direito Administrativo brasileiro: inventário de avanços*. In: X Congresso Goiano de Direito Administrativo. Goiânia. 2011.

55. BACELLAR FILHO, Romeu Felipe. *Profissionalização da Função Pública e os Desafios da Gestão Administrativa*. In: VII Congresso Mineiro de Direito Administrativo. Belo Horizonte. 2011.

56. BACELLAR FILHO, Romeu Felipe. *A função social do Direito Administrativo*. In: III Fórum Latino-Americano de Gestão Pública. Curitiba. 2011.

57. BACELLAR FILHO, Romeu Felipe. *Responsabilidade administrativa do agente público*. In: I Seminário do Fisco Paranaense. Curitiba. 2011. 2011.

58. BACELLAR FILHO, Romeu Felipe. *Responsabilidad patrimonial del Estado*. In: Segundo Seminario Internacional de Derecho Administrativo. Montevideo. 2011.

59. BACELLAR FILHO, Romeu Felipe. *Segurança legítima e confiança legítima no Direito Administrativo contemporâneo*. In: Direito Administrativo, Democracia e Direitos Fundamentais: Homenagem ao Professor Diogo de Figueiredo Moreira Neto. Curitiba. 2011.

60. BACELLAR FILHO, Romeu Felipe. *El régimen jurídico de combate a la Corrupción en Brasil*. In: Tercer Congreso Iberoamericano y Cuarto Mexicano De Derecho Administrativo. México. 2011.

61. BACELLAR FILHO, Romeu Felipe. *Utilização das faixas de domínio das rodovias concedidas – Possibilidade de cobrança por quem as explora*. In: Encontro jurídico sobre concessão de rodovias. Brasília. 2011.

62. BACELLAR FILHO, Romeu Felipe. *Ministério Público: perspectivas e controvérsias da atuação institucional*. In: VII Congresso Estadual do Ministério Público de Goiás. Goiânia. 2011.

63. BACELLAR FILHO, Romeu Felipe. *Perspectivas da Administração Pública contemporânea* (Aula Inaugural). In: Curso de Pós-Graduação em Direito Administrativo com ênfase em Gestão Pública. Foz do Iguaçu. 2011.

64. BACELLAR FILHO, Romeu Felipe. *Função pública profissional, institucionalidade democrática e estabilidade política: alcances e perspectivas*. In: X Foro Iberoamericano de Derecho Administrativo. San Salvador. 2011.

65. BACELLAR FILHO, Romeu Felipe. *Processo Administrativo Disciplinar*. In: XXV Congresso Brasileiro de Direito Administrativo. Salvador. 2011.

66. BACELLAR FILHO, Romeu Felipe. *Aula Inaugural da Faculdade de Ciências Jurídicas*. In: Universidade Tuiuti do Paraná. Curitiba. 2010.

67. BACELLAR FILHO, Romeu Felipe. *O papel das agências reguladoras e o regramento da economia: autonomia e a inserção na Administração Pública*. In: II Congresso Brasileiro das Carreiras Jurídicas de Estado. Brasília. 2010.

68. BACELLAR FILHO, Romeu Felipe. *A nova gestão de pessoas: processo de avaliação de desempenho e controle de avaliação dos servidores públicos*. In: III Congresso Brasileiro de Municipalismo – a reforma da Administração Pública brasileira. Porto Alegre. 2010.

69. BACELLAR FILHO, Romeu Felipe. *La potestad sancionatoria de la Administración*. In: Seminarios de actualizacion. Montevideo. 2010.

70. BACELLAR FILHO, Romeu Felipe. *Processo Administrativo Disciplinar: a súmula vinculante nº 5 do STF*. In: XXXIV Encontro Nacional de Procuradores Municipais. Caxias do Sul. 2010.

71. BACELLAR FILHO, Romeu Felipe. *20 Anos da Lei nº 8.112/90 – Reflexões sobre o regime jurídico estatutário dos servidores públicos* (Conferência de abertura). In: XI Congresso Paranaense de Direito Administrativo. Curitiba. 2010.

72. BACELLAR FILHO, Romeu Felipe. *A evolução do Direito Administrativo*. In: Faculdade Dom Bosco. Curitiba. 2010.

73. BACELLAR FILHO, Romeu Felipe. *Aspectos Polêmicos do Processo Administrativo Disciplinar* (Conferência de abertura). In: Seminário de Direito Administrativo do Triângulo Mineiro. Uberlândia. 2010.

74. BACELLAR FILHO, Romeu Felipe. *Perspectivas do Direito Público no Mercosul*. In: Programa de Extensão – Núcleo de Estudos em Direito Internacional (UFPR). Curitiba. 2010.

75. BACELLAR FILHO, Romeu Felipe. *O ingresso na atividade notarial e de registro*. In: XII Congresso Brasileiro de Direito Notarial e de Registro. João Pessoa. 2010.

76. BACELLAR FILHO, Romeu Felipe. *Aspectos polêmicos das concessões*. In: Seminário sobre Concessão de Rodovias – Responsabilidade Civil. Maringá. 2010.

77. BACELLAR FILHO, Romeu Felipe. *El control de la discrecionalidad en el Brasil. In:* Jornadas Latinoamericanas de Derecho Administrativo (Universidad de Belgrano). Buenos Aires. 2010.

78. BACELLAR FILHO, Romeu Felipe. *A jurisdição administrativa no direito comparado. In:* III Congreso Internacional de Derecho Administrativo. Monterrey. 2009.

79. BACELLAR FILHO, Romeu Felipe. *Direito Administrativo e Advocacia Pública. In:* I Encontro Brasileiro dos Advogados Públicos. Florianópolis. 2009.

80. BACELLAR FILHO, Romeu Felipe. *Direitos humanos e Direito Administrativo. In:* Ciclo de Estudos Brasil-Espanha sobre Direitos Humanos. Curitiba. 2009.

81. BACELLAR FILHO, Romeu Felipe. *Razoável duração do processo e devido processo legal. In:* VIII Congresso Goiano de Direito Administrativo. Goiânia. 2009.

82. BACELLAR FILHO, Romeu Felipe. *Aspectos polêmicos do processo administrativo. In:* Encontro Nacional de Advogados Iniciantes – OAB. Maringá. 2009.

83. BACELLAR FILHO, Romeu Felipe. *Regime jurídico administrativo e o dever de licitar. In:* Curso de Especialização em Licitações e Contratos Administrativos. Curitiba. 2009.

84. BACELLAR FILHO, Romeu Felipe. *O princípio do devido processo legal nos processos administrativos disciplinares. In:* I Seminário Catarinense de Direito Público Municipal. Itajaí. 2009.

85. BACELLAR FILHO, Romeu Felipe. *Administração Pública entre o Direito Público e o Privado* (Conferência de abertura). *In:* II Congresso Brasiliense de Direito Administrativo. Brasília. 2009.

86. BACELLAR FILHO, Romeu Felipe. *Novas tendências do Direito Administrativo. In:* 1º Congresso Sul Americano de Direito do Estado. São Paulo. 2009.

87. BACELLAR FILHO, Romeu Felipe. *Procedimiento y proceso a partir de la experiencia brasileña en el plano global. In:* V Congresso Internacional de Derecho Administrativo. Entre Ríos. 2009.

88. BACELLAR FILHO, Romeu Felipe. *Avanços no Direito Administrativo. In:* III Congresso Jurídico da Faculdade da União. Ponta Grossa. 2009.

89. BACELLAR FILHO, Romeu Felipe. *Poderes da República e suas Relações no Ordenamento Brasileiro* (Conferência de abertura). *In:* XXIII Congresso Brasileiro de Direito Administrativo. Florianópolis. 2009.

90. BACELLAR FILHO, Romeu Felipe. *O Município como ente federativo pátrio e sua responsabilidade territorial. In:* I Congresso de Direito das Cidades: Desafios do Século XXI – Prevenção, Planejamento e Responsabilidade. Curitiba. 2009.

91. BACELLAR FILHO, Romeu Felipe. *Poderes Administrativos. In:* 6º Curso de Pós-Graduação "Lato Sensu" – Especialização em Direito Público da Escola Paulista da Magistratura. São Paulo. 2009.

92. BACELLAR FILHO, Romeu Felipe. *O princípio da presunção de inocência no processo administrativo disciplinar e seus desdobramentos. In:* XXXIII Encontro Nacional de Procuradores Municipais. São Paulo. 2009.

93. BACELLAR FILHO, Romeu Felipe. *El régimen jurídico de la selección del contratista, adquisición de bienes y servicios y su impugnación (sede administrativa y sede judicial). In:* Congreso Iberoamericano de Derecho Público y Administrativo – En honor al distinguido administrativista brasileño Dr. Romeu Felipe Bacellar Filho. San José da Costa Rica. 2009.

94. BACELLAR FILHO, Romeu Felipe. *Visão jurídica das concessões no transporte público urbano. In:* 1º Encontro de Boas Práticas NTU – Colégio de Advogados. Curitiba. 2008.

95. BACELLAR FILHO, Romeu Felipe. *Influxos do Código Civil no Direito Administrativo. In:* III Congresso Catarinense de Direito Administrativo. Florianópolis. 2008.

96. BACELLAR FILHO, Romeu Felipe. *Efetividade da Constituição e atuação do Poder Judiciário. In:* VII Congresso Goiano de Direito Administrativo. Goiânia. 2008.

97. BACELLAR FILHO, Romeu Felipe. *Aspectos polêmicos do processo disciplinar*. In: IV Conferência Estadual dos Advogados – OAB/PR. Curitiba. 2008.

98. BACELLAR FILHO, Romeu Felipe. *Prestação de contas, processo administrativo e devido processo legal*. In: 1º Congresso Brasileiro de Direito Eleitoral. Curitiba. 2008.

99. BACELLAR FILHO, Romeu Felipe. *Os avanços do Direito Administrativo nos 20 anos da Constituição*. In: I Jornada Acadêmica de Direito da FACINTER. Curitiba. 2008.

100. BACELLAR FILHO, Romeu Felipe. *Aspectos polêmicos do processo administrativo disciplinar*. In: Gestão Pública – Ensino a Distância (UFPR). Curitiba. 2008.

101. BACELLAR FILHO, Romeu Felipe. *Direito Público e Direito Privado: panorama atual da doutrina, possibilidades de diferenciação e estabelecimento de pontos de contato*. In: Semana Acadêmica do CAHS: direitos fundamentais e a dogmática jurídica contemporânea. Curitiba. 2008.

102. BACELLAR FILHO, Romeu Felipe. *Avanços do Direito Administrativo nos vinte anos da Constituição Federal*. In: IV Encontro de Jovens Advogados de Londrina. Londrina. 2008.

103. BACELLAR FILHO, Romeu Felipe. *Função normativa dos Conselhos Nacionais da Magistratura e do Ministério Público*. In: XXII Congresso Brasileiro de Direito Administrativo. Brasília. 2008.

104. BACELLAR FILHO, Romeu Felipe. *O atual regime jurídico do notário e do registrador, o meio de ingresso na atividade e o relacionamento com o Direito Administrativo*. In: X Congresso Brasileiro de Direito Notarial e de Registro. Foz do Iguaçu. 2008.

105. BACELLAR FILHO, Romeu Felipe. *O avanço do Direito Administrativo sob a luz da Constituição Federal de 1988*. In: Faculdade Norte Paranaense – Uninorte. Londrina. 2008.

106. BACELLAR FILHO, Romeu Felipe. *Gestão de pessoal*. In: XXIII Congresso Brasileiro de Servidores de Câmaras Municipais e III Encontro Nacional de Vereadores. Gramado. 2008.

107. BACELLAR FILHO, Romeu Felipe. *O regime jurídico administrativo e os contratos da Administração Pública*. In: Jornada Jurídica – Escola de Gestão Pública do Tribunal de Contas do Paraná. Curitiba. 2008.

108. BACELLAR FILHO, Romeu Felipe. *Paralelos entre o Código Civil e o Direito Administrativo*. In: III Congresso Internacional de Direito Administrativo da Cidade do Rio de Janeiro. Rio de Janeiro. 2008.

109. BACELLAR FILHO, Romeu Felipe. *Aplicação dos princípios de boa-fé e moralidade nas relações administrativas*. In: III Congresso Internacional de Direito Tributário do Paraná. Curitiba. 2007.

110. BACELLAR FILHO, Romeu Felipe. *Processo administrativo como elemento assecuratório dos direitos e garantias individuais*. In: Congresso Internacional de Direito Supa-Individual e II Semana Jurídica Integrada das Faculdades de Direito de Foz do Iguaçu. Foz do Iguaçu. 2007.

111. BACELLAR FILHO, Romeu Felipe. *A advocacia pública no Estado brasileiro* (Conferência de abertura). In: VI Congresso Goiano de Direito Administrativo. Goiânia. 2007.

112. BACELLAR FILHO, Romeu Felipe. *Questões polêmicas do processo administrativo disciplinar*. In: V Congresso Mineiro de Direito Administrativo. Belo Horizonte. 2007.

113. BACELLAR FILHO, Romeu Felipe. *Lei e regulamento e contratações administrativas*. In: Sexto Foro Iberoamericano de Derecho Administrativo y Octavas Jornadas de Derecho Constitucional y Administrativo. Bogotá. 2007.

114. BACELLAR FILHO, Romeu Felipe. *Exame de decisões sobre as sanções administrativas e os princípios da tipicidade e culpabilidade*. In: Congresso Brasiliense de Direito Administrativo. Brasília. 2007.

115. BACELLAR FILHO, Romeu Felipe. *Processo disciplinar: aspectos polêmicos*. In: XXI Congresso Brasileiro de Direito Administrativo. Aracaju. 2007.

116. BACELLAR FILHO, Romeu Felipe. *El contrato administrativo hoy*. In: XXXIII Jornadas Nacionales de Derecho Administrativo y III Congreso Internacional de Mendoza. Mendoza. 2007.

117. BACELLAR FILHO, Romeu Felipe. *A responsabilidade civil do Estado e das pessoas jurídicas de direito privado a partir da Constituição Federal de 1988* (Aula inaugural). *In:* Curso de Currículo Permanente – Módulo II – Direito Administrativo (Escola da Magistratura do TRF 4ª Região). Porto Alegre. 2007.

118. BACELLAR FILHO, Romeu Felipe. *Régimen jurídico de la radio, TV y telecomunicaciones en general. In:* Congreso Internacional de Derecho Administrativo – Culturas y Sistemas Jurídicos Comparados. México. 2006.

119. BACELLAR FILHO, Romeu Felipe. *O Terceiro Setor e a Responsabilidade civil do Estado. In:* I Simpósio Unicenp de Direito do Terceiro Setor. Curitiba. 2006.

120. BACELLAR FILHO, Romeu Felipe. *Aspectos destacados da responsabilidade civil do Estado. In:* I Congresso Catarinense de Direito Administrativo. Joinville. 2006.

121. BACELLAR FILHO, Romeu Felipe. *Los procedimientos del amparo. In:* III Jornadas Internacionales de Derecho Administrativo y Público: La tutela constitucional, El amparo sustantivo. Cuenca. 2006.

122. BACELLAR FILHO, Romeu Felipe. *Aspectos relevantes da atividade notarial e de registro. In:* 15º Encontro de Notários e Registradores do Estado de Minas Gerais. Belo Horizonte. 2006.

123. BACELLAR FILHO, Romeu Felipe. *Aspectos polêmicos do processo administrativo. In:* II Fórum Brasileiro de Direito Administrativo. Belo Horizonte. 2006.

124. BACELLAR FILHO, Romeu Felipe. *Eficiência e princípios do processo administrativo tributário – a afirmação dos seus valores nos conselhos de contribuintes. In:* II Congresso Internacional de Direito Tributário do Paraná. Curitiba. 2006.

125. BACELLAR FILHO, Romeu Felipe. *Os institutos jurídicos para uma reforma urbana efetiva: conquistas e desafios. In:* 1ª Semana Acadêmica da Faculdade de Direito da PUCPR. Curitiba. 2006.

126. BACELLAR FILHO, Romeu Felipe. *Processo administrativo e princípios constitucionais*. In: I Simpósio de Direito Administrativo – Faculdade de Direito de Curitiba. Curitiba. 2006.

127. BACELLAR FILHO, Romeu Felipe. *O contraditório e a ampla defesa nas licitações e nos contratos administrativos*. In: 2º Encontro Brasileiro sobre Licitações Públicas. Florianópolis. 2006.

128. BACELLAR FILHO, Romeu Felipe. *Alternativas de Concessão Pública e PPP's*. In: Fórum Transporte Curitiba. Curitiba. 2006.

129. BACELLAR FILHO, Romeu Felipe. *Prescrição administrativa*. In: XX Congresso Brasileiro de Direito Administrativo. Goiânia. 2006.

130. BACELLAR FILHO, Romeu Felipe. *Os princípios da moralidade e eficiência como orientadores da licitude dos atos do administrador público*. In: II Congresso Cearense de Direito Administrativo. Fortaleza. 2006.

131. BACELLAR FILHO, Romeu Felipe. *Princípios constitucionais aplicáveis ao processo administrativo*. In: I Congresso de Direito da Universidade Estadual de Londrina. Londrina. 2006.

132. BACELLAR FILHO, Romeu Felipe. *Análise jurídica da concessão*. In: Workshop sobre infra-estrutura rodoviária do Oeste do Paraná. Foz do Iguaçu. 2006.

133. BACELLAR FILHO, Romeu Felipe. *Tendências contemporâneas do Direito Administrativo*. In: Primeiro Evento de Iniciação Científica – Direito Unibrasil. Curitiba. 2006.

134. BACELLAR FILHO, Romeu Felipe. *Las relaciones entre el derecho público y privado*. In: XXXII Jornadas Nacionales de Derecho Administrativo. Salta. 2006.

135. BACELLAR FILHO, Romeu Felipe. *As reformas do Estado no Brasil – A desestatização – A privatização e os serviços públicos*. In: IX Congresso Ibero-Americano de Direito Constitucional e VII Simpósio Nacional de Direito Constitucional. Curitiba. 2006.

136. BACELLAR FILHO, Romeu Felipe. *Aspectos polêmicos do processo administrativo disciplinar*. In: VII Encontro Nacional dos Advogados da União e III Seminário Nacional de Advocacia de Estado. Recife. 2006.

137. BACELLAR FILHO, Romeu Felipe. *La orientación de la función administrativa en el Derecho Brasileño. In:* Seminario Internacional "Constitución y funciones estatales en el marco de la globalización". Santiago. 2006.

138. BACELLAR FILHO, Romeu Felipe. *O Direito Administrativo a serviço da cidadania. In:* Evento de Extensão – Centro Universitário Positivo. Curitiba. 2006.

139. BACELLAR FILHO, Romeu Felipe. *Concurso de provimento e de remoção. In:* VIII Congresso Brasileiro de Direito Notarial e de Registro. Brasília. 2006.

140. BACELLAR FILHO, Romeu Felipe. *Direito Administrativo no Código Civil. In:* 4º Ciclo de Preparação Inicial e de Aperfeiçoamento para os Juízes do Tribunal Regional do Trabalho da 12ª Região. Florianópolis. 2006.

141. BACELLAR FILHO, Romeu Felipe. *Função e carreira fiscal tributária. In:* III CONAFISCO Extraordinário – Congresso Nacional do Fisco Estadual. Gramado. 2006.

142. BACELLAR FILHO, Romeu Felipe. *El procedimiento administrativo y el processo administrativo en Brasil. In:* Ciclo de Conferencias "Ordenamientos internacionales y ordenamientos administrativos nacionales: jerarquía, impacto, derechos humanos (Universidad Nacional del Comahue). Neuquén. 2006.

143. BACELLAR FILHO, Romeu Felipe. *Las responsabilidades éticas de los servidores públicos. In:* 1º Seminario Internacional Ética para el Desarollo. Villahermosa. 2005.

144. BACELLAR FILHO, Romeu Felipe. *Régimen jurídico de las autopistas y del ferrocarril. In:* 7º Congreso de Derecho Público del Mercosur. Santa Fe. 2005.

145. BACELLAR FILHO, Romeu Felipe. *Tendências críticas do processo administrativo. In:* Simpósio Acadêmico de Direito Público. Curitiba. 2005.

146. BACELLAR FILHO, Romeu Felipe. *O Legislativo Municipal na Constituição Federal. In:* XX Congresso Brasileiro de Câmaras Municipais. Curitiba. 2005.

147. BACELLAR FILHO, Romeu Felipe. *Terceiro Setor, Administração Pública e os direitos do cidadão. In:* 1º Encontro Paranaense do 3º Setor. Curitiba. 2005.

148. BACELLAR FILHO, Romeu Felipe. *Control de la Administración Pública. In:* II Congreso Iberoamericano de Derecho Administrativo. Monterrey. 2005.

149. BACELLAR FILHO, Romeu Felipe. *A contemporaneidade da Administração Pública. In:* Semana Acadêmica de Direito do CESCAGE. Ponta Grossa. 2005.

150. BACELLAR FILHO, Romeu Felipe. *A incidência do princípio do juiz natural no processo administrativo disciplinar. In:* IV Congresso Mineiro de Direito Administrativo. Belo Horizonte. 2005.

151. BACELLAR FILHO, Romeu Felipe. *Os servidores públicos na Administração Pública. In:* Seminário de Lançamento do livro *Curso de Direito Administrativo* de Marçal Justen Filho. Curitiba. 2005.

152. BACELLAR FILHO, Romeu Felipe. *Tendências na responsabilização civil do Estado: concessionários de serviços públicos e entidades do Terceiro Setor. In:* IV Congresso Goiano de Direito Administrativo. Goiânia. 2005.

153. BACELLAR FILHO, Romeu Felipe. *La responsabilidad del Estado por actividad judicial. In:* II Congreso Iberoamericano de Derecho Administrativo y Público. Guayaquil. 2005.

154. BACELLAR FILHO, Romeu Felipe. *Princípios informadores das relações entre o setor público e o setor privado. In:* Congresso Consórcios Públicos e Parceria Público-Privadas. Vitória. 2005.

155. BACELLAR FILHO, Romeu Felipe. *A Constituição e o Processo Administrativo Disciplinar. In:* XIX Congresso Brasileiro de Direito Administrativo. Gramado. 2005.

156. BACELLAR FILHO, Romeu Felipe. *Contrato de concessão de rodovias e o equilíbrio econômico-financeiro. In:* I Encontro Brasileiro sobre Licitações Públicas. Gramado. 2004.

157. BACELLAR FILHO, Romeu Felipe. *Da proposta eleitoral: vinculação à Administração do eleito. In:* Seminário de Direito Eleitoral. Maringá. 2004.

158. BACELLAR FILHO, Romeu Felipe. *Responsabilidade civil por danos ambientais. In:* 2º Congresso Brasileiro de Direito Ambiental. São Paulo. 2004.

159. BACELLAR FILHO, Romeu Felipe. *Responsabilidad del Estado en Brasil* (Acto de apertura). *In:* XXX Jornadas Nacionales de Derecho Administrativo. El Calafate – Provincia de Santa Cruz. 2004.

160. BACELLAR FILHO, Romeu Felipe. *Avanços do Direito Administrativo. In:* IV Semana do Direito da Universidade da Região de Joinville. São Bento do Sul. 2004.

161. BACELLAR FILHO, Romeu Felipe. *Influência do novo Código Civil sobre o Direito Administrativo. In:* III Congresso Goiano de Direito Administrativo. Goiânia. 2004.

162. BACELLAR FILHO, Romeu Felipe. *A Administração Pública e Eficiência. In:* IV Congresso Brasileiro de Direito do Estado. Salvador. 2004.

163. BACELLAR FILHO, Romeu Felipe. *O neoliberalismo e a morte do serviço público. In:* Congresso Brasileiro de Direito Político. Curitiba. 2004.

164. BACELLAR FILHO, Romeu Felipe. *La responsabilidad disciplinaria de los funcionarios públicos* (Conferencia inaugural). *In:* Jornadas sobre Organización Administrativa, Función Pública y Dominio Público. Buenos Aires. 2004.

165. BACELLAR FILHO, Romeu Felipe. *Contratación administrativa. In:* 1º Congreso Nacional de Derecho Administrativo. Lima. 2004.

166. BACELLAR FILHO, Romeu Felipe. *Processo Administrativo Aplicado. In:* XVIII Congresso Brasileiro de Direito Administrativo. Salvador. 2004.

167. BACELLAR FILHO, Romeu Felipe. *Energéticos. In:* Congreso Internacional de Culturas y Sistemas Jurídicos Comparados. México. 2004.

168. BACELLAR FILHO, Romeu Felipe. *A evolução do Direito e das Leis desde seu início até os dias atuais. In:* Aula Magna do Curso de Direito das Faculdades Dom Bosco. Curitiba. 2004.

169. BACELLAR FILHO, Romeu Felipe. *Dever de obediência às prioridades na execução das políticas públicas. In:* 2º Congresso Mineiro de Direito Municipal. Belo Horizonte. 2004.

170. BACELLAR FILHO, Romeu Felipe. *Direito de superfície e concessão de direito real de uso. In:* XXX Encontro Nacional de Procuradores Municipais. Recife. 2004.

171. BACELLAR FILHO, Romeu Felipe. *Aspectos atuais da interpretação do direito* (Aula Magna da faculdade de direito – período diurno). *In:* Faculdades Integradas Curitiba. Curitiba. 2004.

172. BACELLAR FILHO, Romeu Felipe. *Administração Pública brasileira após a Constituição Federal de 1988* (Aula Magna da faculdade de direito – período noturno). *In:* Faculdades Integradas Curitiba. Curitiba. 2004.

173. BACELLAR FILHO, Romeu Felipe. *Remuneração dos servidores públicos e proventos de aposentadoria: teto, subteto e direito adquirido. In:* Congresso Brasileiro de Direito Público. São Paulo. 2003.

174. BACELLAR FILHO, Romeu Felipe. *Democracia, Administração Pública e os 15 anos de Constituição. In:* V Simpósio Nacional de Direito Constitucional. Curitiba. 2003.

175. BACELLAR FILHO, Romeu Felipe. *Tendências do Direito Administrativo e realização dos direitos fundamentais* (Conferência de encerramento). *In:* II Congresso Goiano de Direito Administrativo. Goiânia. 2003.

176. BACELLAR FILHO, Romeu Felipe. *O Direito Administrativo após a Constituição Federal de 1988* (Conferência de abertura). *In:* Semana Jurídica das Faculdades do Centro do Paraná. Pitanga. 2003.

177. BACELLAR FILHO, Romeu Felipe. *Aspectos contemporâneos do Direito Administrativo no Brasil. In:* I Simpósio de Direito Público do Triângulo Mineiro. Uberaba. 2003.

178. BACELLAR FILHO, Romeu Felipe. *Lei de Responsabilidade Fiscal. In:* XVII Congresso Brasileiro de Direito Administrativo. 2003.

179. BACELLAR FILHO, Romeu Felipe. *Processo Administrativo e Estado Democrático de Direito – Questões controversas à luz da Lei nº 9.784/99. In:* Jornada de Direito Público – PUCPR. Curitiba. 2003.

180. BACELLAR FILHO, Romeu Felipe. *La reforma administrativa en Brasil. In:* I Encuentro de Directores de Instituto y Escuelas de Administración Pública de Iberoamérica – Instituto Nacional de Administración Pública. Cartagena de Indias. 2003.

181. BACELLAR FILHO, Romeu Felipe. *Administração Pública e suas funções* (Conferência de abertura). *In:* Semana Jurídica das Faculdades Campo Real. Guarapuava. 2003.

182. BACELLAR FILHO, Romeu Felipe. *O agente público municipal e o seu papel transformador. In:* XXIX Encontro Nacional de Procuradores Municipais. Fortaleza. 2003.

183. BACELLAR FILHO, Romeu Felipe. *A lei de responsabilidade fiscal como instrumento de controle da Administração Pública. In:* I Seminário de Assessores Jurídicos do Estado do Amapá. Macapá. 2003.

184. BACELLAR FILHO, Romeu Felipe. *A responsabilidade civil por danos ambientais. In:* II Congresso Paranaense de Direito Ambiental. Curitiba. 2003.

185. BACELLAR FILHO, Romeu Felipe. *Aplicação da Lei 8.935/94 e Concursos. In:* Congresso Brasileiro das Entidades de Notas e Registros. Salvador. 2003.

186. BACELLAR FILHO, Romeu Felipe. *Modificación y renegociación de las tarifas de los servicios públicos. Modalidades. Sujetos involucrados. In:* V Congreso de Derecho Público del Mercosur. Buenos Aires. 2003.

187. BACELLAR FILHO, Romeu Felipe. *Negócio jurídico administrativo.* In: II Curso de Pós-Graduação "Lato Sensu" – Especialização em Direito Público (Escola Paulista da Magistratura). São Paulo. 2003.

188. BACELLAR FILHO, Romeu Felipe. *Profissionalização da função pública no Brasil.* In: Seminario sobre profesionalización de la función pública – Instituto Nacional de Administración Pública. Santa Cruz de la Sierra. 2002.

189. BACELLAR FILHO, Romeu Felipe. *Desafios do Direito Administrativo.* In: Semana Acadêmica da Faculdade de Direito da PUCPR. Curitiba. 2002.

190. BACELLAR FILHO, Romeu Felipe. *Regulação e legalidade.* In: IV Simpósio Nacional de Direito Constitucional. Curitiba. 2002.

191. BACELLAR FILHO, Romeu Felipe. *Contratos administrativos de serviços públicos.* In: IV Congresso da Associação de Direito Público do Mercosul. Curitiba. 2002.

192. BACELLAR FILHO, Romeu Felipe. *Avanços do Direito Administrativo.* In: III Semana Jurídica da Faculdade de Direito do CESCAGE. Ponta Grossa. 2002.

193. BACELLAR FILHO, Romeu Felipe. *Direito à privacidade x cadastros públicos e privados – um dilema para os registros públicos.* In: IV Congresso Brasileiro de Notários e Registradores. Fortaleza. 2002.

194. BACELLAR FILHO, Romeu Felipe. *La potestad normativa de los entes reguladores y participación de los ciudadanos en esta actividad.* In: VI Jornadas Internacionales de Derecho Administrativo. Caracas. 2002.

195. BACELLAR FILHO, Romeu Felipe. *Controle administrativo e jurisdicional do processo disciplinar: aspectos polêmicos.* In: II Congresso Brasileiro de Direito do Estado. Salvador. 2002.

196. BACELLAR FILHO, Romeu Felipe. *La regulación jurídica de la ética pública en Brasil.* In: Seminario Ética Pública y Descentralización Territorial – Instituto Nacional de Administración Pública. La Antigua Guatemala. 2002.

197. BACELLAR FILHO, Romeu Felipe. *Novas figuras administrativas e a prestação de serviços públicos*. In: 1º Congresso de Direito Constitucional da Associação Brasileira de Constitucionalistas Democratas. Campos do Jordão. 2002.

198. BACELLAR FILHO, Romeu Felipe. *Concesiones, permisos y agentes reguladores*. In: Seminario Internacional de Derecho Administrativo – Colegio de Abogados de Córdoba. Córdoba. 2002.

199. BACELLAR FILHO, Romeu Felipe. *Inexigibilidade de licitação para concessão de serviços de saneamento a empresas estaduais*. In: XVI Encontro Nacional dos Advogados de Empresas de Saneamento Básico. Curitiba. 2002.

200. BACELLAR FILHO, Romeu Felipe. *O processo administrativo e o controle de legalidade* (Conferência de abertura). In: II Congresso Estadual de Advocacia Pública: Administração Pública e Controle de Legalidade. Porto Alegre. 2002.

201. BACELLAR FILHO, Romeu Felipe. *Procedimentos administrativos na Administração Direta e Indireta*. In: IV Simpósio Nacional dos Advogados – INFRAJUR. Brasília. 2002.

202. BACELLAR FILHO, Romeu Felipe. *Instrumentos judiciais para defesa do meio ambiente*. In: Congresso Brasileiro de Direito Ambiental. Foz do Iguaçu. 2002.

203. BACELLAR FILHO, Romeu Felipe. *Acto administrativo y reglamento en el Derecho Brasileño*. In: Jornadas sobre acto administrativo y reglamento – Universidad Austral. Buenos Aires. 2001.

204. BACELLAR FILHO, Romeu Felipe. *Aspectos polêmicos do processo administrativo disciplinar*. In: III Encontro Brasileiro de Corregedores do Fisco. Belo Horizonte. 2001.

205. BACELLAR FILHO, Romeu Felipe. *Aspectos relevantes da responsabilidade civil do Estado*. In: I Simpósio Paranaense de Direito Administrativo e Constitucional. Curitiba. 2001.

206. BACELLAR FILHO, Romeu Felipe. *Obrigações dos notários e registradores perante o Estado*. In: III Congresso Brasileiro de Notários e Registradores. Foz do Iguaçu. 2001.

207. BACELLAR FILHO, Romeu Felipe. *Responsabilidade civil das concessionárias e permissionárias de serviços públicos*. In: XXVII Jornadas Nacionales de Derecho Administrativo. Santa Fé. 2001.

208. BACELLAR FILHO, Romeu Felipe. *Atos administrativos emanados do Executivo*. In: Seminário de Ciência Política – Centro Acadêmico Sobral Pinto. Curitiba. 2001.

209. BACELLAR FILHO, Romeu Felipe. *O princípio constitucional do devido processo legal: Poderes Legislativo, Executivo e Judiciário*. In: II Congresso Brasileiro de Direito Público: o Direito Público no Século XXI. São Paulo. 2001.

210. BACELLAR FILHO, Romeu Felipe. *Os Tribunais Superiores e as Concessões*. In: Seminário Jurídico: Concessões de Serviços Públicos. Foz do Iguaçu. 2001.

211. BACELLAR FILHO, Romeu Felipe. *Aspectos polêmicos do processo administrativo disciplinar*. In: Seminário de Processo Administrativo – Escola Superior de Advocacia de Goiás. Goiânia. Salvador. 2001.

212. BACELLAR FILHO, Romeu Felipe. *Responsabilidade civil das pessoas jurídicas de direito privado prestadoras de serviço público*. In: II Ciclo de Palestras de Direito da Faculdade Campo Real. Guarapuava. 2001.

213. BACELLAR FILHO, Romeu Felipe. *Os serviços sociais autônomos e o dever de licitar. Os princípios constitucionais que embasam o processo licitatório*. In: Curso de Atualização dos Procedimentos Licitatórios. Curitiba. 2001.

214. BACELLAR FILHO, Romeu Felipe. *O Direito Administrativo na nova Lei de Responsabilidade Fiscal: servidores públicos e licitações*. In: Curso de Atualização: Lei de Responsabilidade Fiscal. Curitiba. 2001.

215. BACELLAR FILHO, Romeu Felipe. *Direito Público e Pós-Modernidade*. In: Jornadas de Direito Contemporâneo – Novas Tendências (UFPR). Curitiba. 2000.

216. BACELLAR FILHO, Romeu Felipe. *Legislação brasileira sobre concessões*. In: Seminário sobre Concessões Rodoviárias: A Questão do Pedágio – Tribunal de Contas do Estado do Paraná. Curitiba. 2000.

217. BACELLAR FILHO, Romeu Felipe. *Responsabilidad de la Administración y Derecho Privado*. In: IV Jornadas de Derecho Administrativo de los países del Mercosur. Montevideo. 2000.

218. BACELLAR FILHO, Romeu Felipe. *Responsabilidade civil das pessoas jurídicas de Direito Público e de Direito Privado prestadoras de serviço público*. In: II Encontro Jurídico de Prefeitos, Vereadores e Procuradores. Porto Alegre. 2000.

219. BACELLAR FILHO, Romeu Felipe. *O Direito Público em Pontes de Miranda*. In: IV Ciclo Nacional de estudos sobre Pontes de Miranda. Curitiba. 2000.

220. BACELLAR FILHO, Romeu Felipe. *Aspectos polêmicos do regime disciplinar do servidor público*. In: Congresso Brasileiro de Direito do Estado. Salvador. 2000.

221. BACELLAR FILHO, Romeu Felipe. *Responsabilidade do servidor público e a reforma do Estado*. In: I Curso de Aperfeiçoamento para Assessores Jurídicos – Tribunal de Justiça do Estado do Paraná. Curitiba. 2000.

222. BACELLAR FILHO, Romeu Felipe. *Aula Inaugural do Curso de Direito*. In: Pontifícia Universidade Católica do Paraná (PUCPR). São José dos Pinhais. 2000.

223. BACELLAR FILHO, Romeu Felipe. *Fuentes del Derecho del Mercosur*. In: II Congreso Internacional de la Asociación del Derecho del Mercosur. Buenos Aires. 1999.

224. BACELLAR FILHO, Romeu Felipe. *Direito Administrativo Contemporâneo: Panorama Geral*. In: Curso de Especialização em Direito Administrativo Contemporâneo – Faculdades Integradas Curitiba. Curitiba. 1999.

225. BACELLAR FILHO, Romeu Felipe. *Administração Pública*. In: Seminário sobre Administração Pública – Instituto Brasileiro de Direito Administrativo e Instituto Brasileiro de Direito Municipal. Porto Alegre. 1999.

226. BACELLAR FILHO, Romeu Felipe. *Administração Pública Contemporânea*. *In:* III Jornada de Estudos Jurídicos – Reforma Administrativa. Londrina. 1999.

227. BACELLAR FILHO, Romeu Felipe. *Estado de Direito: uma realidade possível*. *In:* 5º Ciclo Internacional de Conferências. Curitiba. 1999.

228. BACELLAR FILHO, Romeu Felipe. *O Processo Administrativo Disciplinar*. *In:* Seminário sobre Processo Administrativo – Instituto de Direito Administrativo de Goiás. Goiânia. 1999.

229. BACELLAR FILHO, Romeu Felipe. *Princípios constitucionais do processo administrativo disciplinar*. *In:* As transformações recentes do Direito Administrativo – Sociedade Brasileira de Direito Público. São Paulo. 1999.

230. BACELLAR FILHO, Romeu Felipe. *Sustentação oral nos Tribunais*. *In:* Evento de Extensão da Faculdade de Direito da UFPR. Curitiba. 1999.

231. BACELLAR FILHO, Romeu Felipe. *La República del Paraguay y la integración en América Latina*. *In:* III Seminario "José Gaspar Rodríguez de Francia" – Universidad Nacional de Asunción. Asunción. 1999.

232. BACELLAR FILHO, Romeu Felipe. *Da responsabilidade civil do registrador*. *In:* XXVI Encontro dos Oficiais de Registro de Imóveis do Brasil. Recife. 1999.

233. BACELLAR FILHO, Romeu Felipe. *Responsabilidade civil do Estado por atos dos Promotores de Justiça*. *In:* II Encontro Regional do Ministério Público do Paraná. Curitiba. 1999.

234. BACELLAR FILHO, Romeu Felipe. *Atividade legislativa do Poder Executivo em matéria tributária*. *In:* Jornada de Extensão da Faculdade de Direito da UFPR – Semana de Direito Público. Curitiba. 1999.

235. BACELLAR FILHO, Romeu Felipe. *Aspectos relevantes da responsabilidade extracontratual do Estado*. *In:* Jornada de Extensão da Faculdade de Direito da UFPR – Semana de Direito Público. Curitiba. 1999.

236. BACELLAR FILHO, Romeu Felipe. *A reforma administrativa e seus desdobramentos*. In: Reforma Administrativa: Seminário. Porto Alegre. 1998.

237. BACELLAR FILHO, Romeu Felipe. *A Emenda Constitucional da Reforma Administrativa*. In: Seminário sobre a Emenda Constitucional da Reforma Administrativa. São Paulo. 1998.

238. BACELLAR FILHO, Romeu Felipe. *As mudanças nas investiduras dos servidores*. In: Seminário: A Emenda Constitucional da Reforma Administrativa e as mudanças para os Estados e Municípios. Curitiba. 1998.

239. BACELLAR FILHO, Romeu Felipe. *Princípios de Direito Administrativo e tributação: fronteiras e implicações*. In: I Congresso Internacional de Direito Tributário – Justiça Tributária: direitos do Fisco e garantias do contribuinte nos atos da Administração e no processo tributário. Vitória. 1998.

240. BACELLAR FILHO, Romeu Felipe. *Os servidores públicos e a Reforma Administrativa*. In: A Reforma da Administração Pública. São Paulo. 1998.

241. BACELLAR FILHO, Romeu Felipe. *Mercosul, Direito Administrativo e cidadania*. In: 1º Fórum Nacional de Direitos Sociais e Direitos individuais do Mercosul – OAB-PR. Curitiba. 1998.

242. BACELLAR FILHO, Romeu Felipe. *Administração Pública: a Reforma Administrativa*. In: IV Simpósio Nacional de Direito Público: Dez Anos de Constituição Federal. São Paulo. 1998.

243. BACELLAR FILHO, Romeu Felipe. *Administração Pública – Tendências Atuais* (Reforma Administrativa). In: XIX Congresso Brasileiro dos Tribunais de Contas do Brasil. Rio de Janeiro. 1997.

244. BACELLAR FILHO, Romeu Felipe. *Reforma da Administração Pública*. In: Encontro Estadual de Administração Pública. Governador Valadares. 1997.

245. BACELLAR FILHO, Romeu Felipe. *Procedimiento administrativo*. In: Jornadas de Derecho Administrativo en los Países del Mercosur. Buenos Aires. 1997.

246. BACELLAR FILHO, Romeu Felipe. *Poder de Polícia. In:* Jornadas de Derecho Administrativo en los Países del Mercosur. Buenos Aires. 1997.

247. BACELLAR FILHO, Romeu Felipe. *Responsabilidad del Estado. In:* Jornadas de Derecho Administrativo en los Países del Mercosur. Buenos Aires. 1997.

248. BACELLAR FILHO, Romeu Felipe. *Aspectos polêmicos do anteprojeto da nova Lei de Licitações. In:* Fórum Sul-Brasileiro: A Administração Pública em Debate. Curitiba. 1997.

249. BACELLAR FILHO, Romeu Felipe. *Controle da Administração e moralidade administrativa. In:* I Jornada de Estudos Jurídicos da Justiça Federal. Curitiba. 1997.

250. BACELLAR FILHO, Romeu Felipe. *Responsabilidade patrimonial da Administração Pública. In:* 1ª Semana Jurídica CESUMAR. Maringá. 1996.

251. BACELLAR FILHO, Romeu Felipe. *Poder Judiciário e a Administração Pública. In:* Poder Judiciário e sua Função – Instituto de Estudos Latino-americano. Pato Branco. 1995.

252. BACELLAR FILHO, Romeu Felipe. *História do Direito. In:* Curso de Extensão Universitária – UFPR. Curitiba. 1994.

253. BACELLAR FILHO, Romeu Felipe. *Processo Disciplinar. In:* XIV Encontro Nacional de Dirigentes de Pessoal das IFEs. Recife. 1994.

254. BACELLAR FILHO, Romeu Felipe. *Responsabilidade administrativa dos servidores públicos. In:* IV Congresso Internacional de Direito Administrativo. Foz do Iguaçu. 1994.

255. BACELLAR FILHO, Romeu Felipe. *O servidor público e a revisão constitucional. In:* Semana do Advogado de Umuarama. Umuarama. 1993.

256. BACELLAR FILHO, Romeu Felipe. *O servidor público e a revisão constitucional. In:* Solenidade de Posse da Diretoria da Associação dos Procuradores da Administração Direta do Município de Curitiba. Curitiba. 1993.

257. BACELLAR FILHO, Romeu Felipe. *Concessão e Permissão de Serviço Público*. Concessão de Obra Pública – Concessão de Uso. *In:* III Congresso Internacional de Direito Administrativo. Belo Horizonte. 1993.

258. BACELLAR FILHO, Romeu Felipe. *O servidor público e a revisão constitucional*. *In:* II Encontro dos Diretores e Chefes de Serviço da Justiça Eleitoral nas Áreas Financeira, Pessoal e de Material. Curitiba. 1993.

259. BACELLAR FILHO, Romeu Felipe. *Processo Administrativo Disciplinar: concepção, histórico e situação atual*. *In:* Semana de Processo Administrativo Disciplinar – UFPR. Curitiba. 1993.

260. BACELLAR FILHO, Romeu Felipe. *Vía previa administrativa y recurso contencioso*. *In:* I Encuentro Hispano-Brasileño de Derecho Público – Centro de Estudios Constitucionales. Madrid. 1992.

261. BACELLAR FILHO, Romeu Felipe. *Organização Judiciária*. *In:* Pontifícia Universidade Católica do Paraná – Campus II. São José dos Pinhais. 1991.

262. BACELLAR FILHO, Romeu Felipe. *Aspectos de Direito Público*. *In:* Ciclo de Conferências e Debates sobre o Código de Defesa do Consumidor – OAB/PR. Curitiba. 1991.

263. BACELLAR FILHO, Romeu Felipe. *Aspectos legislativos e constitucionais do regime jurídico único e plano de carreira dos servidores públicos civis*. *In:* I Seminário sobre o Regime Jurídico Único dos Servidores Públicos – Avanços ou Retrocessos? Curitiba. 1991.

264. BACELLAR FILHO, Romeu Felipe. *A proposta de Emenda Constitucional e o servidor público*. *In:* Instituto dos Advogados do Paraná. Curitiba. 1991.

265. BACELLAR FILHO, Romeu Felipe. *Responsabilidade civil e o Estado*. *In:* I Ciclo de Palestras de Direito Civil – PUCPR. Curitiba. 1990.

266. BACELLAR FILHO, Romeu Felipe. *Tarde de Informação Profissional*. *In:* Colégio Dom Bosco. Curitiba. 1990.

267. BACELLAR FILHO, Romeu Felipe. *Medidas jurisdicionais de urgência – Mandado de Segurança e Medidas Cautelares*. In: Curso de Extensão Universitária em Direito Processual Civil – PUC/SP. São Paulo. 1990.

268. BACELLAR FILHO, Romeu Felipe. *A licitação e contratos à luz do Decreto-lei 2.300/86*. In: Semana de Estudos de Temas de Direito Administrativo – Escola Superior da Advocacia. Curitiba. 1990.

269. BACELLAR FILHO, Romeu Felipe. *A Administração Pública*. In: I Curso de Aperfeiçoamento em Direito Constitucional e Processual Civil – Faculdade de Direito de Curitiba. Curitiba. 1989.

270. BACELLAR FILHO, Romeu Felipe. *O Poder Judiciário perante a nova Constituição*. In: IV Ciclo de Estudos sobre Política e Estratégia do Brasil – Associação das Diplomadas do Curso de Extensão Cultural da Mulher. Curitiba. 1989.

271. BACELLAR FILHO, Romeu Felipe. *Tarde de Informação Profissional*. In: Colégio Dom Bosco. Curitiba. 1989.

272. BACELLAR FILHO, Romeu Felipe. *A violência urbana e suas causas. Papel da polícia, da Justiça e do sistema carcerário*. In: Curso de Extensão sobre a Realidade Nacional – Centro Paranaense Feminino de Cultura. Curitiba. 1989.

273. BACELLAR FILHO, Romeu Felipe. *A Administração Pública na Constituição Federal*. In: 2º Ciclo de Estudos Jurídicos – Associação dos Defensores Públicos do Paraná. 1989.

274. BACELLAR FILHO, Romeu Felipe. *A Administração Pública na Constituição Federal*. In: II Ciclo de Estudos Jurídicos – Escola da Magistratura do Estado do Paraná. Londrina. 1989.

275. BACELLAR FILHO, Romeu Felipe. *A responsabilidade civil e patrimonial da Administração Pública*. In: Administração Pública e a nova realidade brasileira – Departamento de Direito Público da UFPR. Curitiba. 1989.

276. BACELLAR FILHO, Romeu Felipe. *Tarde de Informação Profissional*. In: Colégio Dom Bosco. Curitiba. 1988.

277. BACELLAR FILHO, Romeu Felipe. *A justiça brasileira – conseqüências de suas deficiências na formação da atual conjuntura*. In: Ciclo de Palestras sobre o Brasil e o Paraná de nossos dias – PUCPR. Curitiba. 1988.

278. BACELLAR FILHO, Romeu Felipe. *A Importância do Direito Administrativo para a Administração Pública*. In: 1º Ciclo de Atualização e Aperfeiçoamento dos Assessores Jurídicos da Secretaria do Tribunal de Justiça. Curitiba. 1987.

279. BACELLAR FILHO, Romeu Felipe. *O Direito Administrativo e o Poder Judiciário*. In: Aula Magna – Curso de Direito da Universidade Estadual de Londrina (período matutino). Londrina. 1987.

280. BACELLAR FILHO, Romeu Felipe. *O Poder Judiciário e a Responsabilidade Civil do Estado*. In: Aula Magna – Curso de Direito da Universidade Estadual de Londrina (período noturno). Londrina. 1987.

281. BACELLAR FILHO, Romeu Felipe. *Estrutura do Poder Judiciário do Paraná*. In: 1º Curso de Preparação para Ingresso na Magistratura – Escola da Magistratura do Estado do Paraná. Londrina. 1987.

282. BACELLAR FILHO, Romeu Felipe. *O Poder Judiciário na Constituição*. In: VII Ciclo de Estudos Jurídicos do Noroeste do Paraná – Faculdade de Direito de Umuarama. Umuarama. 1987.

283. BACELLAR FILHO, Romeu Felipe. *Direito Administrativo Aplicado*. In: Treinamento da Divisão de Seleção e Aperfeiçoamento do Departamento de Pessoal da Universidade Federal do Paraná. Curitiba. 1980.

284. BACELLAR FILHO, Romeu Felipe. *Responsabilidade civil do Estado*. In: Primeiro Ciclo de Estudos Jurídicos da Justiça Federal – Seção Judiciária do Paraná. Curitiba. 1980.

285. BACELLAR FILHO, Romeu Felipe. *Institucionalização da Justiça no País*. In: Curso de Pós-Graduação em Letras da Universidade Católica do Paraná. Curitiba. 1979.

Esta obra foi composta em fonte Palatino Linotype, corpo 10 e Frankfurt corpo 13.
Impressa em papel Pólen Bold 70g (miolo) e Supremo 250g (capa)
pela Artes Gráficas Formato.